Saleem Matthias Riek

Herzens-
feuer

Eine Liebeserklärung an die
Paradoxien des Lebens

HANS-NIETSCH-VERLAG

Korrektorat: Astrid Ogbeiwi
Umschlaggestaltung: Rosi Weiß
Umschlagfoto © mauritius images / JIRI=
Innenlayout und Satz: Hans-Jürgen Maurer

Hans-Nietsch-Verlag
Postfach 228
79002 Freiburg

www.nietsch.de
info@nietsch.de

ISBN 978-3-939570-19-6

Inhalt

Vorwort

Ich liebe Paradoxien und Widersprüche. Das war nicht immer so. Diese ambivalenten Quälgeister haben mich genervt ohne Ende, sie haben an mir gearbeitet, sie haben mich geschliffen. Sie haben selten locker gelassen, bis ich schließlich anfing, sie in mein Herz zu schließen – was ja eigentlich vollkommen unmöglich ist, weil sie sich niemals einschließen lassen.

Widersprüche, Paradoxien, Gegensätze, Unstimmigkeiten, Krisen, Dilemmata, Probleme, Polaritäten, Zwiespalte... als ich begann, dieses Buch zu schreiben, suchte ich nach einem Begriff, der dieses Phänomen benennt und zugleich positiv besetzt ist. Ich habe keinen gefunden. Mir ist dadurch noch klarer geworden, wie weit wir in unserer Kultur – und damit auch in unserer Sprache – davon entfernt sind, Widersprüchen etwas Positives abzugewinnen.

Ich ahnte bereits zu Beginn, dass ich mir mit diesem Projekt einiges vornehmen würde. Und so war es denn auch. Manche Kapitel musste ich mehrmals umschreiben, weil ich mich stets von Neuem in einer kühlen Distanz oder einer besserwisserischen Negativität wiederfand. Mein Anliegen geriet des Öfteren unter die Räder kollektiver Denkstrukturen und Perspektiven, aus denen heraus wir normalerweise auf Paradoxien schauen. Ich ging beim Schreiben durch einen intensiven Prozess, der mich zuweilen auch beutelte und an meine Grenzen brachte. Manchmal erschauerte ich, wenn mir bewusst wurde, dass es hier um nicht weniger als einen fundamentalen Bewusstseinswandel geht. Wissenschaftler würden es wohl einen Paradigmenwechsel nennen.

Wie bin ich zu diesem Thema gekommen? Es waren nicht zuletzt meine Frustration über die Unlösbarkeit mancher Situationen und die Erfahrung, dass meine Lösungsversuche es manchmal noch schlimmer machen. Ich begann zu spüren, dass es noch etwas anderes geben muss. Vor allem in meinen Liebesbeziehungen wurde ich damit konfrontiert, dass ich am kürzeren Hebel sitze, wenn ich gegen das Leben ankämpfe. Und das heißt auch gegen die Widersprüche des Lebens, die sich gerne in Paarkonflikten – aber durchaus nicht nur dort – manifestieren.

Meine Suche führte mich immer wieder in den „Raum des Nicht-Wissens" und ließ mich ahnen, dass Liebe das da sein lässt, was ist. Sie führte mich zum Tantra und zur Kunst des Seins. Hier fand ich viele Antworten, aber, wenn ich ehrlich bin, noch mehr neue Fragen. Und so landete ich in all meinen Versuchen, Lust und Liebe wahrhaftig und dauerhaft in meinem Leben zu verwirklichen, bei der schlichten Erkenntnis: Das Leben ist widersprüchlich. In mir keimte die Bereitschaft, mich auf dieses Phänomen tiefer einzulassen, ihm auf den Grund zu gehen, es in allen seinen Facetten zu beleuchten und all dies mit anderen Menschen, die auch auf der Suche sind, zu teilen. Zum Beispiel mit dir.

Ich erlaube mir, dich mit dem Du anzusprechen. Die Themen in diesem Buch sind teilweise sehr intim, sodass ich mich mit einem Sie schwer tun würde. Ich hoffe auf dein Verständnis. Aber wenn Sie das unpassend finden und mir bereits hier widersprechen sollten, auch gut. Dann sind wir ja beim Thema.

Die vielen Erlebnisberichte in diesem Buch gründen sich auf Erfahrungen von mir und vielen Menschen, die ihre Erlebnisse mit mir geteilt haben. Dafür bin ich sehr dankbar. Ohne euch wäre dieses Buch nie möglich geworden. Aus naheliegenden Gründen habe ich Namen und Details so verändert, dass Rückschlüsse auf die jeweilige Person unmöglich sind.

Um die sprachliche Form möglichst lebendig zu gestalten, erzähle ich manche Begebenheiten so, als sei ich selbst dabei gewesen, obwohl ich nur indirekt von ihnen erfahren habe.

Aus dem gleichen Grund und um mich aus der sprachlichen Dominanz des Männlichen zu lösen, wechsle ich grammatikalisch immer wieder zwischen der männlichen und der weiblichen Form, meine jedoch in den meisten – nicht in allen! – Fällen beide Geschlechter. Auch dies ein unlösbares Dilemma, für das wohl noch kein(e) Autor(in) eine Patentlösung gefunden hat.

Nun, da dieses Buch bald fertiggestellt ist, stehe ich vor der Herausforderung, es loszulassen und an dich weiterzugeben. Was du darin liest und vor allem wie du es aufnimmst, liegt nicht mehr in meiner Hand. „Herzensfeuer" ist in dem Augenblick, wo du es in die Hand nimmst, nicht mehr nur *mein*, sondern auch *dein* Buch. Ich wünsche mir, dass du dich davon berühren lässt. Damit verbinde ich die Hoffnung, dass dieses Buch zu einem wertvollen Werkzeug und Spiegel für dich wird.

Du musst nichts von dem glauben, was du hier liest, aber deine Resonanz beim Lesen kann dir den Weg weisen, mehr über dich selbst – und vor allem über deine Widersprüche – herauszufinden.

Wenn du so bist wie ich, wirst du nicht immer mögen, was du dabei entdeckst. Du wirst dich vielleicht auch manchmal über mich ärgern. Ich hoffe, dass wir das verkraften und dennoch weiter dran bleiben. Denn das ist für mich einer der Schlüssel für inneres Wachstum: dass wir bereit sind, dran zu bleiben – auch wenn wir manchmal nichts lieber täten als abzuhauen. Und wenn wir doch mal abhauen – dann können wir ja auch wieder kommen. Das alles gehört dazu.

Dieses Buch ist also etwas für mutige Angsthasen, für großherzige Kleingeister und neugierige Besserwisser: ein Buch also für dich und mich! Ich wünsche uns, dir und mir, viel Freude und viel Glück auf unserer Reise.

Herzlich

Saleem Matthias Riek
im Januar 2008

Einleitung

Das Leben ist widersprüchlich. Forscher und Pioniere der unterschiedlichsten Gebiete – der Psychologie wie der Politik, der Quantenphysik wie der Religion, der Sexualität wie unserer Liebesfähigkeit – kommen zu diesem Ergebnis. Und auch unser Alltag führt es uns jeden Tag vor Augen: Das Leben ist widersprüchlich. Manchmal wohl mehr als uns lieb ist.

Deswegen könnten wir geneigt sein, diese Behauptung einfach mit einem Kopfnicken zur Kenntnis zu nehmen und sie gleich wieder ad acta zu legen. Das wäre schade, denn damit verpassten wir eine riesige Chance: Wir können Widersprüche – und sie sind allgegenwärtig – als Wegweiser zu einem tieferen, liebevolleren und unmittelbareren Kontakt mit uns selbst, mit unseren Mitmenschen und mit dem Leben selbst verstehen lernen.

Paradoxien in unserem Alltag, in unseren Beziehungen, in unserer Kultur und in unserer Spiritualität nicht nur als Randerscheinung, sondern als untrennbar mit unserem Menschsein verbunden zu betrachten, hat weitreichende Konsequenzen. Es wird einiges in unserem Weltbild auf den Kopf stellen – oder sollen wir lieber sagen: auf die Füße?

Mich lassen Widersprüche immer wieder Achterbahn fahren, sodass ich nicht mehr weiß, wo oben und unten ist. Dennoch möchte ich sie heute nicht mehr missen. Warum? Weil ich mich in sie verliebt habe. Sie vielleicht sogar liebe. Aber es war keine Liebe auf den ersten Blick. Ganz im Gegenteil, ich habe – ohne es so recht zu merken – alles Mögliche getan, um sie aus meinem Leben zu verbannen. Aber sie blieben mir treu. Sie kamen immer wieder zurück.

Es ist nicht unbedingt leicht, Widersprüche in ihrer Bedeutung für uns zu würdigen. Wenn eine Ampel zugleich auf Rot und auf Grün steht, was soll das anderes bringen als ein Verkehrschaos? Was für eine Straßenkreuzung sinnvoll ist, muss jedoch nicht überall Nutzen bringen. Es kann sogar verheerend sein. Vielleicht hat es seinen Grund, dass die Natur keine Ampeln erfunden hat? Eindeutigkeit hat gleichwohl etwas sehr Attraktives. Eine Gebrauchsanweisung fürs Leben, mit eindeutigen Hinweisen und am besten noch einer Reklamationsstelle, wenn es nicht funktioniert, das wäre doch was!

Und tatsächlich, zu jeder Lebenslage, in der wir uns im Laufe unseres Lebens wiederfinden, gibt es Bücher und Ratgeber. Es gibt keinen Mangel an Tipps, wie wir besser hiermit und damit umgehen könnten. Die meisten Ratgeber erwecken dabei den Eindruck, es gebe so etwas wie die eindeutig bessere oder gar die beste Lösung für unsere Situation. Wenn wir dann einer bestimmten Richtung oder einem Ansatz, denen wir unser Vertrauen schenken, eine Weile folgen und an ihre Grenzen stoßen, sind wir manchmal so ratlos wie zuvor.

Schon wartet die nächste Empfehlung, die uns erklärt, was wir falsch gemacht haben und woran wir uns von nun an orientieren sollten. Auf diese Weise können wir natürlich viel lernen. Wir können uns dabei aber auch leicht verlieren, indem wir von einem Glücks- oder Heilungsversprechen zum nächsten eilen und etwas Wesentliches dabei übersehen: Das Leben ist – und bleibt – widersprüchlich. Wo wir versuchen, Widersprüche zu eliminieren, gewinnen wir vielleicht an Sicherheit und Stabilität, aber etwas in uns und um uns herum stirbt langsam ab. Das Feuer unseres Herzens erlischt. Viele Strukturen unserer Kultur und Gesellschaft legen es uns nahe, das Feuer zu löschen. Sie lassen das oft sogar unausweichlich erscheinen. Vielleicht ist es eine tiefe Sehnsucht in uns, die es doch immer wieder zum Brennen bringt.

Mystiker aller Zeiten sprechen von dieser Sehnsucht. In den tiefgründigsten Weisheitslehren und spirituellen Strömungen haben Paradoxien schon immer einen besonderen Platz.[1] Viele Mysterien sind davon beseelt. Diese Mysterien müssen jedoch nicht alltagsferner oder gar abgehobener Spiritualität vorbehalten bleiben. Sie können ganz konkret in unserem Leben Platz finden, in deinem und in meinem, und uns beglücken.

Uns der Widersprüchlichkeit des Lebens zu stellen, ist jedoch keine Schnellstraße ins Glück. Eher gleicht es einer tiefen inneren Reinigung und Transformation. Mit „Wasch mich, aber mach mich nicht nass!" kommen wir wahrscheinlich nicht weit. Stattdessen – so scheint es – kommen wir manchmal vom Regen in die Traufe.

Was mir in solchen Phasen geholfen hat, war meine bereits gewachsene Bereitschaft und Fähigkeit, dran zu bleiben, auch wenn es mal eng wird. Alleine hätte ich das nie geschafft. Ich fühle mich bei diesem Thema zwar ein wenig als Pionier, aber nicht allein. So wie eine schwangere Frau überall Geschäfte für Babykleidung sieht, so sehe ich überall Anzeichen dafür, dass die Zeit reif ist, die Widersprüchlichkeit des Lebens endlich von Herzen zu würdigen und anzunehmen. Auch wenn es nicht immer so explizit zum Ausdruck kommt: Viele Menschen befinden sich bereits auf der Reise, die ich in diesem Buch skizziere. Mehr und mehr Autoren – und nicht nur psychologischer oder esoterischer Fachliteratur – beziehen sich immer freundlicher auf dieses Phänomen. Sie alle haben mir Mut gemacht und mich inspiriert.

Widersprüche inspirieren uns dazu – wenn wir sie auf uns wirken lassen –, unsere Perspektive zu verändern, sie vor allem aber zu erweitern. Wir finden immer öfter vom entweder-oder zum sowohl-als-auch. Drei Beispiele:

- Eines unserer Grundbedürfnisse ist Sicherheit. Wenn wir jedoch einseitig auf Sicherheit aus sind, birgt dies manchmal größere Risiken als das, wovor wir uns ursprünglich schützen wollten. Wie heißt es so schön?

  Wer sich nicht in Gefahr begibt, kommt darin um.[2]

- Haben wir Absichten und Ziele oder sind wir lieber wunschlos glücklich? Die meisten Menschen wünschen sich Glück. Aber was macht uns glücklich? Die Redewendung „wunschlos glücklich" legt nahe, dass es die Abwesenheit jedweden Wun-

sches ist, die uns glücklich macht. Ist es gar der „Glück-Wunsch"
selbst, der uns unglücklich macht? Oder geht beides zusammen?

- Wir glauben gewöhnlich, Probleme lösen zu können, wenn wir
  mehr darüber wissen. „Wissen ist Macht" heißt es, und mit
  Macht können wir mehr *machen*. Manchmal kann uns unser ge-
  sammeltes Wissen jedoch im Wege stehen. Besonders Liebe ist
  nicht „machbar" und oft ist es die bewusste Bereitschaft nicht
  zu wissen, die die Tür zum Herzen öffnet.

Die Trennung von meiner früheren Partnerin Gabrielle (Nutan) – die
Beziehung mit ihr nimmt im Buch „Herzenslust" breiten Raum ein –
war ein schmerzhafter Prozess, der mich immer wieder recht unsanft
mit meinem Nichtwissen hinter all meinem Wissen konfrontiert hat.
Dabei hätte ich als Tantra-Lehrer, also als ein „Experte in Liebesdingen", es doch besser wissen sollen! Solche Gedanken nisteten sich
immer wieder in meinem Gehirn ein und wurden mir manchmal auch
gespiegelt: „Hat es Sinn, deine Beziehungs-Seminare noch zu besu-
chen, wenn du doch selbst in deiner Ehe gescheitert bist?", fragen mich
manchmal Teilnehmer ganz offen.

Auf viele Fragen gibt es keine eindeutigen Antworten. Es gibt
immer mehr als nur eine Perspektive, und das Gegenteil einer
Wahrheit kann ebenfalls wahr sein, auch wenn das unseren Verstand schier zur Verzweiflung bringen kann. Dazu eine kleine Geschichte:

Zum Rabbi kommen zwei Männer, deren Familien seit Generationen im
Streit liegen, weil ihre Grundstücksgrenze umstritten ist. Sie sind es leid,
weiter zu kämpfen, und sie haben sich darauf geeinigt, den Rabbi ein
für alle Male Recht sprechen zu lassen.
Der Rabbi bittet den Einen zu sich, hört sich seine Geschichte an und
meint zum Schluss: „Ich verstehe dich! Du hast recht!" Dieser bedankt
sich, hüpft und springt vor Freude und verlässt strahlend das Emp-
fangszimmer.

Dann kommt der Andere und schildert seine Sicht der Dinge; der Rabbi sagt ihm zum Schluss: „Ich verstehe dich! Du hast recht!" Auch dieser kann sein Glück kaum fassen und verlässt voll tiefer Genugtuung das Haus des Rabbi.

Ein Schüler des Rabbi, der bei beiden Unterredungen dabei war, hat alles mitgehört und sagt nun zum Rabbi, als sie wieder allein sind: „Ich verstehe nicht: Da kommen zwei Menschen, die miteinander Streit haben; sie erzählen dir ihre Geschichte und du gibst beiden recht. Es kann doch nur einer von beiden recht haben!" ... „Jetzt hast du recht!", antwortet der Rabbi ruhig und freundlich seinem Schüler und verlässt den Raum.

Dieses amüsante Gleichnis, das seit Generationen in diversen Varianten erzählt wird, bringt das Verwirrende an, aber auch die Weisheit von Paradoxien auf den Punkt. Sie kann eine tiefe und heilsame Wirkung entfalten, wenn wir sie ganz an uns heranlassen. Sie setzt einige der hartnäckigsten Mechanismen außer Kraft, mit denen wir unserem Partner, unseren Kindern, unseren Freunden und Feinden und letztlich dem Leben unseren Willen glauben aufzwingen zu können.

Der aktuelle weltweite Konflikt der Religionen und ihrer Kulturen ist ein Beispiel dafür, was passiert, wenn die Vieldeutigkeit spiritueller Erfahrung durch die Eindeutigkeit von Dogmen eingeebnet oder gar gleich ganz geleugnet wird. Aber so weit müssen wir gar nicht gehen. Schauen wir zu unseren eigenen Konflikten. Jeder Streit bekommt seinen Treibstoff aus der Überzeugung der Beteiligten, recht zu haben. Und die Wurzel für diese Überzeugungen liegt oft schlicht in unserer Unfähigkeit anzunehmen, dass das Gegenteil unserer Wahrheit ebenfalls wahr sein könnte.

Gegensätze schließen sich nur in unserer gewohnten Logik aus. Im Leben bilden sie eine Ganzheit. Mann und Frau, Körper und Geist, Himmel und Erde, Gefühl und Verstand, Stille und Bewegung, Tun und Sein, Leben und Tod, alle diese Gegensätze und viele mehr werden zu Katalysatoren für unser wachsendes Bewusstsein.

Und dieses zeigt sich mitunter genau darin, dass wir keine Antwort haben. Sogar manche Wissenschaftler – die ja normalerweise gerne alles beantwortet haben möchten – finden inzwischen Gefallen daran, nicht weiter zu wissen:

> Mir ist aufgefallen, dass mich vor allem die Erkenntnis fasziniert, auf etwas keine Antwort zu wissen. Das ist so, als würde ich in meinem Denken auf eine Klippe stoßen. In diesem Raum des „Nichts" oder des Nicht-Wissens verspürte ich eine intensive Ahnung.[3]

Hier berühren sich moderne Wissenschaft und Religion. Letztere hat schon immer darauf hingewiesen, dass unser Verstand nicht ausreicht, das Wesen der Existenz zu erfassen. Eine der spirituellen Traditionen, die den Weg in den erfüllenden Raum des Nichts weisen, ist der Buddhismus. Speziell der Zen-Buddhismus mit seinen Koans (für den Verstand unlösbare Rätsel) ist bekannt für seine Liebe zur Paradoxie und für seine verrückten Weisheiten. Diese Lehren wurden und werden meist auf eher asketische Weise vermittelt. Das war und ist – bis heute – nichts für mich. Ich wollte immer lieber alles, am besten sofort, und so landete ich beim Tantra. Dort erfuhr ich, dass „alles" nicht „alles, was ich will" bedeutet, sondern weit mehr.

Tantra, eine spirituelle Lehre mit jahrtausendealter Tradition, lehrt, das Leben mit allen Sinnen und in allen Aspekten zu genießen, zu empfangen und zu feiern. Aber so leicht ist das eben auch nicht. Gerade in den Gefilden von Lust und Liebe begegnen wir der paradoxen Natur des Lebens – sogar ganz hautnah. Das kann die Hölle sein. Manchmal scheinen innigste Liebe oder wunderbarste Genüsse in Reichweite und sind dann doch plötzlich unerreichbar weit weg. Das tut weh.

Dennoch: die Bedürfnisse rund um Sex und Herz sind kraftvolle Motive, für die wir Menschen gerne einiges investieren. Deswegen werden wir uns hier noch ausführlich mit den Höhen und Tiefen von Lust und Liebe befassen, und viele Beispiele in diesem

Buch ranken sich um diesen Themenkreis. Obwohl auch auf diesem Weg zwangsläufig unsere wunden Punkte berührt werden, so liegt darin doch die Chance, nicht nur aus Schmerz zu lernen. Wir können auch auf lustvolle Weise Neues wagen, wir können riskieren, immer wieder unser Herz zu öffnen und unsere Liebe zu spüren und in beidem können wir wachsen.

Bei dieser Thematik möchte ich jedoch nicht stehen bleiben. Wir sind in unseren Bedürfnissen und Befindlichkeiten eingebettet in etwas Größeres. Wir Menschen sind sowohl soziale als auch spirituelle Wesen. Wir finden keine wirkliche Erfüllung, wenn uns das Wohl und Wehe anderer Menschen, unsere Verbundenheit miteinander und die Fragen nach Sinn und Aufgabe im Leben kalt lassen. Auch hier begegnen wir Widersprüchen, die ziemlich unbequem, wenn nicht quälend sein können. Indem wir im kleinen Kreis, mit uns selbst und unseren Nächsten, Widersprüche lieben lernen, schöpfen wir die Kraft, uns auch in einen größeren Kontext zu engagieren, ohne uns dabei selbst zu verlieren. So wächst auch unsere Fähigkeit, unsere Aufgabe in einem größeren Ganzen zu erkennen und dankbar anzunehmen – zeitweiliges Fluchen inbegriffen.

Die Erforschung der Paradoxien des Lebens ist ein Abenteuer mit ungewissem Ausgang, so viel ist gewiss. Es ist eine Reise in und durch die Vielgestaltigkeit des Lebens. Wir können nun also in See stechen, aufbrechen zu neuen Ufern. Als Orientierung haben wir nicht viel mehr als unsere Sehnsucht, vollständiger zu leben und zu sein und zu werden, wer wir wirklich sind. Das ist gefährlich. Lebensgefährlich.

Aufbruch aus dem Alltag

Ein Schiff ist im Hafen sicher. Aber dafür wurde es nicht gebaut.
Englisches Sprichwort

Der Alltag ist der Hafen, von dem aus wir unsere Reise starten. Er vermittelt uns eine gewisse Sicherheit. Das macht ihn attraktiv. Hier kennen wir uns aus. Diese Sicherheit ist jedoch – wie jede andere auch – trügerisch. Die Wechselfälle des Lebens machen nicht ewig vor unserem Alltag halt. Aber das noch größere Risiko besteht vielleicht darin, dass das Leben fast unbemerkt an uns vorüber zieht, während wir damit beschäftigt waren, „andere Pläne zu schmieden".[4]

Es sind die besonderen Momente, die uns plötzlich aufwachen lassen und uns mit der Frage nach dem Sinn unseres Daseins konfrontieren. Meistens sind es Krisen, die den Alltag aufbrechen lassen. Oder wir spüren unsere Sehnsucht, denken „Das kann doch nicht alles gewesen sein!" und vernehmen einen inneren Ruf, etwas Neues zu riskieren.

Ich habe das Glück, als Seminarleiter und Therapeut viele bewegende und abwechslungsreiche Momente miterleben zu dürfen. Doch auch für mich ist es immer wieder mit einer Schwellenangst verbunden, Gewohntes loszulassen und zu neuen Ufern aufzubrechen. Und es kann mich ganz schön durcheinanderbringen. Franz riskierte hier Einiges und erlebt das so:

Der Alltag hat Franz längst wieder eingeholt. Einige Tage ging er wie auf Wolke Sieben. In der ersten Zeit nach dem Workshop waren in der Firma alle unglaublich nett zu ihm. Und dasselbe sagten sie über ihn. „Was ist los mit dir? Hast du dich verliebt?", fragte Anke, seine Vorgesetzte. Er wagte nicht zu erzählen, dass er auf einem Tantra-Wochenende gewesen war. Das hätte keiner verstanden. Oder sie hätten ihn mitleidig belächelt nach dem Motto: „Aha, du hast es wohl nötig, oder? Na ja, jeder nach seiner Fasson ..." Also schwafelte er nur von einem schönen Wochenende in der Natur, fühlte sich dabei aber auch nicht recht wohl.

Schon am dritten Tag naht der erste Schock. Anke kommt in sein Büro gerauscht, wie so oft voller Hektik, und knallt ihm eine Akte auf den Tisch. In ruppigem Ton herrscht sie ihn an: „Warum ist das noch nicht erledigt?"

Er würde am liebsten sofort losheulen. Das ist neu. Er kennt seine Vorgesetzte lange genug um zu wissen, dass sie es nicht böse meint, sondern dass sie einfach gern ihren Stress an andere weitergibt. Normalerweise kommt er damit klar. Aber jetzt ist es anders. Mit letzter Kraft reißt er sich zusammen und stammelt „Ich mache es so schnell wie möglich fertig!", woraufhin sie das Büro wortlos wieder verlässt.

„Scheiße!", flucht er vor sich hin, als er wieder allein ist. Dann fällt ihm auf, dass das gar nicht seine Akte ist, und er wird noch wütender. Erst auf sie, dann auf sich selbst: „Ich bin so ein Weichei! Da kommt diese blöde Tussi und macht mich dumm an und ich Trottel ducke mich sofort weg! Ich habe keinen Mumm in den Knochen!"

Am Abend trifft er seinen Freund Hans, den einzigen, mit dem er über seinen Ausflug in die Welt des Tantra offen sprechen kann. Hans will alles wissen, alles. Vor allem wie weit es mit dem Sex ging. „Also ihr habt euch alle ausgezogen und dann legte sich jeweils einer in die Mitte und wurde von den anderen gestreichelt? Ist ja geil!"

„Nicht von allen, wir waren in Vierergruppen. Und es haben sich auch nicht alle ausgezogen. Das war uns freigestellt. Aber ich dachte, die Gelegenheit kommt so schnell nicht wieder, und habe alles ausgezogen ..." Noch während Franz das sagt, merkt er, dass etwas schief läuft. Hans will zwar alle Fakten wissen, und es macht ihn sogar an, was er hört. Aber das, was für ihn, Franz, wesentlich war, das kommt irgendwie nicht rüber. „Weißt du, Hans, du denkst jetzt vielleicht, es ging hauptsächlich um Erotik und Sex. Das war ja auch das Thema des Workshops. Aber das war gar nicht das, was mich am tiefsten beeindruckt hat. Es war eher die Nähe, die Intimität, die Herzlichkeit. Damit hätte ich nie gerechnet. Dass so etwas in nur einem Wochenende möglich ist. Und es fühlte sich so natürlich an, fast selbstverständlich. Obwohl manche Sachen, die wir gemacht haben, vollkommen neu für mich und auch komisch waren ..."

Hans, eher jovial: „Was war denn komisch? Hast du noch nicht alles erzählt? Komm, zier dich nicht so, du weißt doch, du kannst mir alles erzählen! Ich finde es klasse, dass du dich so was traust!"

Franz zieht sich in diesem Moment innerlich zurück. Plötzlich kommt ihm das, was er am Wochenende so wertvoll und fast überirdisch schön fand, irgendwie banal, fast schmutzig vor. Als er wieder zuhause ist, nimmt er erst mal eine Dusche. Aber diese zweifelnden Gedanken, die kann er nicht abduschen.

Einsam liegt er später in seinem Bett und gerät immer wieder ins Grübeln: „War das alles nur ein schöner Traum? Bin ich einer Illusion aufgesessen? Wollten diese verdammten Tantra-Lehrer mir nur das Geld aus der Tasche ziehen und mich gar süchtig nach ihren Workshops machen?" Sie kamen ihm gar nicht so vor, er fand sie sogar sehr nett und sehr menschlich. Aber wer weiß. Er fühlt sich innerlich zerrissen. Da ist einerseits seine Sehnsucht. Er hat Blut geleckt, eine neue Welt kennengelernt, in der Lust und Liebe und jede Menge Lebendigkeit plötzlich in greifbarer Nähe waren, sogar mit wildfremden Leuten. Und die Leiter behaupteten sogar, das sei unsere menschliche Natur, wenn wir uns nur so sein ließen, wie wir sind. Und dann ist da die andere Seite in ihm, die ihn dafür ausschimpft, auf so etwas hereingefallen zu sein: „Das ist doch weltfremd, was die da machen! Schau dein Leben an. Was willst du denn damit anfangen? Jetzt fängst du schon an zu heulen, wenn dich deine Chefin mal schief anguckt. Hey, wach auf! Das war ein schöner Traum, aber die Welt ist nun mal kein Zuckerschlecken. Finde endlich eine Frau, die zu dir passt, dann brauchst du dich nicht auf solchen obskuren Veranstaltungen herumzutreiben!"

In diesem Moment wird Franz ganz aufgeregt. Sollte er es riskieren, Marianne anzurufen? Sie ist die Frau, zu der er bei diesem Workshop den besten Draht hatte. Ist er verliebt? Nein! Aber er weiß, wenn er sie anruft, wird er diesen Weg weitergehen. „Bald Mitternacht. Jetzt ist es sowieso zu spät!", versucht Franz sich selbst zur Ruhe zu bringen. Irgendwann fällt er in einen unruhigen Schlaf.

Die Kluft zwischen Alltag und Sehnsucht

Franz hat etwas riskiert. Er sehnte sich nach mehr Lust und Liebe in seinem Leben, surfte im Internet und stieß auf das Thema Tantra. Und er wagte sich, seiner Sehnsucht folgend, tatsächlich auf ein Tantra-Seminar, obwohl er sich vorher überhaupt nicht hatte vorstellen können, was ihn dort erwarten würde. Er wurde nicht enttäuscht, ganz im Gegenteil. Aber zurück in seinem Alltag hat er ein Problem: Eine große Kluft tut sich für ihn auf. Welten scheinen zwischen seinen Erfahrungen an diesem Wochenende und seinem Zuhause zu liegen. Der Widerspruch spitzt sich Tag für Tag weiter zu. Franz hält es mit seinem Zwiespalt irgendwann allein nicht mehr aus und ruft Marianne an. Obwohl sie ihm keinerlei Lösung für sein Dilemma anbietet, geht es ihm danach besser. Er ist mit seinem Dilemma nicht mehr allein, und dadurch kann er es zunächst da sein lassen, ihm Raum geben, ohne sofort eine Lösung zu finden.

Wenn wir mit unserem Alltag unzufrieden sind, liegt es nahe; ihm zu entfliehen. Unsere Kultur ist eine Fluchtkultur. Unter dem Stichwort „dem Alltag entfliehen" findet Google Zigtausende von Seiten, vorwiegend aus der Reisebranche. Aber was passiert, wenn wir zurückkommen? Der Alltag ist für uns nicht nur eine äußere Routine, sondern oft auch ein innerer Bewusstseinszustand, eine Art dumpfer Trance, in der unsere Wahrnehmung auf das Notwendige eingeschränkt ist. Wir funktionieren.

Es ist nicht leicht, den Alltag wirklich erfüllend zu gestalten. Bereits bei der Einschulung werden wir darauf vorbereitet: „Jetzt beginnt der Ernst des Lebens!" Es ist schwer, gegen derartige Botschaften, die wir längst verinnerlicht haben, anzukommen. Der Alltag kann uns vorkommen wie eine große, unbezwingbare Macht. Es ist leichter, ihr auszuweichen als sich ihr zu stellen.

Wenn wir allerdings wie Franz einen Schritt heraus wagen und damit eine Weile aus unserer Alltagstrance heraustreten, kann es auch ungemütlich werden. Wenn wir danach nicht alles wieder verdrängen, landen wir früher oder später bei der Frage: Was ist uns wirklich wichtig in unserem Leben? Woran werden wir gerne zurück denken, wenn wir später auf unserem Totenbett Rückschau halten?

Bei dieser Frage können leicht auch unangenehme Gefühle auftauchen. Wenn wir die Frage wirklich an uns heranlassen, melden sich Seiten in uns, die in unserem Leben bislang wenig Raum hatten. Wir spüren unsere ungelebten Wünsche und Sehnsüchte. Das kann wehtun. Deswegen vermeiden wir oft diese Frage. Die Alltagstrance hat ihren Sinn, sie schützt uns vor dem Risiko schmerzhafter Erfahrungen. Aber leider auch vor intensiverem Glück. Unser Alltag ist wahrscheinlich der bestmögliche Kompromiss zwischen unseren Wünschen und unserer Wirklichkeit, den wir bislang finden konnten. Wenn wir den in Frage stellen, reißen wir leicht alte Wunden auf.

Chancen zum Aufbruch

Wir alle haben Strategien gelernt, mit unseren unerfüllten Wünschen und Sehnsüchten umzugehen. Oft besteht unsere Strategie darin, die tiefer liegenden Widersprüche einfach zu verleugnen. Wir denken nicht daran. Wir lenken uns ab. Wir haben zu tun. Wir sorgen für gute Unterhaltung. Wann merken wir, dass etwas fehlt?

Nach der bekannten Maslow'schen[5] Bedürfnispyramide ist unser Bedürfnis nach Sicherheit fundamentaler als unsere Lust auf Abenteuer und unser Drang nach persönlichem Wachstum. Aber was tun, wenn unsere Sicherheit zum Gefängnis geworden ist? Wir können die Bälle aufnehmen, die uns Widersprüche, Krisen und Dilemmata zuspielen. Das Leben gibt uns permanent Gelegenheiten dazu, aus dem Trott auszusteigen. Es kann sein, dass wir die erst wahrnehmen, wenn die Gangart etwas härter wird, und wir an Veränderungen kaum noch vorbei kommen:

- Unser Partner droht mit Trennung.
- Wir verlieren unsere Arbeit.
- Jemand stirbt unerwartet, der uns nahe war.
- Wir fühlen uns einsam.
- Wir werden krank.
- Unsere Sehnsucht fängt an, richtig weh zu tun.

In solchen Situationen macht uns das Leben auf etwas aufmerksam. Jetzt können wir vom „Autopiloten", mit dem wir normalerweise durchs Leben steuern, auf bewusste Aufmerksamkeit umschalten. Das ist die Chance.

Anhand von zwei Beispielen möchte ich beleuchten, wie die Gelegenheiten zum Aufwachen konkret auf uns zukommen. Denn wenn wir mit einem Widerspruch konfrontiert werden, der uns in Not bringt und für den wir keine Lösung haben, dann sehen wir darin gewöhnlich nicht gleich die große Chance. So wenig wie Inge und Peter:

Inge ruft mich an und bittet um eine Paarsitzung mit ihrem Ehemann. Auf meine Frage, worum es geht, antwortet sie knapp „Wir lieben uns. Wir leben in einer sehr harmonische Beziehung. Aber wir haben seit einem halben Jahr keinen Sex mehr. Ich halte das nicht mehr aus!" Eine Woche später begrüße ich Inge und ihren Mann Peter in meiner Praxis. Sie wirkt auf mich sehr stark. Sie trägt ein elegantes Kostüm und ist auffallend geschminkt. Sie gibt mir mit einem entschiedenen, festen Druck die Hand und schaut mir dabei direkt in die Augen. Peter ist eher lässig gekleidet. Er wirkt ruhig und unaufdringlich. Sein Händedruck ist leicht, aber nicht unangenehm. Nach einer Weile bitte ich die beiden, mir nacheinander ihr Anliegen zu schildern. Sie schauen sich lächelnd und zugleich vielsagend an, so als ob sie mit den Augen aushandeln, wer anfängt. Inge beginnt: „Wir sind seit fünf Jahren verheiratet, beide zum zweiten Mal. Als wir uns kennenlernten, waren wir beide noch in der Trennungsphase aus der letzten Ehe. Wir haben uns von Anfang an sehr gut verstanden. Wir sprechen die gleiche Sprache. Eigentlich ist Peter mein Traumpartner. Er ist verständnisvoll. Ich fühle mich wirklich geliebt. Wir haben fast nie Streit. Wenn da nicht der Sex wäre. Der fehlende Sex, meine ich. Das war von Anfang an nicht gerade unsere Stärke, aber ich war zufrieden. Peter hat einfach nicht so ein starkes Bedürfnis nach Sex, und ich habe das akzeptiert. Auch weil alles andere so wunderbar lief. Aber seit einem halben Jahr läuft sexuell fast gar nichts mehr, und ich werde immer frustrierter. Neulich hatten wir deswegen zum ersten Mal einen heftigen Streit, woraufhin ich Sie dann angerufen habe. Ich möchte die Ehe mit Peter nicht riskieren. Aber ich möchte auch als Frau geliebt werden, nicht nur als Mensch. Ich bin jetzt 38 und zu jung, um auf Sex zu verzichten!"

Ich frage: „Haben Sie Kinder?" Inge antwortet „Nein. Ich meine, ich habe keine Kinder. Peter hat zwei Töchter aus erster Ehe, die bei der Mutter leben. Sie kommen manchmal am Wochenende zu uns." Nach einer Pause fügt sie leicht sarkastisch hinzu: „Ich hätte gern ein Kind mit Peter, aber ohne Sex wird das wohl nichts." Auf meine Frage, was sie sich von der Paarsitzung erhofft, erwidert sie schnell: „Ich möchte herausfinden, warum das mit dem Sex bei uns nicht klappt. Ich bin auch bereit, da sehr in die Tiefe zu gehen. Keine Tabus. Ich will es wissen! Ich habe die Warterei satt."

Ich wende mich Peter zu und bitte ihn, das Anliegen aus seiner Sicht zu schildern. Ich weise dabei explizit darauf hin, dass sein Anliegen auch völlig von dem, was seine Frau gerade ausgedrückt hat, abweichen darf.

Peter lächelt mich warmherzig an und spricht dann eher langsam und bedächtig: „Ich kann Inge total verstehen. Sie ist eine wunderbare Frau. Ich fühle mich sehr wohl mit ihr. Ich möchte sie nicht verlieren. Ich habe nur einfach nicht so einen starken Trieb."

Inge unterbricht, erst mit leicht ironischem Unterton: „Das war jetzt aber sehr vorsichtig ausgedrückt", und dann gereizt: „Seit einem halben Jahr läuft nichts! Gar nichts!"

Peter bleibt äußerlich ruhig und fährt nach einer Pause fort: „Sex ist mir nicht so wichtig. Aber ich sehe ein, dass das zu einer Beziehung dazugehört. Inge hat einen Anspruch darauf. Ich bin auch bereit, an mir zu arbeiten, was immer da nötig ist. Deswegen sind wir ja auch hier."

Ich lasse eine Weile schweigend verstreichend, lasse das wirken, was beide gesagt haben.

Dann frage ich sie, was ihrer Meinung nach dazu führt, dass sie seit einem halben Jahr keinen Sex haben.

Inge antwortet, ohne lange nachzudenken: „Früher habe ich immer wieder die Initiative ergriffen, habe sexy Unterwäsche gekauft, habe Peter massiert. Was er übrigens sehr mag. Ich habe ihn immer wieder gefragt, auf was er steht, aber ich habe keine wirkliche Antwort darauf bekommen, außer einem ‚ich weiß es auch nicht so genau!' Ich bin mit meiner Initiative immer mehr aufgelaufen. Irgendwann hatte ich auch keine Lust mehr auf Zärtlichkeiten, wenn daraus dann sowieso nie was wird. Wenn wir darüber gesprochen haben, hat Peter gesagt, ich solle ihm einfach mal Zeit lassen. Unter Druck könne er gar nichts spüren, und selbst wenn er wolle, spiele dann sein Schwanz nicht mit. Dagegen sei er machtlos."

Peter schaut mich etwas verlegen an, vielleicht auch auf mein männliches Verständnis für dieses Malheur hoffend. Als er weiter schweigt, frage ich ihn: „Was hat aus Ihrer Sicht dazu geführt, dass Sie keinen Sex mehr miteinander haben?"

„Wenn ich das wüsste. Dann würde ich es ja sofort ändern. Aber ‚Er'", er schaut an sich herab, „will halt nicht immer so, wie ich will." Er hat dabei ein leichtes Lächeln um die Mundwinkel, was nicht ganz zu seiner letzten Aussage zu passen scheint.

Das Risiko des Anders-Seins

Beziehungen jeder Art sind Gelegenheiten zum Aufwachen, und die Dynamik rund um den Sex noch mal ganz besonders. Liebe, Beziehung und sexuelles Begehren entziehen sich zumindest teilweise der Machbarkeit, sodass wir hier ganz besonders auf Widersprüche und auf deren Vermeidung aufmerksam werden und sie vor allem auch nicht so leicht zudecken können. Aber wenn sie dann auftauchen, rufen wir selten gleich „Hurra!", sondern wollen sie so schnell wie möglich wieder loswerden. Als Außenstehende können wir allerdings ahnen, dass es bei dem Konflikt von Inge und Peter nicht um eine schnelle Lösung geht. Die entscheidende Frage ist die: Werden sie sich dafür öffnen können und wollen, diesen Konflikt als Anstoß zu einem inneren Prozess anzunehmen? Werden sie sich Gelegenheit geben, die Andersartigkeit ihres Begehrens mit Respekt zu erforschen? Denn das war für mich schnell spürbar: Die Unterschiedlichkeit kann zwischen den beiden nicht wirklich „atmen". Die Harmonie, in der sie sich – abgesehen vom Sex – wähnen, reicht nur so weit, wie sie sich einig sind. Differenzen haben darin noch keinen Platz.

Sehr oft einigen sich Paare in einer solchen Situation auf einen der beiden Partner als Symptomträger. In diesem Fall stimmen sie darin überein, dass Peter ein Problem mit seiner Libido hat. Er zeigt sich sehr willig, „sein Problem" anzugehen, aber wir können vermuten, dass er auf der Basis dieser „Gutwilligkeit" nicht sehr weit kommen wird. Hinter dem Arrangement, dass Inge und Peter miteinander gefunden haben, liegen Leichen im Keller, die nicht so freundlich ausschauen wie ihr Umgang miteinander vermuten lässt.

Nicht wenige Menschen halten es für den natürlichen Gang der Dinge, dass die Erotik in einer festen Partnerschaft mit der Zeit nachlässt oder versiegt.[6] Die wenigsten begrüßen dieses Dilemma, vor allem dann nicht, wenn ein Partner (oder beide) Sex unbedingt will oder braucht. Ich brauche nicht lange zu suchen, ich kenne dieses Thema bestens aus eigener Erfahrung. Aus dieser heraus vermute ich jedoch auch: In der Widersprüchlichkeit von Inge und Peter, so quälend sie für die beiden erstmal sein mag, liegen Schätze verborgen. Wir kommen später, wenn wir die Paradoxien von Liebe und Partnerschaft ausführlich untersuchen, zu den beiden und ihrem sehr berührenden inneren Prozess zurück (siehe Seite 127). Hier geht es erstmal nur darum, ob und wie wir überhaupt einen Einstieg in einen solchen Prozess finden und damit aus dem sicheren Hafen, der jetzt allerdings anfängt ungemütlich zu werden, aufbrechen.

Der „Hafen der Ehe" steht ja sprichwörtlich für das Ziel einer langen Reise. Dort angekommen, stellen wir fest, dass die größere Reise jetzt erst bevorsteht. Schwierige oder herausfordernde Paarkonstellationen treten nämlich nicht zufällig auf:

Mit jedem Partner kaufen wir uns ein Set unlösbarer Aufgaben mit ein.[7]

Mit ziemlicher Regelmäßigkeit finden Paare mindestens einen wichtigen Bereich in ihrem Leben, in dem sie konträr zueinander handeln, denken und fühlen. Die meisten Paare durchlaufen bei solchen disharmonischen Themen typische Phasen:

*   Zu Beginn finden wir es toll und bereichernd, wie anders der Partner ist.
*   Dann beginnen die ersten Irritationen, aber wir sehen zuerst einmal darüber hinweg.
*   Wenn das nicht mehr geht, beginnt der Streit. Wir wollen Recht haben, den anderen überzeugen und verändern.
*   Wenn wir uns die Zähne ausgebissen haben, geben wir auf und ziehen uns zurück. Vielleicht wechseln wir auch zwischen Streit und Resignation.
*   Wenn der damit verbundene Schmerz die Toleranzgrenze übersteigt, folgt die Trennung.
*   Irgendwann meldet sich die Sehnsucht. Neues Spiel, neues Glück? Vielleicht passt ja der nächste Partner besser zu uns?

Gibt es Alternativen zu diesem Verlauf? Glückliche Langzeitpaare[8], so heißt es, zeichnen sich unter anderem dadurch aus, dass sie sich in ihrem Anderssein respektieren können. Dafür brauchen wir vor allem die Bereitschaft, uns unsere eigenen inneren Widersprüche und die damit verbundenen Ängste anzuschauen. Peter merkt durch Inge, wie unsicher er sich als Mann fühlt. Inge erlebt durch Peter, wie viel Angst vor Zurückweisung sie hat. Wie ein Skifahrer, der auf breiter Piste magisch von dem weit und breit einzigen, leuchtend orangefarben Hindernis angezogen wird und voller Angst genau darauf zufährt, so erschaffen wir in unserem Leben zuweilen präzise die Situationen, die unser Innenleben spiegeln.

Wenn wir das so sehen, können wir auch Pleiten, Pech und Pannen für uns nutzen. Ich bin in meinen Beziehungen immer wieder in Konstellationen geraten, die ich mir nie im Leben freiwillig ausgesucht hätte: Ich wurde verlassen, der Sex blieb auf der Strecke, ich fühlte mich gefangen, ich fühlte mich einsam.

All dies habe ich verflucht und ich habe darunter gelitten, aber für vieles davon bin ich heute dankbar. In jedem Fall haben mich meine Beziehungskrisen dazu gebracht, Häfen zu verlassen, an deren Kai ich sonst heute noch fest vertäut wäre. Häfen zu verlassen, bedeutet durchaus nicht immer, sich zu trennen, aber manchmal habe ich es nicht anders geschafft.

Wenn wir getrennt sind, freiwillig oder unfreiwillig Single, dann kommt die Krise des Alltags oft von der anderen Seite auf uns zu. Nicht die zu große – und trügerische – Harmonie treibt uns in den Konflikt, sondern unsere Distanziertheit:

Gibt es denn keinen Mann, der mir gewachsen ist?

Gaby, 37, ist mit ihrem Leben eigentlich ganz zufrieden. Sie hat einen Beruf, der ihr Spaß macht: Sie ist Floristin in einem gut gehenden Designer-Blumenladen. Sie hat eine schöne Wohnung in der Nähe von

Karlsruhe, mit Blick auf den Schwarzwald. Sie geht gern tanzen, sowohl Standard und Salsa als auch freier Tanz oder Tanz nach den Fünf Rhythmen. Manchmal schleppt sie dort einen Mann ab und verbringt eine geile Nacht mit ihm, in letzter Zeit allerdings seltener. Sie genießt auch ihre Frauenfreundschaften; manchmal hängt sie stundenlang am Telefon und quasselt über all die wichtigen Dinge im Leben. Frauen verstehen etwas vom Leben. Wenn das Gespräch allerdings auf Partnerschaft kommt, dann gehen die Meinungen oft weit auseinander. Monika geht ihr zum Beispiel tierisch auf die Nerven, weil sie sich von ihrem Thomas nicht lösen kann, obwohl der sie – auf deutsch gesagt – verarscht. Er behandelt sie wie ein Kind, redet ihr ständig rein, was sie tun soll, und beklagt sich dann noch über ihre Unselbstständigkeit. Eine erwachsene Frau neben sich würde der gar nicht aushalten. Monika hat es wohl nicht besser verdient. Wenn eine ihrer Freundinnen sie fragt, warum sie sich denn schon so lange auf keinen Mann für länger als ein paar Monate eingelassen hat, dann wird es haarig. Die Männer sind haarig. Gaby will keine großen Kompromisse mehr eingehen. Wegen einem Mann auf die eigene Freiheit und Vorlieben verzichten, das hat ihre Mutter getan. Ihre Großmutter und ganze Generationen vor ihnen haben sich für einen Mann aufgeopfert. Ihre Mutter ist da allerdings als erste ausgestiegen und hat ihren Mann verlassen, ein mutiger Schritt, findet Gaby, auch wenn es für sie bitter war, weil sie durch den Umzug in eine andere Stadt viele Kontakte und auch den Kontakt zum Vater verloren hat.

In stillen Momenten beschleicht Gaby eine tiefe Sehnsucht. Sie träumt von einem Mann, der ihre Spontaneität, ihre Leidenschaftlichkeit und ihr ausgeprägtes Selbstbewusstsein aushalten kann. Die meisten Männer bekommen Angst, wenn sie ihre Kraft nicht versteckt und nicht das süße Mäuschen spielt. Viele wurden regelrecht impotent im Bett, wenn sie so richtig in Fahrt kam.

Oder spritzten schon nach zwei Minuten ab.

Deswegen hat sie angefangen, sich für Tantra zu interessieren. Stundenlang sexuell vereint zu sein, und dabei zwischen wildem Vögeln und völligem Entspannen zu wechseln, das muss fantastisch sein. Sie hofft, dort auf Männer zu treffen, die sich schon etwas weiterentwickelt haben, die ihre Gefühle zulassen können, ohne gleich zum kleinen Jungen zu regredieren und in ihr die Mama zu sehen. Es ist Samstagabend, der Workshop heißt „Die Sehnsucht nach einer erfüllenden Beziehung", und jetzt ist Partnerwahl angesagt. Es soll ein Abendritual geben, in dem jeweils eine Frau auf einen Mann trifft. Beide sollen ihre jeweils eigene Sehnsucht leben. Gaby hat nicht ganz verstanden, wie das gehen soll, aber sie ist neugierig. 16 Frauen und 16 Männer tanzen durch den Raum, auf der Suche nach ihrem Ritualpartner. Es sind einige Männer dabei, die Gaby gefallen, aber irgendwie ist es schwierig mit denen. Martin ist hinter Katrin her, sie selbst wäre nur zweite Wahl. Das gefällt ihr nicht. Beat ist eigentlich echt sexy, aber mit seinen 29 Jahren vielleicht ein bisschen jung. Trotzdem, ein Ritual mit ihm wäre sicher klasse. Aber ihre wirkliche Sehnsucht, die würde da nicht zum Zuge kommen, die Sehnsucht nach einer erfüllenden Beziehung. Dann ist da noch Oliver. Mit dem kann sie echt gut flirten, und sie hatten auch schon sehr intime Gespräche. Er hat ihr viel von seiner letzten Partnerschaft erzählt, vielleicht zu viel. Sie brachte es nicht fertig, ihn zu stoppen. Nun hat sie Angst, dass er im Ritual nicht wirklich offen für sie ist, weil er so an seiner Verflossenen hängt. Als es dann zur Wahlsituation kommt, sind Gabys Favoriten plötzlich alle anderweitig liiert und Gaby rennt in einem Anflug von Panik aus dem Raum. Sie ist geschockt, sie zittert am ganzen Körper, sie eilt in ihr Zimmer, Tür zu. Jetzt ist sie froh über ihr Einzelzimmer, sie will nichts und niemanden sehen. Das ist das Schlimmste, was ihr passieren konnte. Sie hat es gar nicht für möglich gehalten, weil sie gewohnt ist, dass sich immer genug Männer um sie scharen. Sie ist vollkommen geschockt, und zwar weniger darüber, dass Oliver, Martin und Beat so schnell in anderen Händen waren, sondern über ihre eigene Reaktion. Da klopft es an der Tür. Marianne, eine der Assistentinnen, kommt herein, setzt sich zu ihr aufs Bett und fragt, ob sie etwas braucht. Gaby will gerade „Nein, ich komm' schon klar!" sagen, als ein tiefer Schmerz aus ihr hervorbricht, und sie beginnt, laut zu schluchzen. Marianne nimmt sie in den Arm und es tut so unendlich gut, gehalten zu werden.

Sie weint und weint und weint. Als die Trauer und der Schmerz etwas abebben, kommt Scham auf, aber Marianne ist offensichtlich nicht geschockt, es sieht sogar so aus, als möge Marianne sie. Sie hatte Marianne vorher kaum wahrgenommen. Jetzt fühlt sie sich einfach leer im Kopf, aber erleichtert, und sie weiß überhaupt nicht, was das alles bedeuten soll. Marianne lädt sie ein, wieder in den Gruppenraum zu kommen, aber Gaby lehnt dankend ab. „Es war nicht okay, so einfach raus zu rennen, ich weiß, aber ich brauche jetzt einfach noch Zeit für mich. Ich komme am Ende vom Abend nochmal rein, wäre das okay?" „Ich glaube schon", antwortet Marianne und lässt Gaby nach einer letzten Umarmung wieder allein.

Die meisten Menschen würden in der gerade beschriebenen Situation nicht gern mit Gaby tauschen. Sie verliert vollkommen die Kontrolle über ihre Gefühle und tritt sofort die Flucht an. Die äußere Situation ist dabei nur der Auslöser. Die eigentliche Katastrophe ist das, was plötzlich in ihr aufbricht. Ihr mühsam aufgebautes Selbstbild fällt auseinander. Aber was vor allem brüchig wird, sind ihre Urteile über die Männer. Etwas Besseres kann ihr allerdings kaum passieren, wenn sie nicht ewig Single bleiben will.

Ur-teilen und Ur-vertrauen

Gaby vollzieht ihren entscheidenden Schritt, als sie sich eingesteht, wie sehr sie über Männer urteilt und was dahintersteckt. Gaby teilt ihr Single-Dilemma mit Millionen anderer Menschen: Viele sehnen sich nach einer erfüllenden Partnerschaft und finden nicht den oder die Richtige. Warum wird das Einlassen auf einen anderen Menschen immer schwerer? Warum gehen so viele Partnerschaften so schnell wieder auseinander? In *Liebe dich selbst und es ist egal, wen du heiratest"* und noch deutlicher in *Liebe dich selbst und freu dich auf die nächste Krise* beschreibt Eva-Maria Zurhorst, wie die äußere Situation die innere spiegelt, und dass nur der Weg zu innerem Gewahrsein uns für die dauerhafte Liebe öffnet. Was wir da aber erstmal finden, sind ganze Landschaften voller Urteile, über andere und letztlich immer auch über uns selbst.

Ur-teilen, wie das Wort schon sagt, teilt unsere Lebenswirklichkeit von Grund auf. Sie spaltet sie sogar und bestimmt dadurch weite Teile unseres Alltags. Urteile sind in unserer Kultur so allgegenwärtig, dass wir sie meistens gar nicht mehr als solche wahrnehmen. Fast jede einzelne Facette des Lebens durchläuft den Filter unseres Urteilens. Wenn wir nach unserem Befinden gefragt werden, dann antworten wir mit „*gut*" oder „*schlecht*".[9] Wir haben „gut" geschlafen, sind auf der Autobahn „schlecht" vorangekommen, das Essen hat „super" geschmeckt und die Politik hat „versagt". Große Teile unserer Kommunikation bewegen sich auf dieser Ebene. Wir tauschen Urteile, Meinungen, Bewertungen und Einschätzungen aus. Wir verschweigen dabei, welche Art Erfahrung wir selbst machen. Auf diese Weise halten wir unsere Alltagstrance aufrecht.

Wenn wir uns unmittelbarer auf das Leben, und insbesondere auf Liebe und Partnerschaft, einlassen wollen, dann sind uns unsere alltäglichen und meist unbewussten Urteile im Weg. Was wir dann brauchen, sind „Urverbindungen", Urvertrauen. Uns zu verlieben kann uns eine Weile mit dieser Qualität verbinden. Sie gibt uns Gelegenheit, unsere Urteile eine Weile in der Versenkung verschwinden zu lassen. Was aber, wenn wir uns gar nicht erst – oder nicht beidseitig – verlieben? Dann bleibt uns der beschwerliche Weg, uns direkt mit unseren Urteilen und deren Konsequenzen für unser Erleben auseinanderzusetzen.

Wir sondern uns von dem ab, was wir beurteilen. Oft leiden wir anschließend unter der Distanz, um dann – mit der Methode „Mehr desselben", wie sie Paul Watzlawick in seiner *Anleitung zum Unglücklichsein* beschreibt – noch mehr zu urteilen, noch mehr allein zu sein und noch mehr zu leiden.

Urteile sind nicht per se schlecht, was im Übrigen nur ein weiteres Urteil wäre. Sie haben eine wichtige Funktion. Sie sind wie ein Schwert. Sie dienen der scharfen Unterscheidung. Wenn wir damit verantwortungsvoll umgehen, dann brauchen wir niemand anderen für die Folgen zu beschuldigen. Wir fühlen uns abgeschieden. Das mag manchmal genau das sein, was wir brauchen und wollen. Für jedes Kind ist dies ein wichtiger Entwicklungsschritt, bei dem es lernt, sich als von seiner Umgebung getrennt, als etwas Besonderes, wahrzunehmen.

In unserer Kultur erfolgt die Anwendung dieses Schwertes jedoch so inflationär und unbewusst, dass wir tatsächlich glauben, mit seiner Hilfe eine Bindung eingehen zu können. Bei Gaby sähe das so aus: Sie muss nur so lange die untauglichen Männer zurückweisen, bis am Ende der Traumprinz übrig bleibt. Wenn wir auf diese Weise mit gezücktem Schwert durchs Leben gehen, dann wird die Resonanz entsprechend ausfallen. Wir werden auf andere gezückte Schwerter treffen und uns davor schützen wollen. Darüber hinaus schützen wir uns innerlich auch vor uns selbst, vor unserem eigenen Urteil, und sind uns unserer verletzlichen Seite überhaupt nicht mehr bewusst. Gaby beschreibt das so:

Ich war so eine harte Nuss, und ich habe keine Ahnung davon gehabt. Meinen Ansprüchen konnte niemand gerecht werden. Die Verantwortung dafür habe ich den Männern gegeben. Ich gab Männern keine reelle Chance. Es tut sehr weh zu spüren, wie ich Nähe und Liebe selbst verhindert habe. Ich sehnte mich schrecklich danach und habe mich vordergründig entlastet, indem ich den Männern die Schuld in die Schuhe schob. Ist ja heutzutage nicht schwer, die Männer allesamt als Deppen hinzustellen. Darin können sich Frauen gegenseitig gut bestätigen und sich damit einen Bärendienst erweisen. Es zerreißt mich fast, mir einzugestehen, dass ich das alles selbst inszeniert habe. Wenn mein Innerer Kritiker, der mich dafür auf dem Scheiterhaufen brennen sehen will, gerade mal Ruhe gibt, dann spüre ich, wie mir Kraft zuwächst. Kraft, aus der heraus ich zu meinen Wünschen stehe. Es tut zwar jetzt manchmal sehr weh, aber es tut auch unendlich gut, mehr mit mir und meiner Verletzlichkeit verbunden zu sein. Jetzt erst fange ich an, den anderen überhaupt zu sehen. Ich schaue Männer jetzt ganz anders an. Und die sind so anders und andererseits auch gar nicht. Ich fange an, der Unterschiedlichkeit zu vertrauen. Und das Überraschende ist: Es verbindet.

Gaby sehnt sich immer noch nach einem Partner, aber ihre Sehnsucht hat sich verwandelt. Sie sucht nicht mehr jemand, der es ihr recht macht:

Mir wird langsam klar: Wenn ich einen Partner möchte, dann brauche ich die Bereitschaft, manchmal auch das in meinem Leben zu akzeptieren, was ich nicht will. Eine bittere Pille. Aber genau die will ich! Ich will keinen Mann aus dem Märchenschloss, ich will einen realen Mann aus Fleisch und Blut. Ich gebe mein Wollen dabei nicht auf, im Gegenteil, es wird dadurch noch vollständiger. Ich weiß, ich nehme den Mund ziemlich voll. Ich hoffe, ich kann das auch leben, was ich hier verkünde!

Gaby weiß noch nicht genau, wohin die Reise geht, aber sie vernimmt jetzt den inneren Ruf. Bei ihr war es nicht der Spiegel einer Beziehung, sondern gerade deren innere Verhinderung, die ihr Gelegenheit zum Aufwachen gab.

Widersprüche sind Weckrufe

In seinem Buch *Der Alchimist* beschreibt Paulo Coelho auf poetische Weise, was auf uns wartet, wenn wir den gewohnten und sicheren Alltag verlassen und dem Ruf unseres Herzens folgen. Es ist der Schritt ins Risiko, der Schritt ins Unbekannte, der unser Leben interessant macht. Wenn wir wirklich zu unserem vollen menschlichen Potenzial, zu unserer Lust am Leben, zu unserer Fähigkeit das Leben zu lieben und zu unserer Verbundenheit mit der Existenz finden wollen, dann sind diese verdammten Widersprüche etwas vom Besten, was uns passieren kann. Sie sind die Ausfahrt aus dem Hafen hinaus aufs offene Meer.

In den eben beschriebenen Beispielen von Inge und Peter und von Gaby werden die beiden typischen Strukturen sichtbar, aus denen heraus unser Alltag früher oder später auf eine Krise zusteuert:

- Wir sind zu verschmolzen mit unserer Welt (oder einem Partner), und etwas in unserem Leben drängt uns dazu, die Verschmelzung aufzubrechen.
- Wir sind durch Trennung und Distanz vor unserer Welt (oder einem Partner) zu sehr geschützt, und etwas in uns treibt uns an, diesen Schutz zu durchbrechen.

Zu große Verschmelzung stellt sich häufig in Partnerschaften ein, wenn wir in Pseudoharmonie verflachen. Sexuelle Unlust ist ein häufiges Indiz dafür, aber nicht das einzige. Jede Art von Harmonie, die sich – wenn wir näher hinspüren – hohl anfühlt, ist ein Anzeichen für dieses Muster und beschwört irgendwann Krisen herauf, die uns darauf aufmerksam machen, dass wir anders sind und dies auch sein wollen. Die Symptome sind vielfältig: Auch Krankheiten, Probleme in der Familie oder am Arbeitsplatz können Hinweise darauf sein, dass wir uns zu sehr anpassen.

Zu viel schützende Distanz, das ist die Kehrseite dieser Medaille. Wir geben uns kritisch, wir kultivieren vielleicht unsere Besonderheit, haben vielleicht sogar großen Erfolg, aber wir bleiben damit einsam. Das kann auch in einer Beziehung so sein, und dort fühlt es sich manchmal sogar noch einsamer an, als wenn wir allein geblieben wären. Die Sehnsucht nach Tiefe, nach Lebendigkeit, nach Intimität, Lust und Liebe bringt uns dazu, unvorsichtig genug zu werden, damit etwas durch unsere Widerstände hindurch zu uns vordringen kann.

Die meisten Menschen kennen beide Strukturen, sind hier zu verschmolzen und dort zu kritisch oder sogar beides zugleich.

Unsere Schutzmechanismen besser zu verstehen und vor allem die Rolle, die der Innere Kritiker dabei spielt – auch wenn er sich zuweilen als äußerer Kritiker gebärdet –, wird uns später noch beschäftigen (siehe Seite 95). An dieser Stelle der Reise mögen diese Hinweise genügen, den tieferen Sinn von Krisen so weit zu erahnen, dass wir ihnen mehr Raum geben und sie ihre Wirkung auf uns entfalten können. Anstatt sofort nach Lösungen zu suchen, halten wir erstmal inne.

Wenn wir dann tatsächlich eine Weile innehalten, kommen wir in Kontakt mit unseren tieferen Wünschen und Sehnsüchten. Sie sind oft die unbewusst treibenden Kräfte, die uns in Krisen manövrieren. Sich ihnen zu stellen, ist die vielleicht entscheidende Herausforderung, wenn es darum geht, aus dem Alltagstrott zu erwachen. Marko berichtet von seiner Erfahrung im Silvesterworkshop „Wünschen und Loslassen":

Zu Beginn hatte ich gar keine Wünsche. Das Thema war mir eher unangenehm. Warum sollte ich jetzt hier Wünsche ausgraben, wenn ich sie am Ende doch wieder „loslassen" soll? Es wäre doch viel besser, das Leben einfach auf mich zukommen zu lassen. Ich kam mir so klug vor mit dieser Haltung. Ich gebe zu, ich bemitleidete all die anderen mit ihren Säcken voller unerfüllter Wünsche und Sehnsüchte. Im Laufe der Woche verlor ich langsam aber sicher meine vermeintliche Souveränität. Ich sah, wie nahe sich andere kamen, und fing an, sie zu beneiden. Ich fühlte mich immer isolierter und hatte natürlich – wie es so meine Art ist – hochintelligente Analysen parat, was hier alles falsch läuft. Irgendwann brach meine Reserviertheit plötzlich auf. Es war, als eine Frau mir ein glasklares Feedback gab, das mich erschütterte. „Du steckst voller Angst!", sagte sie zu mir. „Du machst dir was vor, wenn du behauptest, dass du nichts willst. Deine esoterisch-korrekte ‚Ich brauche nichts, es ist alles schon da!'-Haltung ist nichts als Schutz. Schutz vor dem Marko, der sich wahnsinnig danach sehnt, all die Kontrolle aufzugeben und wild und hemmungslos zu tanzen, zu weinen, zu lieben und zu vögeln." Das saß. Ich konnte es vor allem deswegen an mich heranlassen, weil sie mich nicht verurteilte. Ich glaube, sie mochte mich sogar. Das war der Wendepunkt. Ich wollte mehr von diesem unmittelbaren und echten Kontakt, den ich gerade erlebt hatte, auch wenn es weh tun sollte. Und dann kamen mehr und mehr Wünsche zum Vorschein. Sie begannen regelrecht zu sprudeln. Ich bin unendlich dankbar für diese Erfahrung, die mich aus meinem Alltagsgefängnis befreit hat.

So kann es sich anfühlen, wenn wir uns eingestehen, dass wir Wünsche haben, dass wir etwas wollen im Leben und dass dies zu spüren, unser Leben reich macht, ob wir nun damit Erfolg haben oder nicht. Wenn wir uns vom Erfolgsdruck etwas lösen, kann es leichter sein, die mit den Sehnsüchten verbundenen Risiken einzugehen. Denn die sind manchmal bedrückend:

• Soll ich von geilem, abenteuerlichem Sex träumen, wenn ich am Ende doch wieder an Frauen gerate, denen Sex nicht so wichtig ist?

• Soll ich mir überhaupt noch einen Lebenspartner herbei sehnen, wenn ich doch immer wieder sehe, dass die guten Männer besetzt sind?

• Soll ich meine Sicherheit im Beruf aufgeben, wenn ich keinerlei Absicherung habe, falls mein Projekt schief geht?

• Solche Ängste und Zweifel zu spüren, ohne sofort eine Antwort oder Lösung zu haben, ist eine riesige Herausforderung. Oft schminken wir uns unsere Wünsche gleich wieder ab, wenn wir den möglichen Hindernissen ins Auge sehen. Eine reife Entscheidung können wir jedoch nur dann fällen, wenn alle Seiten in uns Gehör gefunden haben, und das bedeutet vor allem: Wir haben den Widersprüchen Raum gegeben.

Vom Wahrnehmen zum Handeln

Bis hierhin lag die Betonung beim Innehalten. Ohne Innehalten bleiben wir im Hamsterrad unserer Routine. Aber irgendwann ist auch wieder Handeln angesagt. Wie handeln wir aus einem Be-

wusstsein heraus, in dem wir weder mit unseren Lebensumstän-
den verschmolzen noch im kritischen Richtig-Falsch-Denken gefangen sind?

Wenn wir im Alltagsbewusstsein vor einer Entscheidung stehen, dann wollen wir natürlich die beste, die richtige, die gute Wahl
treffen und die schlechtere vermeiden. Wir müssen nur herausfinden, was besser und was schlechter ist. Viele Wahlmöglichkeiten in
unserem Alltag lassen sich so zufriedenstellend beantworten:

> Wir wollen ein Auto kaufen, lesen die Testberichte über die Vor- und
> Nachteile verschiedener Modelle und entscheiden uns. Wenn der
> Wagen nach kurzer Zeit liegen bleibt, haben wir Pech gehabt, würden
> aber unser grundsätzliches Vorgehen deswegen kaum infrage stellen.

Was aber, wenn wir uns nicht entscheiden können? Wir drehen
und wenden die Frage hin und her und kommen zu keinem
Schluss. Clara geht es so:

> Seit drei Jahren will ich meinen Job bei der Bank kündigen und mich
> ganz auf meine Tätigkeit als Tanztherapeutin konzentrieren. Aber ich
> packe es nicht. Ich habe zu viel Angst, und ich weiß genau, dass ich mit
> so viel Angst keine Anziehungskraft habe, die ich aber dringend brau-
> che, wenn ich mich selbstständig mache.

In Claras Perspektive ist ihr Dilemma unlösbar, weil es nicht ent-
scheidbar ist, was besser und was schlechter wäre. Beide Alternativen – weiter in der Bank zu arbeiten oder den Sprung in die Selbst-
ständigkeit zu wagen – haben zu große Nachteile:

- Keinerlei finanzielle Absicherung: Nein!
- Auf meinen Herzenswunsch verzichten: Nein!

Wir stehen vor zwei schlechten Alternativen. Kein Wunder also,
dass wir keine Entscheidung treffen. Was geschieht, wenn wir genau

hier – inmitten dieses Widerspruchs – innehalten? Wir können dann bemerken, dass die „zwei schlechten Alternativen" mehr über uns selbst und unseren derzeitigen Bewusstseinszustand aussagen als über die realen Wahlmöglichkeiten. Deren Konsequenzen kennen wir nämlich gar nicht, sie sind ungewiss. Was wir aber kennen, sind unsere eigenen Überlegungen und deren Konsequenzen. Jetzt haben wir eine neue Wahlmöglichkeit: Wir entspannen in die Situation und in die ambivalenten Gefühle, so wie sie sind. Wir wollen etwas schrecklich gern, aber wir zögern noch, wie viel wir dafür bereit sind zu riskieren. Das Leben zögert genauso wie wir selbst. Hier innezuhalten, fühlt sich oft wie ein brennendes Feuer an – und genau das ermöglicht die Verwandlung.

Plötzlich – wir wissen nicht, wie es geschah – können wir uns vorstellen, dass es uns mit beiden Varianten gut gehen kann, und es könnte uns sogar gefallen, erstmal noch keine Entscheidung zu treffen. Plötzlich stehen wir vor lauter attraktiven Alternativen. Keine trennt uns mehr von unserem inneren Gewahrsein. Keine kann uns nehmen, was wir gerade in uns gefunden haben: Selbst-Bewusstsein. Von diesem inneren Ort lassen sich vortrefflich Entscheidungen treffen. Wir handeln aus einer neuen Ebene heraus. Was immer wir wählen, wir nehmen uns selbst in unserer Ganzheit mit. Das relativiert alles, was wir von außen bekommen – oder nicht bekommen – könnten.

Handeln aus diesem inneren Raum heraus fühlt sich an wie Hingabe, auch dann, wenn wir dabei selbst aktiv sind. Unser Tun ist getragen von unserem Sein und ist eine Hingabe an das Leben. Das Leben ist frei, auf uns zu antworten. Wir entwickeln eine mehrdimensionale Präsenz. Wir sind nicht mehr auf das Ergebnis fixiert, verlieren es aber auch nicht aus dem Auge. Wenn das unser Alltag wird, dann feiern wir das Leben in jedem Moment. Wir feiern sogar unsere Befürchtung, dass dieser Zustand bestimmt nicht ewig anhalten wird.

Menschlicher Alltag, das ist eine Fundgrube für Widersprüche aller Art. Menschsein bedeutet, sich mitten in einem fortdauernden Dilemma zu befinden. Wir werden geboren und beginnen in diesem Moment zu sterben. Wir sterben und werden in diesem Moment geboren. Wir lieben und werden verletzt. Wir wollen das Beste und machen uns schuldig. Wir sind unbewusst und tragen doch die Verantwortung. Wir wollen am Ziel ankommen und wissen doch: Der Weg ist das Ziel.

Wenn wir glauben, Glück[10] sei Eindeutigkeit, Glück stelle sich ein, wenn sich alles zum Guten wendet und sich Unglück endgültig verabschiedet, dann werden wir enttäuscht. Zum Glück! Denn das Leben ist mehr.

Die Reise mitten durch die Paradoxien des Lebens führt hinaus aus der Idylle des Hafenbeckens, hinaus aufs offene Meer. Es mag sein, dass wir dort draußen, auf hoher See, an fernen Gestaden oder sogar zurück im heimischen Hafen, unser wirkliches Zuhause finden. Aber das wäre nicht dasselbe wie wenn wir nie aufgebrochen wären.

Auf der Reise gibt es keine Abkürzung, außer der, auf Abkürzungen zu verzichten. Was uns hilft, ist, Paradoxien lieben zu lernen. Den Lehrstoff dazu bekommen wir frei Haus, im Alltag. Stress, Unzufriedenheit, Probleme mit dem Sex, Konflikte in der Partnerschaft, Einsamkeit, Krisen im Beruf, körperliche Krankheiten und seelische Herausforderungen – all das sind Weckrufe. Wir mögen manchmal davor fliehen oder uns mit Ohropax versorgen. Wir mögen am gewohnten Trott festhalten oder unser Anderssein vermeiden. Wir können uns hinter Urteilen verschanzen. Wir können es bei ewiger Nabelschau belassen, um niemals ins Handeln zu kommen. Aber können wir dem Ruf auf Dauer entkommen?

> Es gib keinen Gott außer der Wirklichkeit.
> Ihn anderswo zu suchen ist der Sündenfall.[11]

Mit unseren Versuchen, dem Alltag mit seinen Widersprüchen zu entkommen und Gott, unser Glück oder einfach Ablenkung anderswo zu suchen, sind wir nicht allein. Wir sind eingebunden in kleinere und größere soziale Netze, eingebunden also auch in kleinere und größere Systeme von Widersprüchen und deren Vermeidung. Im nächsten Kapitel werfen wir einen Blick auf den kollektiven Umgang mit Widersprüchen. Hier sehen wir wie im Vergrößerungsglas, wie Lösungsversuche Probleme verschärfen können und was uns davon abhält, innezuhalten und uns neu auszurichten. Die See mag ruhig sein, sie scheint sicher und vertraut, doch das täuscht. Wir steuern in das Revier von Haifischen. Hier werden wir auf (allzu) bekannte Phänomene unserer Gesellschaft einen neuen Blick wagen. Was werden wir über uns selbst und das Leben dabei herausfinden?

Die Kultur der Widersprüche

Der Spiegel, in den zu schauen ich mit diesem Kapitel einlade, ist wenig schmeichelhaft. Hat die Art und Weise, wie Politik betrieben wird und die Basis, aus der heraus Entscheidungen getroffen werden, hat dies alles etwas mit uns zu tun? Mit dir und mit mir? Ich habe gezögert, diese Themen im Rahmen dieses Buches zu untersuchen. Nicht jeder möchte auf seiner persönlichen Reise mit so wenig erbaulichen Themen wie Politik behelligt werden. Andere versuchen es mit Humor:

„Himmel oder Hölle?" fragt der Sensenmann.

„Nun", meint Angela Merkel, „ich entscheide mich erst, wenn ich vorher beide Optionen prüfen kann."

„Das ist kein Problem", entgegnet Gevatter Tod und führt sie zunächst in den Himmel. Dort herrscht ruhige Gelassenheit.

In der Hölle hingegen eröffnet sich eine feuchtfröhliche und laute Party. Nach der Besichtigung entscheidet sich Angela sofort für die Hölle.

„Kein Problem", entgegnet der Tod, „allerdings brauche ich ein wenig Zeit, um die Papiere fertig zu machen."

Nachdem dies geschehen ist, passiert Angela die Tür zur Hölle und findet sich im schrecklichsten Szenario, das sie sich vorstellen kann, wieder.

Mit vor Entsetzen geweiteten Augen wendet sie sich von dem Horrorbild ab und fragt den Tod, wo denn die Party geblieben sei, die sie vor einiger Zeit hier unten besichtigt hätte.

Der Tod antwortet: „Ja das, das war vor der Wahl!"[12]

Es fällt mir nicht immer leicht, über Politik zu lachen. Manchmal überfällt mich ein Anfall von Besserwisserei oder moralischem Pathos. Das klingt dann so: „Bleib dran. Lese weiter! Es ist wichtig! Es ist alles eine Frage des Bewusstseins! So können wir vielleicht unseren Planeten retten!" Auf diese Seite bin ich nicht stolz, ich schäme ich mich eher dafür. Und gleichzeitig fühle ich mich darin auch verletzlich, denn es ist mir tatsächlich ein Anliegen, dass wir – und damit meine ich all diejenigen, die sich zur Reise in ihr Inneres aufgemacht haben – auch mal über unseren Tellerrand blicken. Wie auch immer, es juckt mir einfach in den Fingern, die Verbindung zwischen persönlichen und kollektiven Themen näher zu beleuchten. Ich betrete damit als Autor Neuland. Dieses Kapitel ist sozusagen mein Auswärtsspiel. Eine Niederlage ist durchaus möglich.

Kommst du mit, wenn ich mich jetzt ins Getümmel gesellschaftlicher Themen vorwage, in Gewässer, in denen gewöhnlich Haifische dominieren? Werden wir dort angegriffen oder verletzt? Werden wir dabei mit unserer Lust und Liebe baden gehen?

Bei politischen Diskussionen – und besonders bei öffentlich geführten – erfasst mich manchmal das kalte Grausen. Auch das kann ja lustvoll sein. Das ist aber nicht der Grund, warum ich hin und wieder eine Sendung wie die Polit-Talkshow von Sabine Christiansen einschalte. Sie ist enorm lehrreich, allerdings am meisten durch ihre wahrscheinlich unfreiwilligen Lektionen. Die Umgangsweise der Politprominenz miteinander könnte jedes Psychologie-Lehrbuch mit vielen lebensnahen Beispielen missglückter Kommunikation illustrieren. Die Protagonisten präsentieren ihre Neurosen mit solch beneidenswerter Unbekümmertheit, dass es für jeden Kabarettisten eine wahre Fundgrube darstellt. Dennoch ist mein Humor immer wieder sehr gefordert, vor allem wenn ich mich daran erinnere, dass diese Menschen führende Positionen in unserer Gesellschaft einnehmen. Ein Beispiel mag hier genügen:

Während des Libanon-Krieges 2006, als Israel nach einer Geiselnah-
me von drei israelischen Soldaten den Libanon massiv aus der Luft an-
greift, fragt Sabine Christiansen[13] in ihrer Sendung den israelischen Vi-
zepräsidenten: „Sind die verheerenden Angriffe der israelischen Armee
verhältnismäßig?" Die Antwort lautet: „Fragen Sie doch mal die His-
bollah, die haben doch damit angefangen!"

Eine solche Antwort würde uns nicht weiter verwundern, wenn sie
einem Drittklässler – bei einer Prügelei auf dem Pausenhof erwischt – gegenüber seinem Klassenlehrer entfährt. Aber bei einem
Politiker, der über Tausende von Menschenleben entscheidet? Nun,
da scheint sich auch niemand mehr zu wundern. Sollen wir nun
darüber lachen oder weinen, uns empören oder einfach wegschau-
en? Und vor allem: Haben wir die Politiker, die wir verdienen?

Wenn wir uns die Kurzsichtigkeiten der meisten Reformen anschauen, dann kann einem schnell jede Hoffnung abhanden kommen, dass sich jemals etwas grundlegend zum Besseren wenden
könnte. „Reform", ein Begriff, der mich als 13-Jähriger begeisterte, als ich mit „Willy wählen!"-Plaketten herumlief und eifrig Bro-
schüren verteilte, um für Willy Brandt Wahlkampf zu machen.
Heute ruft dieses Wort eher Angst, Schrecken oder Hohn hervor.
Wie schlimm wird es diesmal kommen?

Abwenden oder hinschauen?

Es ist also eine echte Zumutung, was uns auf der politischen Bühne
geboten wird. Und ein echter Lustkiller, meint Reiner:

Ich habe mich in den Jahren nach '68 in vielen Politgruppen herumge-
trieben. Wenn ich heute daran zurückdenke, muss ich den Kopf darüber schütteln, wie blind ich damals für meine inneren Motive war, die
mich in die politische Aktion trieben. Das System zu beschuldigen, war
so ein bequemer Ausweg, mich nicht mit meiner persönlichen Geschich-

te auseinandersetzen zu müssen. Ich hasste damals meinen Vater, weil er als leitender Mitarbeiter einer Rüstungsfirma für all das stand, was ich vehement ablehnte. Ich will gar nicht alles verdammen, was wir damals gemacht haben, und wir hatten bei manchen Demos und Sponti-Aktionen auch einen Riesenspaß. Aber überwiegend war auch unser Umgang untereinander von deftigsten Neurosen geprägt. Irgendwann kam ich dann auf den Psychotrip. So nannten das meine damaligen Genossen. Ich wollte von dem ganzen Politkram nichts mehr wissen. Ich verabscheute die endlosen Diskussionen, in denen sich Wichtigtuer profilierten und wo oft nichts anderes herauskam als heiße Luft. Ich fand Gruppen, in denen ich mich weitaus wohler fühlte, weil ich mich hier mit meinen Ängsten und Nöten nicht mehr verstecken musste. Inzwischen muss ich auch über diese Zeit schmunzeln. Aber von der Politzeit habe ich mich bis heute nicht erholt. Ich bekomme die Krätze, wenn ich einen von diesen Politikern auch nur reden höre.

Manchmal frage ich mich: „Reiner, warum engagierst du dich nicht dafür, dass das, was du in deinem persönlichen Umkreis an wichtigen Erfahrungen gewonnen hast, auch in gesellschaftliche Prozesse Eingang findet?" Ich habe keine Antwort, außer dass ich mich ein klein wenig schuldig fühle, weil ich denke, ich müsste doch etwas tun. Dann tröste ich mich damit, dass ich in meinem persönlichen Umfeld auch schon manches bewirke. Aber ist das genug? Im Endeffekt muss ich mir eingestehen, ich habe einfach keinen Bock drauf!!!

Ich kann Reiner gut verstehen, manches verbindet mich mit ihm und seiner Biografie. Ich möchte über diese Unlust an der Politik nicht einfach hinweggehen, schon gar nicht aus einem „Wir müssten doch!"-Impetus heraus. Die Unlust ist ein wichtiges Signal. Doch es kann sich auch für uns persönlich lohnen, uns in politische Themen vorzuwagen: Wir können dort viele Strukturen unseres Bewusstseins mit besonderer Deutlichkeit wiederfinden. Zudem können wir die kollektive Relevanz unserer individuellen Entwicklungsschritte vielleicht mehr anerkennen und wertschätzen, wenn wir die Zusammenhänge von individuellem und allgemeinem Wohl besser verstehen.

Falls du bei den Themen dieses Kapitels auch manchmal „die Krätze kriegen" solltest: Nimm dies als weitere Chance, etwas über dich herauszufinden!

In spirituellen Kreisen und auch im Tantra sind politische Themen nicht sehr beliebt. Verbreitet finden wir den Glauben, dass sich diese Themen durch genügend innere Arbeit von allein erledigen werden. Das kann eine Falle sein. Vielleicht bekommen wir in einer tiefen Meditation, ekstatischen Liebesbegegnung oder einem tantrischen Ritual einen Geschmack davon, dass alles Eins ist. Danach träumen wir vom kosmischen Einheitsbewusstsein, in dem alle Probleme sich auflösen. Aber möchten wir uns auch mit George W. Bush eins fühlen? Oder lieber mit Angela Merkel? Mit hungernden Kindern im Sudan? Mit gequälten Tieren? Mit allem, was auf diesem Planeten geschieht? Oder halten wir all dies auf Distanz, weil es doch nur Illusion ist?

Was liegt hinter dem Spiegel?

Die Spiegel, die uns von unserer Kultur vorgehalten werden, sind manchmal krass. Es braucht Mut und eine gewisse Frustrationstoleranz, dennoch hinzuschauen, und eine Portion Humor kann sicher auch nicht schaden. Wenn wir aber die politische Ebene in unserer persönlichen Entwicklung ausblenden, blenden wir einen Teil von uns selbst aus: Wir Menschen sind Gemeinschaftswesen, und in der Art, wie wir unsere Gemeinschaften gestalten, spiegelt sich unser Bewusstsein. Die offensichtlich von Neurosen geprägten Verhaltensweisen und Entscheidungsprozesse der Politiker und Politikerinnen sind hier nur die Oberfläche. Dahinter verbergen sich Strukturen, die uns alle – meist völlig unbemerkt – im Griff haben, auch wenn wir uns für unpolitisch halten:

1. Die Vermeidung des Nicht-Wissens

Was im politischen Raum bislang weitgehend verleugnet wird, ist Ratlosigkeit. Wir wissen zwar nicht weiter, aber wir tun so, als ob dem nicht so wäre. Die Vermeidung des Nicht-Wissens stellt uns vor eine unangenehme Alternative: Wir können unverdrossen weiter an der „Schreckschraube" drehen oder den Kopf in den Sand stecken. Wie wäre es aber mit folgender Option?

> Der Bundeskanzler betritt das Rednerpult des Deutschen Bundestages. „Sehr geehrter Herr Präsident, sehr geehrte Damen und Herren Abgeordnete. Was ich Ihnen heute zu sagen habe, ist ohne Beispiel in der Geschichte unseres Landes. Meine Botschaft ist jedoch einfach: Ich weiß nicht weiter!
> Ich habe derzeit keine Ahnung, was zu tun ist. Dies ist nicht mein individuelles Versagen. Wenn dem so wäre, würde ich zurücktreten und einem anderen Platz machen. Aber meiner Einschätzung nach weiß niemand weiter, obwohl keiner dies offen zugibt. Führende Köpfe aus allen Bereichen unserer Gesellschaft führen mir dies Tag für Tag vor Augen. Nicht nur ich persönlich, nicht nur unsere Regierung, nein, unsere gesamte politische, kulturelle und wirtschaftliche Elite hat keine angemessene Antwort auf die Probleme, vor denen wir stehen. Die Probleme sind nach dem gegenwärtigen Stand unseres Wissens unlösbar.
> Ich sage Ihnen dies nicht, weil ich es gut finde oder weil ich irgendeine Art Zustimmung dafür erwarte. Ich sage es, weil es wahr ist. Und nachdem alle anderen Lösungsversuche gescheitert sind, habe ich mich dazu entschlossen, der Wahrheit eine Chance zu geben – ohne zu wissen, wie es dann weitergehen soll."[14]

Absurd? Ja, eine solche politische Rede ist absurd, weil wir es uns beim besten Willen kaum vorstellen können, dass es einmal soweit kommt. Dabei glaube ich, dass uns kaum etwas Besseres passieren könnte. Das Eingestehen des Nicht-Wissens enthält die Chance zum Innehalten, und Innehalten enthält die Chance aufzuwachen. Beides wird aber weitestgehend vermieden – individuell und kollektiv.

5. Februar 2007. Die Bildzeitung titelt ihre Meldung zur Veröffentlichung des neuesten Klimaberichtes der UNO mit „Unser Planet stirbt!". Zur gleichen Zeit protestiert die deutsche Automobilindustrie vehement gegen Pläne der EU zu schärferen Abgasnormen: „Das führt zu massiven Wettbewerbsverzerrungen und damit zum Verlust von Arbeitsplätzen!"

Die grelle Synchronizität dieser beiden Meldungen führte zu beißendem Spott in den Karikaturen mancher Tageszeitungen. Die Skurrilität fällt also inzwischen auf. Die hierzu passende Indianerweisheit

Erst wenn der letzte Baum gefällt,
der letzte Fluss vergiftet
und der letzte Fisch gefangen ist,
werdet Ihr herausfinden, dass man Geld nicht essen kann.[15]

ist längst Kult. Eine entscheidende Wirkung scheint diese Weisheit bislang nicht zu entfalten. Muss es wirklich soweit kommen?

Ich glaube, es handelt sich weder um Dummheit noch um Böswilligkeit, wenn zum Beispiel die Autolobby solche Argumente vorbringt. Und es ist auch nicht nur – wie wir leicht annehmen könnten – eine auf das eigene Interesse fixierte Kurzsichtigkeit, die manche Konzernchefs leitet. Etwas viel Umfassenderes hat uns alle im Griff, ohne dass wir so recht merken, wie uns geschieht. In unserer Gesellschaft sind Strukturen wirksam, mit denen wir uns kollektiv versklaven und die in ihrer Tiefe gegen jede Veränderung immun zu sein scheinen. Anscheinend ist niemand direkt dafür verantwortlich. Gegen diese Strukturen zu kämpfen, ist so Erfolg versprechend wie der Kampf gegen Windmühlenflügel, und nichts dagegen zu tun, wird sie auch nicht ändern. Die einzig naheliegende, wahrhaftige Antwort darauf heißt: „Wir wissen nicht weiter!" Die systematische Vermeidung dieser Erkenntnis scheint mir eine der entscheidenden Strukturen, die uns in der Trance des

„Weiter so!" gefangen hält. Sokrates gilt heute mit seiner Weisheit „Ich weiß, dass ich nichts weiß" als Vater der abendländischen Philosophie. Würde er heute wieder vergiftet, wenn er an einflussreicher Stelle sein Wissen über das Nicht-Wissen kundtäte?

2. Das Hamsterrad – and money makes the world go around!

Unsere Geldwirtschaft treibt uns in einen permanenten Wachstumszwang – oder ist sie ein Spiegel davon? Ein Innehalten scheint jedenfalls unmöglich. Es würde, so sagen uns die Experten, in den wirtschaftlichen Kollaps führen. Eine solche zwanghafte Wachstumsdynamik ist in der Natur ohne Beispiel, obwohl diese durchaus grenzenlosen Überfluss kennt. Die Wachstumsdynamik unserer Wirtschaft führt jedoch nicht in einen Überfluss, den wir genießen könnten, sondern in riesige Verschwendung auf der einen und Armut und Umweltzerstörung auf der anderen Seite. Ein System, das ein Innehalten auf einem erreichten Niveau oder auch einen zeitweiligen Rückgang der Wirtschaftskraft um jeden Preis vermeiden muss, gleicht einem Marathonläufer, der nie ans Ziel kommt, aber glaubt, er müsse sterben, wenn er aufhörte zu laufen. Dieser Marathonläufer hat keine Zeit zum Nachdenken, um auf neue Ideen zu kommen. Dieser Marathonläufer sind wir. Wir vermeiden es, einfach zu sein. Die Geldwirtschaft liefert die Notwendigkeit dazu.

3. „Wer Visionen hat, sollte zum Arzt gehen"[16]

Wenn wir nicht innehalten können, laufen wir der Entwicklung grundsätzlich hinterher. Unser Umgang mit unserem Körper und unserer Gesundheit ist ein treffliches Beispiel dafür. Wenn wir keine Visionen haben, die uns leiten, werden wir erst aufmerksam, wenn etwas nicht mehr funktioniert oder wehtut. Gesundheit ist für viele nicht mehr als die Abwesenheit von Krankheit. Diese Abwesenheit ist zudem unerreichbar, denn „gesund ist nur, wer nicht ausreichend untersucht wurde"[17]. Der Fokus ist negativ ausgerichtet, es geht nicht ums Wohlbefinden, sondern lediglich um den Umgang mit Krankheit. Daran krankt auch das Gesundheitswesen. Martins Erfahrungen beleuchten hier weniger individuelles Fehlverhalten als eine grundlegende Struktur:

Martin hat es lange vor sich her geschoben, aber jetzt schreitet er zur Tat. Ein wachsender dunkler Knoten auf der Haut treibt ihn in die Arztpraxis. Zwanzig Minuten später geht er beruhigt nach Hause. Der Knoten sei gutartig, hat man ihm versichert, ihn aber trotzdem sicherheitshalber entfernt. Nach einer Woche kommt mit dem Laborbericht die vollständige Entwarnung.

Der Schock kommt erst vier Wochen später mit der Rechnung: 1.434,56 Euro soll er zahlen! Als er die einzelnen Positionen überfliegt, bekommt er einen Wutanfall. Er hatte den Arzt beiläufig auf andere Themen angesprochen, so zum Beispiel auf seine Stauballergie und auf die Veränderungen an seinen Fußnägeln. Die paar Fragen können doch wohl nicht so teuer gewesen sein?

Empört greift er zum Telefon. Die Sprechstundenhilfe erklärt ihm geduldig die einzelnen Positionen auf der Rechnung. Das ihm abgenommene Blut war nach allen Regeln der Kunst untersucht worden. Besonders die Kosten für die aufwendigen Allergietestungen fallen ins Gewicht. Er verlangt, den Arzt zu sprechen.

Erstaunlicherweise klappt das sofort. Der Arzt versucht, ihn zu beruhigen: „Machen Sie sich mal keine Sorgen, das wird alles von Ihrer privaten Krankenversicherung erstattet. Sie sind doch privat versichert, oder nicht?" Martin reißt sich zusammen, um nicht zu schreien: „Das schon, aber ich habe einen Selbstbehalt von 2.500 Euro. Faktisch zahle ich das also selbst, und ich habe Sie nicht gebeten, diese Untersuchungen zu machen!!" Die Stimme des Arztes wird jetzt etwas zittriger. Er stammelt etwas von: „Hätten Sie das nicht gleich sagen können" und von „ärztlicher Sorgfaltspflicht". Stauballergien könnten immerhin zu lebensbedrohlichem Asthma führen, und speziell Kreuzallergien mit manchen Nahrungsmitteln ..." Martin wird jetzt richtig schlecht, und er wirft fassungslos den Hörer auf die Gabel.

Als gesetzlich Versicherter hätte Martin von den Kosten dieses Arztbesuches wahrscheinlich nie erfahren. Unser Gesundheitswesen und seine Mitarbeiter leben indirekt von der Krankheit, die ihnen ihr Einkommen sichert. Diese Struktur steht durchaus im Widerspruch zu Ethik und Anspruch der Gesundheitsberufe. Ein einzelner Arzt kann den Spagat zwischen Profit und Ethik vielleicht noch etwas verantwortungsvoller gestalten als der obige Hautarzt. Das System als Ganzes kann diesen Widerspruch aber nicht auflösen, sondern verstärkt ihn. Schon für größere Einheiten wie Krankenhäuser oder Pharmaunternehmen ist es kaum möglich, sich der Dynamik der Finanzierung durch Krankheit zu entziehen. Der lebenslang Kranke, mit möglichst hoher Lebenserwartung, ist der ideale Kunde und Patient. Chronische, aber nicht lebensbedrohliche Krankheiten sind für das Gesundheitswesen das Beste, was passieren kann. Wenn es um einen anderen „Markt" ginge, würden die enormen Wachstumsraten bejubelt werden, die zum Beispiel eine so lukrative Krankheit wie Aids hervorbringt. Im Gesundheitssektor nennen wir das gleiche Phänomen Kostenexplosion. Es sind zwei Seiten einer Medaille. Der negative Fokus im Gesundheitswesen entwickelt eine Eigendynamik, die selbst krank macht. Indem wir es versäumen, uns auf unsere Wünsche und Visionen auszurichten, laufen wir der Entwicklung stets hinterher und pendeln kurzatmig zwischen Störungen und ihrer Reparatur. Was könnte diese Struktur besser illustrieren als die Flickschusterei der sogenannten „Gesundheitsreformen"? Martin hat auch für sich persönlich etwas daraus gelernt:

In der Arztpraxis hatte ich komplett die Verantwortung für mich abgegeben. ‚Mach mir das weg!' war meine Haltung. Also war ich anfällig dafür, dass der Arzt mir noch einiges andere ‚wegmachen' wollte. Das ist ja auch sein Job. Und ich war überhaupt nicht in Kontakt damit, was ich eigentlich selbst wollte. Das war eine teure Lektion.

4. Das Leben ist gefährlich – aber es gibt ja die Lebensversicherung!

Solange wir permanent etwas hinterher rennen und nicht spüren, was wir selbst wollen, ist Vertrauen zum Leben schwer aufzubauen. Wenn wir nicht innehalten können, sind wir gegenüber der Störung immer im Hintertreffen. Diesen Wettlauf können wir nicht gewinnen. Das ahnen wir bereits und möchten uns gern dagegen versichern! Aus der Vermeidung der Grundpolarität des Lebens – das Leben ist lebensgefährlich! – versuchen wir, uns gegen die Risiken des Lebens abzusichern. Gelebt haben wir unser Leben dadurch noch nicht.

Diese Struktur spiegelt sich in den paradoxen Empfehlungen, wie wir mit unseren finanziellen Ressourcen umgehen sollen:

A: Genieße jetzt! Konsumiere reichlich und sofort, und dann läuft die Wirtschaft wie geschmiert!

B: Sorge vor! Spare für dein Alter, denn die Rente ist nicht mehr sicher!

Wenn wir diesen Appellen, die regelmäßig von den Medien verbreitet werden, gleichermaßen Folge leisten wollen, stehen wir vor einem kleinen Problem: Wir brauchen unser Geld zweimal, damit wir es sowohl fürs Alter anlegen als auch sofort ausgeben können. Leider fehlt bislang die Anleitung, wie wir das bewerkstelligen sollen. Es ist ähnlich wie bei anderen Wirtschaftsweisheiten, zum Beispiel dass Geld für uns arbeitet: Das „verstehen" nur Experten. Wer hinter der Geldanlage für uns arbeitet, das blenden wir gern aus.

Es fällt mir schwer, hier nicht zynisch zu werden. Dabei ist der Kern dieses Widerspruches durchaus menschlich und nachvollziehbar. Es lässt sich leicht eine Analogie zu unseren persönlichen Themen finden: Folge ich dem, worauf ich spontan Lust habe, oder denke ich lieber voraus und berücksichtige die Folgen? Dieses Dilemma ist unlösbar, aber es macht das Leben spannend. Können wir uns eingestehen, dass beides nicht immer unter einen Hut passt?

Wie entscheiden wir uns? Wie verantworten wir unsere Entscheidungen, auch gegenüber der nachfolgenden Generation? Machen wir es – mit einem leicht bitteren Beigeschmack – nach dem Motto unserer Eltern oder Großeltern: „Du sollst es einmal besser haben? Oder lassen wir unsere Kinder die Folgen unserer ungebremsten Konsumfreude ausbaden? Margarethe, eine Klientin, erlebt dieses Dilemma so:

Seit ich von zu Hause ausgezogen war, lebte ich absichtlich lange von der Hand in den Mund. Ich wollte, dass mein Sohn mitbekommt, dass es Wichtigeres gibt als Sparen. Ich wollte, dass er nicht in so einem sicherheitsfanatischen Umfeld aufwächst wie ich. Meine Eltern haben jeden Pfennig umgedreht, so als lebten wir noch in der entbehrungsreichen Nachkriegszeit. Sie haben immer was zur Seite gelegt. Ich habe das gehasst. Alle haben mehr Taschengeld bekommen als ich.

Ich weiß nicht, was ich falsch gemacht habe, jedenfalls ist mein Sohn Lukas total knauserig im Umgang mit Geld. Er hat 500 Euro auf seinem Sparkonto, und das mit 15 Jahren, wo andere ihre Eltern mit elend hohen Handyrechnungen nerven.

Im letzten Jahr ist es dann bei mir gekippt. Ich wurde 50. Ich hatte mir nie vorher Gedanken zu meiner Rente gemacht. Notfalls würde ich halt Sozialhilfe beziehen und mich irgendwie durchschlagen. Das hatte doch immer funktioniert. Dann setzte mir eine Freundin einen Floh ins Ohr: „Und was ist, wenn du ein Pflegefall wirst? Dann muss dein Sohn für dich zahlen! Ist dir das eigentlich klar?"

Ich wurde kreidebleich. Es war, als hätte mir jemand in die Magengrube geschlagen. Ich konnte den Gedanken nicht ertragen, dass Lukas, der solche Mühe hat, sich selbst etwas zu gönnen, im Alter für mich sorgen muss. Lieber würde ich mich umbringen. Das Vertrauen ins Leben, das ich immer so vor mir hergetragen hatte, stellte sich plötzlich als Täuschung heraus. Im tiefsten Inneren glaube ich selbst nicht daran, und diesen Teil habe ich wohl Lukas vererbt. Ich weiß im Moment nicht weiter, aber ich bin aufgewacht!

Kollektiv sind wir noch nicht aufgewacht. Wir schieben weiter einen wachsenden Schuldenberg vor uns her, der uns darauf hinweist, dass wir dem Risiko des Lebens aus dem Weg gehen oder Verantwortung mit Sicherheitsdenken verwechseln.

5. Arbeiten oder etwas schaffen?

In dem Bonmot „Wir könnten so viel schaffen, wenn wir nicht immer arbeiten müssten" kommt zum Ausdruck, dass sich Arbeit in unserer Kultur weitgehend von ihrem Zweck entfernt hat. Sie ist eingebunden in das Hamsterrad des Geldverdienens, und hinter dieser Fassade wird sie oft zum Selbstzweck. Die ursprüngliche Polarität von individueller Erfüllung und überindividuellem Zweck in der Arbeit, wonach jede und jeder einzelne mit seiner Arbeit seinen individuell angemessenen Beitrag zum Gemeinwohl leistet, ist nur noch selten zu finden. . An deren Platz tritt das Paradox, dass derjenige, der Arbeit hat, arbeiten muss, und derjenige, der keine Arbeit hat, nicht arbeiten darf. Hier wirkt eine Zauberlehrling-Dynamik, die anscheinend niemand mehr steuern kann.

Warum kann die vorhandene bzw. die nachgefragte Arbeit nicht sinnvoll verteilt werden? Wo früher 80 Prozent der Bevölkerung auf dem Feld standen, um die nötige Nahrung zu erwirtschaften, da reichen heute 5 Prozent aus. Haben wir deswegen weniger Stress, was Arbeit angeht? Wohl kaum. Die körperliche Anstrengung ist deutlich geringer geworden, dafür die psychische umso größer. Wie schön, sonst wären ja wir Psychotherapeuten alle arbeitslos ...

Die Situation am Arbeitsmarkt ist eine seltsame Mischung aus stark wachsender Produktivität, einer hohen Arbeitslosigkeit und einer Menge wichtiger Arbeit, die liegen bleibt. Eine Firma, die so organisiert wäre, ginge rasch pleite. Als Gesellschaft gehen wir aber nicht pleite, sondern erhöhen die Taktzahl, arbeiten mehr. Auch auf diesem Gebiet werden wir in unseren psychischen Strukturen gespiegelt. Corinna erzählt:

Meine Freundin Laura erklärt mich regelmäßig für verrückt, wenn ich sage, dass ich schon wieder arbeiten muss... „Wieso musst du?" sagt sie dann, „du willst es doch gar nicht anders! Du bist arbeitssüchtig!" Ich ertappe mich dann, wie ich mich rechtfertige, immer neue Gründe finde, warum ich keine Zeit für sie habe, aber ganz im Stillen weiß ich, dass sie recht hat. Ich kann einfach nicht abschalten.

Corinnas Muster ist typisch: Manche Anteile unserer Persönlichkeit arbeiten ständig an der Überforderungsgrenze oder darüber hinaus, während andere sich mit ihren Ressourcen nicht einbringen dürfen. Ihr Beitrag wird nicht genügend wertgeschätzt, sie sind arbeitslos. Das gesamte Arrangement scheint gegen Veränderungen weitgehend immun zu sein. Unverdrossen laufen wir weiter im Hamsterrad alltäglicher Verpflichtungen und finden keine Ruhe.

6. Einer für alle – alle für einen?
Der untergrabene Gemeinsinn

Es scheint der natürliche Lauf des Lebens zu sein, dass wir als Kinder von unseren Eltern vieles an Fürsorge bekommen, was wir ihnen kaum je zurückgeben können, sondern an unsere eigenen Kinder oder an die Gemeinschaft weitergeben. Dieser natürliche Fluss ist aber zumindest in unserer Kultur gravierend gestaut. Die meisten Erwachsenen leben immer noch in der oft unbewussten Überzeugung, nicht das zu bekommen, was ihnen zusteht. Wir erleben uns als Mangelwesen und aus dieser Erfahrung heraus suchen wir nach Gelegenheiten, unseren Mangel auszugleichen.

Wir leben also in der Schizophrenie einer der reichsten Gesellschaften der Erde, deren Mitglieder sich dennoch oft zu kurz gekommen fühlen. So bürden viele Eltern – ohne jede böse Absicht – ihren Kindern ihre Defizite auf. Und immer mehr Menschen bleiben folgerichtig kinderlos. Haben wir wirklich so wenig zu geben?

Paradoxerweise fühlen sich Eltern, die bedingungslos und gern für ihre Kinder da sind und dafür all die Mühen – durchaus manchmal fluchend – auf sich nehmen, von ihren Kindern beschenkt. Eltern hingegen, die nicht müde werden, die große Last der Elternschaft zu beklagen, gehen eher leer aus. Das ist die Dynamik von Geben und Nehmen, die in der Familie als der Keimzelle der Gesellschaft ihren Ausgang nimmt. Das Dilemma der zu kurz Gekommenen ist, dass sie auf ihren Mangel fokussiert sind, deswegen ihre eigenen Reichtümer zurückhalten und so den Fluss des Gebens und Nehmens unterbrechen, den sie selbst so dringend bräuchten. Aber wie kommen wir wieder in den Fluss des Gebens, ohne uns moralisch unter Druck zu setzen und uns damit weiter auszulaugen?

In Liebesbeziehungen, in denen die erste Euphorie des Verliebtseins verflogen ist, ist dies schon schwer genug. Geben ist seliger als Nehmen, das ist leicht gesagt, und vielleicht sogar wirklich wahr. Aber sage das einer Frau, die sich emotional ausgehungert, oder einem Mann, der sich sexuell abgewiesen fühlt, um mal klassische Konstellationen anzuführen. Weit schwerer ist es auf der gesellschaftlichen Ebene. Steuern zahlen anscheinend nur noch die Dummen, und kaum jemand findet es anstößig, Finanz- und andere Ämter zu bescheißen. Der Staat dient im allgemeinen Bewusstsein längst nicht mehr dem Gemeinwohl, sondern ist bestenfalls die dicke fette Kuh, die wir möglichst ausgiebig melken wollen, ohne uns ums Futter zu scheren. Plausibel ist dies allemal, denn – so denken die meisten – wenn du nicht aufpasst, wirst du selbst vom Staat gemolken. Von einem Fluss des Gebens und Nehmens keine Spur. Es ist ein Kampf.

Die demografische Entwicklung treibt dieses Dilemma auf die Spitze: Der Staat ist finanziell schon so sehr an die zukünftigen Kinder verpfändet, dass er gar nicht mehr die Kraft hat, die Weichen so zu stellen, dass diese überhaupt geboren werden. Auch hier haben wir ein ausweglos erscheinendes Dilemma. Im Kern stehen wir vor der Frage: Wie können wir geben, was wir zuvor gar nicht bekommen haben? Politisch, sozial und wirtschaftlich scheint dieses Dilemma unlösbar. Die Liebe – so heißt es – ist das Einzige, was doppelt zurückkommt, wenn wir es verschenken. Liegt hier der Schlüssel zur Alchimie, die Blei zu Gold machen kann? Wie kommen wir in einen Bewusstseinszustand, in dem wir gern Teil von etwas Größerem sind und zu dessen Wohlergehen beitragen und gleichzeitig unsere eigenen Bedürfnisse wahren, respektieren und zum Ausdruck bringen?

7. Ego kontra Öko?

Beim Thema Umwelt geht es noch mal zugespitzter um die Frage, inwieweit wir uns als ein Teil von etwas Größerem erleben und wie wir dazu stehen. Der Philosoph Ken Wilber gibt dieser Frage große Bedeutung:

> Wie kann man Ego und Öko versöhnen? Dies ist das kritische Dilemma der heutigen Welt.[18]

Den Auseinandersetzungen über die Umweltverschmutzung haftet ein ganz eigenes „Aroma" an. Es ist geprägt von einem Dreieck aus Ignoranz, moralischer Anklage und Schuldgefühlen. Einer will nichts davon wissen („Freie Fahrt für freie Bürger!"), ein anderer erhebt moralische Anklage („Unverantwortlich!") und der Dritte fühlt sich schuldig („Ich versuche, Energieverschwendung zu vermeiden, aber mein innerer Schweinehund ist leider oft stärker!"). Das Fatale an diesem Dreieck ist, dass die drei Positionen sich gegenseitig verstärken, aber zur Lösung des eigentlichen Problems nichts beitragen. Die Umweltaktivisten, die am ehesten Lösungsansätze anbieten, haben sich das Image von Spielverderbern erarbeitet, indem sie unterschwellig an unsere Schuldgefühle appellieren. Typisch sind Reaktionen wie diese eines Taxifahrers, auch wenn sie selten so offen ausgesprochen werden:

> ... Der Appell an mein Schuldgefühl bleibt bei mir genauso erfolglos wie der Versuch meiner Frau, mich durch Nörgelei davon abzubringen, meine Socken herumliegen zu lassen. Wenn sie mit ihrer Moralkeule tat-

sächlich mal Wirkung erzielen sollte und ich meine Socken brav weg-
räumte, dann wäre unsere Ehe wahrscheinlich tot. Zum Glück kriegt
sie mich nicht soweit. Genauso geht es mir mit diesen Ökofundamen-
talisten, die einem rein gar nichts mehr gönnen wollen.

Egal ob wir uns – je nach unserer eigenen Position im obigen Dreieck – über diese Äußerung empören, sie verstehen oder sie an uns
abperlen lassen: Es kommt darin etwas zum Ausdruck, was Beachtung verdient. Der Appell an die Schuldgefühle ist Teil des Problems, das zu lösen er vorgibt. Er ist selbst eine Art emotionale
Umweltverschmutzung. Moralinsaure Ökologie wirkt kaum besser als saurer Regen. Sie provoziert die Abwehr all derer, die sich
nicht schuldig fühlen wollen für etwas, das ihnen ein paar Num-
mern zu groß ist.

Aber machen wir uns denn nicht schuldig, wenn wir unseren
Kindern einen verwüsteten Planeten hinterlassen? Ich glaube, wir
werden diesen Gedanken erst wirklich an uns heranlassen, wenn
wir uns unsere Hilflosigkeit zugestehen können. Dann können tiefere Strukturen unseres Bewusstseins ans Licht kommen, die durch
Aktivismus genauso wie durch Ignoranz verdeckt werden.

Dies kann erst geschehen, wenn wir den Widersprüchen vor-
urteilslos ins Auge blicken. Dann nähern wir uns dem Eingeständnis, dass wir nicht weiter wissen. Eine Lösung ist nicht in Sicht.
Diejenigen, die eine radikale ökologische Lösung proklamieren,
rechnen den psychologischen Faktor nicht mit ein: Zumindest in
einer Demokratie muss radikaler Umweltschutz gewollt werden
und wird nur dann durchsetzbar sein, wenn die Mehrheit dazu
bereit ist. Unsere Hilflosigkeit in diesem Dilemma spiegelt vor
allem die Hilflosigkeit im Umgang mit unseren eigenen Bedürfnissen und deren Ausbalancieren mit den Bedürfnissen anderer
und der Gemeinschaft. Dieses Drama kennen wir alle in unseren
Beziehungen und Familien genauso wie am Arbeitsplatz, in gesellschaftlichen Verteilungskämpfen bis hin zu den Kriegen um
Ressourcen und Werte zwischen Völkern und Nationen. Ken Wil-

ber sieht darin notwendige Bewusstseinsschritte, um die wir nicht herumkommen:

> Der Urkampf in der Welt ist immer der Kampf der Evolution gegen die Egozentrik. Der evolutionäre Drang zur Hervorbringung immer größerer Tiefe ist gleichbedeutend mit dem Drang, Egozentrik zu überwinden, zu umfassenderen und tieferen Ganzheiten zu gelangen, eine immer größere Verbundenheit zu entfalten. Das Molekül überwindet die Egozentrik des Atoms. Die Zelle überwindet die Egozentrik des Moleküls. Diese Tendenz ist nirgendwo deutlicher als in der Entwicklung des Menschen.[19]

Die Liebe und die Fürsorge für unseren wunderbaren Planeten wird erst dann wirklich Erfolg haben können, wenn es unserem Bedürfnis entspricht, uns sorgsam zu verhalten. Den Weg dahin kennen wir noch nicht. Uns dies einzugestehen, wäre vielleicht ein erster Schritt.

8. Unsere tägliche Tagesschau gib uns heute ...

Indem wir Nicht-Wissen vermeiden, trennen wir uns von tieferen Schichten unseres Bewusstseins ab und füllen dieses Loch mit Pseudowissen, dem wir den Status von Fakten zuerkennen.

> Wir machen uns einen Glauben über Dinge, von denen wir nichts wissen. Warum? Weil wir nicht bereit sind, im Zustand des Nichtwissens zu bleiben.[20]

Ich würde diesem Satz von Arjuna Ardagh hinzufügen: Wir lassen uns einen Glauben über die Dinge machen. Dafür brauchen wir nur den Fernseher einzuschalten. In der medialen Scheinwelt werden wir mit Bildern und Informationen überflutet, denen wir uns schwer entziehen können. Dabei fällt auf: Kaum etwas ist so interessant wie das Verbotene, das Gewalttätige, das Tabuisierte und alles Außergewöhnliche. Doch in einer richtig guten Story darf eines nicht fehlen: die Liebe, und sei sie auch noch so unglücklich oder gestört. Dann kommen die Nachrichtensendungen, die ebenfalls dem medialen Sog von Gewalt, Katastrophen und Skandalen erliegen, wenn nicht ihn selbst mitproduzieren. Aber eines fehlt dort vollständig: die Liebe.

Nachrichtensendungen sind bewusstseinsbildend.– Oder sollen wir lieber sagen: bewusstseinsreduzierend? Nachrichten treten mit dem Anspruch an, objektive Fakten zu übertragen. Dabei vermitteln sie – vor allem zwischen den Zeilen – eine ganz und gar nicht objektive Vorstellung davon, was real ist. Wir sehen es an der Auswahl der Themen und Ereignisse und an der Fokussierung auf äußerlich Messbares. Gerade dadurch, dass kaum Bewusstheit darüber herrscht, welche unterschwelligen Grundannahmen die Gestaltung von Nachrichtensendungen bestimmen, wirken sie. Hier ihre wichtigsten „Lektionen":

- Krieg und Gewalt, Politik und Skandale, Börsenkurse und das Wetter sind real.
- Kultur und Sport sind auch real, soweit sie zu zählbaren Resultaten führen (Zuschauerzahl, Tore, Platzierungen und sonstige Ergebnisse).
- Der Tod ist real. Er ist am wichtigsten und immer eine Meldung wert.
- Der Alltag ist zwar real, aber uninteressant.
- Liebe ist zwar schön, aber irreal – wie überhaupt alles, was sich dem direkten Zugriff der Wissenschaft entzieht.

Diese Lektionen stehen in offensichtlichem Widerspruch zu den Bedürfnissen und Werten in unserer Kultur. Darin spielen Liebe und Sex, Glück und Vergnügen, Frieden und Freiheit und sogar Gott und Spiritualität eine große Rolle. Der Tod als der Star der Nachrichten wird am meisten gefürchtet und verdrängt. Wir bekommen Tag für Tag gespiegelt, dass das, was uns persönlich am meisten am Herzen liegt, nicht wichtig oder real ist, stattdessen aber das, was wir am meisten fürchten. Die unterschwelligen Lektionen von *heute* und *Tagesschau* dringen wie schleichendes Gift in uns ein, selbst wenn wir den Fernseher gar nicht einschalten. Wir befinden uns in einer kollektiven Trance, die uns permanent einflüstert:

> Die Welt ist ein gefährlicher und unfreundlicher Ort. Wenn du es dir leisten kannst, rette dich auf eine Insel persönlichen Glücks. Nur Helden, Narren oder Fanatiker versuchen, die Welt zu verbessern. Pass auf, sonst wirst auch du zum Opfer! Und lass dich nicht täuschen: die Liebe ist wunderschön, aber letztlich doch eine Illusion.

Das steht zwischen den Zeilen der „Tatsachenberichterstattung" und reproduziert die Trance täglich neu. Nachrichten sind das, wonach wir uns richten. Nachrichten als tägliches Ritual ersetzen für viele Menschen bereits den Gottesdienst oder das tägliche Gebet und entwickeln die Dynamik einer sich selbst erfüllenden Prophezeiung. Nur dass wir sie nicht als Prophezeiung interpretieren, sondern als die Wirklichkeit. Die Religionen setzen standhaft ihre Vision der Liebe als den eigentlichen Sinn des Lebens dagegen, stehen aber weitgehend auf verlorenem Posten, wenn sie nicht sogar längst selbst an den Schrecken dieser Wirklichkeit mitwirken. Liebe hat in dieser äußeren Welt nur noch den Glanz des schönen Scheins. Wer sie für die Grundsubstanz der Existenz hält, der ist ein Spinner und schafft es so gut wie nie in eine Nachrichtensendung. Es sei denn, er läuft nackt über die Straße, womit seine Spinnerei dann auch bewiesen wäre.

In dieser Perspektive sind wir die Opfer einer medialen Allmacht. Inwieweit werden wir jedoch auch darin nur gespiegelt? Inwieweit haben wir den Mut, uns öffentlich mit dem, was uns wesentlich ist, zu zeigen? Inwieweit glauben – oder erleben – wir wirklich, dass Liebe Kraft haben und die Welt verändern kann?

9. Die Ohnmacht der Demokratie

Für diesen Mut brauchen wir innere Führung. Die äußere Führung erweist sich mehr und mehr als ohnmächtig, und unser politisches System steht vor dem Schachmatt:

- Ob relevante Entscheidungen heutzutage noch tatsächlich von gewählten Volksvertretern gefällt werden oder eher in Chefetagen multinationaler Konzerne, ist zumindest fraglich.
- Wer immer Probleme wirklich anpackt oder nur über tief greifende Veränderungen im gesellschaftlichen Gefüge öffentlich nachdenkt, wird bei der nächsten Wahl abgestraft. Wir leben in einer Diktatur des permanenten Wahlkampfes.
- Veränderungen verunsichern und tun auch manchmal weh. Es scheint unmöglich, in einer Demokratie tief greifende Reformen durchzusetzen, weil selten jemand freiwillig den Schmerz oder Verzicht wählt. Gleichzeitig wollen wir auf unsere Freiheitsrechte nicht mehr verzichten.
- Was regelmäßig als individuelles Versagen einer Partei oder eines Politikers oder einer Politikerin wahrgenommen wird, ist längst Ausdruck eines Systems, das an Grenzen kommt, die kaum jemand eingestehen will.

Es wäre naiv zu glauben, dass irgendwann die richtige Partei mit dem richtigen Konzept, mit den richtigen mutigen, aufrechten und charismatischen Politikern uns alle in eine bessere Welt führt. Was brauchen wir noch an Bestätigung dafür, dass die äußere Führung praktisch führungslos ist?

Und nun?

Wie gehen wir nun mit diesen allgegenwärtigen Widersprüchen um? Fassen wir nochmal die Kernthesen zusammen:

- Durch Vermeiden unseres Nicht-weiter-Wissens bleiben wir im Dilemma stecken und neigen zum blinden Aktivismus.
- In der (Geld-) Wirtschaft spiegelt sich unser inneres Hamsterrad, aus dem heraus uns jede Weitsicht fehlt.
- Im Gesundheitswesen spiegelt sich die Abwesenheit von Vision und unser Fokus auf die Störung.
- Durch den negativen Fokus und das Re-agieren verlieren wir unser Vertrauen, mit den Wechselfällen des Lebens fertig zu werden, und kreieren einen Zwiespalt aus Hedonismus („Genieße jetzt!") und Zukunftsangst („Sorge vor!").
- Unser Tun, die Arbeit, hat sich bis hierhin weitgehend von ihrem Zweck gelöst und folgt einer Dynamik ähnlich der des Zauberlehrlings. Wir haben unseren inneren Kompass, das Sein, verloren und treiben steuerlos in der Welt des Machens.
- Ohne Orientierung geraten auch Geben und Nehmen aus dem Gleichgewicht. Wir sind kollektiv gesehen reich und verhalten uns dennoch wie eine Gemeinschaft zu kurz Gekommener.
- Der Konflikt spitzt sich zu als Konflikt zwischen Ego und Öko und bedroht unsere Lebensgrundlagen: „Mein Gott, wo soll das alles enden?"
- Ohne innere Führung vergöttern wir die Welt des vermeintlich Faktischen, in der die Liebe keinen Platz hat.
- Durch die Ohnmacht der Demokratie stellt sich die Machtfrage völlig neu: Wie kann Veränderung geschehen?

Wenn wir uns das alles zu Gemüte führen, ist es verständlich, dass wir uns am liebsten abwenden und uns „um unseren eigenen Kram" kümmern. In unserer kleinen Welt kann uns vielleicht etwas von dem gelingen, was dort draußen schon verloren scheint. Wenn wir an dieser Stelle doch noch mal einen Blick über den eigenen Tellerrand wagen, dann sehen wir, dass wir uns mit diesem Verhalten in bester Gesellschaft befinden. Die meisten Menschen halten es so. Die Führung überlassen wir einer Minderheit, die dazu nicht sonderlich qualifiziert zu sein scheint. Um in dieser Gesellschaft noch politisch aktiv sein zu können, braucht man anscheinend – um es einmal krass zu sagen – schwere psychische Störungen, die die Flucht in individuelles Glück unmöglich machen, und eine große Portion Abgestumpftheit.

Die Karre steckt mächtig im Dreck, und wer sie rausziehen will, kommt nicht umhin, sich selbst dreckig zu machen und wird dann sauber abgewählt. Wäre es da nicht konsequent, wenn sich ein Bundeskanzler hinstellte und laut verkündete: „Ich weiß nicht weiter!"?

Die Menschheit hat das Potenzial, sehenden Auges in eine Katastrophe zu marschieren. Niemand scheint in der Lage zu sein, die Entwicklung aufzuhalten. Da kann es einem wirklich mulmig werden. Wo etwas unternommen wird, geht es allzu oft nach hinten los. Der Krieg gegen den Terror ist hier ein besonders drastisches, aber nicht untypisches Beispiel dafür, wie wir verstärken, was wir nicht gelten lassen wollen.

Was fühlen wir, wenn wir uns die Phänomenologie unserer Kultur in ihrer ganzen Tragweite vor Augen führen? Wie antworten wir darauf? Die häufigsten Antworten sehen so aus:

- Wir wollen nichts mehr davon wissen.
- Wir empören uns darüber.
- Wir nehmen es nicht ernst.
- Wir tun nichts und fühlen uns schuldig, hilflos oder ohnmächtig.
- Wir wissen es besser als die Verantwortlichen.
- Wir kämpfen dagegen an.
- Wir werden zynisch.
- Wir ziehen uns davon zurück und suchen unser privates Glück.
- Wir verlagern unseren Fokus aufs Spirituelle oder Religiöse.

Hinter allen diesen Verhaltensweisen verbirgt sich wahrscheinlich eine ganz natürliche Reaktion: Wir fühlen uns überfordert. Wir stehen allein vor einem riesigen Berg, der unüberwindbar scheint und doch überwunden werden muss, wenn wir als Menschheit überleben wollen. Was in unserer Kultur kaum vorkommt, ist ein offener

Raum, in dem Widersprüche in ihrer Tiefe zuerst einmal als solche gesehen und gefühlt und in ihrer Existenz anerkannt werden. Was uns fehlt, ist das offene, nicht resignative Eingeständnis „Ich weiß keine Lösung!", das uns mitten im Dilemma innehalten lässt.

Vielleicht magst du jetzt denken, dies alles sei eine arg naive Psychologisierung gesellschaftlicher Prozesse, der klassische Fall eines Experten, der seine Kompetenz auf Bereiche ausdehnt, von denen er lieber seine Finger lassen sollte.

Ich sehe diese Gefahr. Und ich mag mich ihr aussetzen. Ich finde die Idee durchaus spannend genug, die Erfahrungen aus individuellen Veränderungsprozessen auch auf kollektive Prozesse anzuwenden und zu schauen, zu welchen Perspektiven uns das anregt. Da wären wir also bei der Frage, wie sich unsere Kultur, ja unsere Welt verändern kann, indem wir die Widersprüche nicht mehr bekämpfen oder vermeiden, sondern ihnen bewusst Raum geben. Dabei stehen wir auch vor der Frage, wie wir uns als Teil unserer Welt erleben und gleichzeitig als Individuum selbst-bewusst auf diese zurückwirken können.

Wie kann sich unsere Welt verändern?

Es wäre nicht das erste Mal, dass sich ein Gesellschaftssystem völlig überraschend und tief greifend wandelt. Wie geschehen solche Veränderungen? Diese Frage sprengt natürlich bei weitem den Rahmen dieses Buches. Aber ich möchte zumindest anregen, dieser Frage weiter nachzugehen.

Wie vollzieht sich der komplexe Wechselprozess von individuellem Denken, Fühlen und Handeln und kollektiven Prozessen? Betrachten wir drei typisch deutsche Beispiele:

- Der Fall der innerdeutschen Mauer 1989 beweist, wie vermeintlich völlig fest gefügte Strukturen sich in erstaunlich kurzer Zeit auflösen können. Bei der Bundeszentrale für politische Bildung heißt es dazu:

Die tausendfache Ausreise von DDR-Bürgern über Ungarn, die vor allem in Leipzig regelmäßig stattfindenden Montagsdemonstrationen – all diese Verfallserscheinungen des SED-Regimes lassen die Öffnung der Mauer am 9. November 1989 in der Retrospektive als folgerichtiges Ergebnis einer längeren Entwicklung erscheinen. Tatsächlich hätte aber kaum jemand Ende der 80er Jahre eine so friedliche Revolution erwartet, die ihrerseits in konzentrischen Kreisen in den Ostblock ausstrahlte.[21]

- Die Veränderungen sind nicht immer so, wie wir sie uns wünschen. Auch die Machtergreifung der Nationalsozialisten 1933 kann im Nachhinein als Ergebnis einer längeren Entwicklung angesehen werden, die ihre Wurzeln auch in den psychischen Befindlichkeiten der damaligen Generation hatte. Durch die Dämonisierung Hitlers werden diese Zusammenhänge oft ausgeblendet und damit die Verantwortung an die sogenannten Schuldigen abgegeben. Sebastian Haffner beschrieb in seiner „Geschichte eines Deutschen"[22] eindrücklich, welche unterschwelligen psychischen Bedürfnisse die Nazis bedienten und wie diese ihnen schließlich zur Macht verhalfen.

- Das jüngste Beispiel, auf den ersten Blick weit weniger welthistorisch bedeutsam, ist uns wohl noch in guter Erinnerung: der Wandel des deutschen Selbstwertgefühls bei der Fußball-WM 2006. Ein ganzes Land schmückt sich plötzlich mit Fahnen, die vorher als nationalistisch-anrüchig galten, und feiert eine Party, die uns Miesepetern im Ausland niemand zugetraut hätte. Der Stolz, Deutscher zu sein, hat plötzlich etwas Unschuldiges und Menschliches bekommen, das uns mit anderen Völkern eher verbindet als trennt.

Alle drei Beispiele belegen, dass gesellschaftliche Prozesse kollektive psychische Befindlichkeiten aufnehmen, spiegeln und ihnen eventuell auch einen extrem machtvollen politischen Ausdruck geben. Die kollektive Psyche setzt sich wiederum zusammen aus der Summe der individuellen seelischen Vorgänge und wirkt zugleich auf diese zurück. So kommen spiralförmige, sich selbst verstärkende Prozesse in Gang, von denen am Ende niemand weiß, wer sie wie ausgelöst hat. Ein kleines Windchen kann am Ende einen Hurrikan auslösen. So kann der Umgang mit unseren Gefühlen durchaus politisch relevante Dimensionen annehmen.

Die gefühlte Revolution

Gehen wir noch mal zur Fußball-WM 2006:

Deutschland und Italien stehen sich im Halbfinale gegenüber. Ich sitze mit dem zwölfjährigen Max, dem Sohn meiner Lebensgefährtin, vor dem Fernseher. Wir sind beide schwarz-rot-gold geschmückt und geschminkt. Bei mir war es das erste Mal. Nach wochenlanger WM-Party hatte es mich jetzt endlich erwischt und ich ließ meine alte Fahnenallergie hinter mir. „Hoffentlich bringt das kein Unglück!", hatte ich noch gedacht. Dann fällt in der 119. Minute das Tor für Italien durch Fabio Grosso. Wir sind geschockt. Erstarrt. Wie Millionen andere Deutsche in diesem Moment. Schweigend schauen wir dem Abgesang nach diesem Spiel zu, wir hassen den Bundespräsidenten, der in der Kabine der Mannschaft gratuliert und der so tut, als sei dies keine Tragödie.
Es dauert eine Nacht. Am nächsten Morgen kann ich endlich weinen. Und ich weine lange. Ich schäme mich gehörig, das hier öffentlich zu bekunden, aber ich habe geweint. Heftig. Und es tat gut.
Am Mittag kam Max aus der Schule. Wir schauen uns an. „Wie war's in der Schule? Habt ihr über das Spiel gesprochen?" frage ich ihn. „Nein", antwortet er kurz und knapp. „Keiner wollte daran denken."
Ich sage Max, dass ich geweint habe, und er schaut mich erst entgeis-

tert, dann begeistert an, als wenn er sagen wollte: „Das darf ein erwachsener Mann? Wegen eines verlorenen Fußballspiels weinen?" Ich sehe, wie es in ihm arbeitet. „Dann muss ich mich gar nicht schämen, wenn ich weine?" lese ich in seinen Gedanken.

Hass auf die glücklichen Italiener, Beschuldigung von Kapitän Ballack, der sich im entscheidenden Moment weggedreht hat, Zynismus, Spott, Resignation, Coolness, den guten Verlierer spielen oder der Sprung an das rettende Ufer des „Das macht doch nichts!", den Deutschland Tage später kollektiv vollzieht, das alles darf sein. Aber echte, verletzliche Trauer?

Später komme ich an einem Kiosk vorbei und sehe in großen Lettern die Schlagzeile: „Wir weinen mit Euch!"

Für mich kommt in dieser Titelzeile eine kulturelle Revolution zum Ausdruck, die längst im Gange ist. Männer, die weinen, sind keine Weicheier mehr! Es passt sogar für die Bildzeitung ins Bild eines Helden. Wir brauchen nur – als kleines Gedankenexperiment – dieses Fußballspiel in eine andere Zeit zu verlegen – sagen wir in die dreißiger, die fünfziger oder siebziger Jahre des letzten Jahrhunderts – dann wird klar, dass hier eine Revolution stattgefunden hat. Eine solche Schlagzeile wäre damals absolut undenkbar gewesen.

Man kann dieses Beispiel leicht ob seiner zweifelhaften politischen Relevanz belächeln. Für mich kommt in einer solchen ironischen Distanz zum Ausdruck, dass wir uns zwar noch sehr unsicher damit fühlen, aber der Bewusstseinswandel in vollem Gange ist. Etwas pathetisch möchte ich rufen: Wenn unsere Helden weinen dürfen, dann werden sie keine Kriege mehr führen! Weinen ist nicht irgendein sentimentaler Kinder- oder Weiberkram. Trauer ist das Gefühl, das wir brauchen, um unsere festen Vorstellungen, wie etwas sein sollte, loszulassen. Weinen ist vielleicht der wichtigste Gefühlsausdruck, der uns ermöglicht, in den Raum des Nicht Wissens einzutreten und Widersprüche in ihrer ganzen Bandbreite an uns heranzulassen.

Individuell und kollektiv lernen

Gesellschaftliche Veränderungen basieren auf Entwicklungen in jeder einzelnen individuellen Psyche, die sich wiederum ab einer so genannten kritischen Masse kollektiv auszubreiten beginnen. Wir stehen sowohl individuell als auch kollektiv vor der großen Herausforderung, unser Bewusstsein grundlegend für die Widersprüchlichkeit des Lebens zu öffnen. In Phänomenen wie „Helden dürfen auch verlieren und weinen" sehe ich einen Vorläufer dieser Entwicklung. Nicht weit entfernt von uns – im Nahen Osten – gelten Menschen als Helden, die sich selbst zusammen mit möglichst vielen „Feinden" in die Luft sprengen. Das Schwarz-Weiß-Denken der amerikanischen Regierung unter George W. Bush – ich denke dabei immer an die alten Schwarz-Weiß-Western meiner Kindertage, wo ich es genoss genau zu wissen, wer die „Guten" und wer die „Bösen" sind –,spiegelt sich in der Eskalation der Gewalt in vielen Teilen der Erde. Dieses Denken hält keine Widersprüche aus und zieht bedenkenlos in den Krieg, um die „Achse des Bösen" auszumerzen. Dieses Denken – wir könnten jetzt versucht sein, es ebenfalls ausmerzen zu wollen – will verstanden werden. Dann kann ein Raum entstehen, wo wir über ein Denken in Schwarz-Weiß hinausgelangen. In diesem Raum

- können wir uns eingestehen, dass wir oft nicht weiter wissen.
- fangen wir an, diesen Zustand in seinem eigenen Wert zu würdigen.
- können wir innehalten und uns damit für das noch Unbekannte öffnen.
- lassen wir an uns heran, dass das Gegenteil von Wahrheit eine andere Wahrheit ist.
- sind Widersprüche keine Hindernisse, sondern Türöffner für umfassenderes Bewusstsein.
- ahnen wir, dass äußeres Geschehen und innere Befindlichkeit einander spiegeln.

Wenn wir jetzt den Blick wieder von der politischen und gesellschaftlichen Bühne abwenden und uns der Ebene unserer individuellen Psyche zuwenden, werden wir damit meiner Ansicht nach
nicht unpolitisch. Die Haifische tummeln sich auch im Hafenbe-
cken! Wir besichtigen auf einer kleineren, überschaubareren Ebene
ähnliche Phänomene, wie sie auch zwischen Menschen, Gemeinschaften, Völkern und Kulturen wirksam sind. Wir besichtigen und
fühlen von den Biotopen bis hin zu den Betonlandschaften das
Spektrum unserer inneren Widersprüche.

Innere Widersprüche – Fluch oder Segen?

Die menschliche Seele ist „ein Bündelchen Widerspruch", sie wird von Gegensätzen geprägt. Alles steckt in jedem.

Friedemann Schulz von Thun[23]

Friedemann Schulz von Thun spricht in diesem Zusammenhang vom „Inneren Team". Auch andere Experten für seelisches Innenleben haben längst entdeckt, dass eine ungeheure Vielfalt von Impulsen, Persönlichkeitsanteilen oder inneren Personen in uns steckt[24]. Modelle wie das von Sigmund Freud mit dem „Ich", „Es" und „Über-Ich", seinerzeit schon verwirrend genug, scheinen viel zu einfach zu sein, um unser Innenleben zu verstehen und zu beschreiben. Ein ganzes Orchester sitzt in uns und bildet einen durchaus nicht immer harmonischen Klangkörper.

Wenn wir uns ein bisschen selbst kennen, dann ahnen wir es wohl schon längst: Zwei – nein ganz viele – Seelen wohnen, ach!, in unserer Brust. In dem berühmten Seufzer kommt zum Ausdruck, dass wir uns nicht unbedingt immer darüber freuen, wenn wir innerlich vielfältig sind. Wir erleben es als inneren Zwiespalt, als Kampf, als Zerrissenheit, als Entscheidungsschwierigkeit. Wir fragen uns, welche dieser inneren Stimmen und Anteile denn wahrhaftig wir selbst sind. Bin ich der utopische Träumer? Der Realist? Der Zurückhaltende? Der spirituell Fortgeschrittene? Der Lüstling? Der Denker? Der Clown? Der tiefe stille See? Der Schauspieler? Wofür soll ich mich entscheiden? Und wer entscheidet hier eigentlich? Der utopische Träumer? Der Realist? Der Zurückhaltende?

Wenn wir nach innen schauen, entdecken wir eine ungeheure Vielfalt. Wir könnten uns darüber freuen. Es kann aber auch ganz schön beunruhigend sein, vor allem dann, wenn wir glauben, eine

fest umrissene und eindeutige Identität haben zu sollen. Hinter der
Eindeutigkeit innerer Werte und Verhaltensweisen, die früher als
Charakterfestigkeit galt, steckt oft ein ausgeklügeltes System innerer Hierarchien, in dem manche Aspekte unserer Psyche schlicht
in den Keller gesperrt und dort vergessen werden. Wollen wir daran
rühren?

Das innere Chaos besichtigen?

Im letzten Kapitel sind wir den verbreiteten Widerständen begegnet, uns mit den äußeren, gesellschaftlichen und kollektiven Widersprüchen zu befassen. Wenn wir uns nun nach innen wenden,
wird es nicht unbedingt leichter.

Wir wissen es zwar: Wer sich nur mit den äußeren Gegebenhei-
ten beschäftigt und versucht, diese zu verändern, ohne sich auch
nach innen zu wenden und inneres Gewahrsein zu vertiefen,
kämpft gegen Windmühlenflügel. In den letzten Jahrzehnten hat
sich hier viel verändert. Viele Menschen sind heute bereit, in sich
zu gehen und sich selbst zu erforschen. Der kulturelle Widerstand
dagegen ist allerdings nach wie vor stark.

Nach mehr als 25 Jahren Selbsterfahrung begegne ich immer
noch und immer wieder Widerständen, mich selbst wahrzunehmen und zu spüren. Geht dir das auch so? Wollen wir wirklich
ALLES in uns zur Kenntnis nehmen? Machen wir uns nichts vor:
Da gibt es noch viel Unentdecktes ans Licht zu holen. Manches
davon wird uns beglücken, aber anderes womöglich auch entsetzen. Es kann uns ein Gestank von Schimmel und Fäulnis anwe-
hen, wenn wir lange verschlossene innere Kellertüren öffnen. Wollen wir das wirklich?

Der Teil von uns, den wir kennen und mit dem wir uns identifizieren, macht nur einen kleinen Teil dessen aus, was wirklich in
uns vorgeht. Er ist die berühmte Spitze des Eisberges. Der Weg
nach innen gleicht einer Expedition in die Wildnis, wo völlig un-

vertraute Gefahren lauern. Wir begegnen dort auch inneren „Müll-deponien", das heißt den Resten all der Erfahrungen, die unser bewusstes Ich seinerzeit nicht verkraften und verarbeiten konnte. Lange Jahre haben wir Schmerzhaftes und Unverdautes wegge-steckt, wie es in unserer Kultur üblich ist. Wir mögen romantische Vorstellungen von der Reise nach innen haben, genährt durch die Vielzahl an psychologischen, spirituellen und esoterischen Erleb-nisberichten und Ratgebern, die uns in schillerndsten Farben das Glück ausmalen, das dort auf uns wartet. Da könnte ich auch ei-niges beisteuern. Das ist jedoch nur die halbe Wahrheit. Die unge-schminkte und authentische Erfahrung bleibt nicht auf die Scho-koladenseite beschränkt.

Für die meisten Menschen, die sich nach innen wenden, be-ginnt eine Achterbahn, die einem schnell schwindelig werden lässt. Vielleicht erfahren wir dort tatsächlich ungeahnte Glücksmomen-te, Licht und Liebe. Doch dann brausen wir zuweilen in die Tiefe des Abgrunds, es tut einfach nur noch alles weh, und wir wollen nur noch eins: dass dieser Schmerz endlich aufhört.

Es ist also sehr verständlich, wenn wir dieser Reise nach innen erhebliche Widerstände entgegenbringen. Die Hoffnungslosigkeit zu durchschauen, die aus der Fixierung auf das Außen resultiert und Probleme regelmäßig verschärft, hilft auch nur bedingt wei-ter. Wir brauchen eine innere Bereitschaft, unseren Schmerz, un-sere Leere, Einsamkeit, Unlust oder Ödnis zu spüren. Woher sol-len wir die nehmen? Welche Belohnung erwarten wir dafür? Wollen wir uns nicht doch lieber weiter betäuben? Es scheint in unserer Kultur fast ein Menschenrecht zu sein, nichts fühlen zu müssen. Entsprechend lang ist die Liste der heute verbreiteten Süchte und Ablenkungen. Sie umfasst nicht nur Alkohol oder Ni-kotin, sondern immer mehr die Sucht nach äußerer Berieselung und Unterhaltung. Anstatt aber mit dem spirituell korrekten Zei-gefinger davor zu warnen, möchte ich lieber fragen: Warum nicht? Was haben wir wirklich davon, wenn wir unser Leben selbst leben, anstatt das unsere Helden auf der Leinwand für uns tun zu lassen?

Übrigens kann auch der Weg nach innen von der Sucht nach Ablenkung gespeist werden. Auch Meditation oder Tantra können süchtig machen. Vielleicht muss es das sogar? Ist das unsere Chance?

Unsere Motivation

Wir begeben uns nicht auf die Reise nach innen, wenn wir uns nichts davon versprechen. Im Alltagskapitel sind wir den Weckrufen begegnet, die uns auf die Reise schicken. Ohne quälende Widersprüche, ohne Schmerz und Verzweiflung machen wir uns selten auf den Weg. So wie erst verheerende Stürme und Überschwemmungen nötig zu sein scheinen, um uns für das Thema Klimawandel zu sensibilisieren, so sieht es auch im Inneren aus. Warum sollten wir uns auch mit all dem inneren Müll beschäftigen, wenn es nicht nötig ist? Wir werden schnell feststellen, dass – genauso wie beim Klimaschutz – rein moralische Kategorien als Motivation nicht ausreichen. Moral führt, wenn es ans Eingemachte geht, eher zu Doppelmoral als zu mehr Offenheit.

Es ist die Sehn-Sucht, die uns hier zu Hilfe kommt. In „Herzenslust" habe ich ausgeführt, wie die Sehnsucht auch unabhängig von ihrer Erfüllung zur Kraftquelle werden kann. Also machen wir uns auf den Weg, getrieben von unserer Sehnsucht nach einem erfüllenderen Leben, gebremst durch unsere Angst, dass alles noch schlimmer kommen könnte. Indem wir diesem Widerspruch Raum geben, öffnen sich Türen und wir kommen tiefer und tiefer mit uns in Kontakt. Wir hoffen das Beste, befürchten das Schlimmste, erwarten das Vertraute und begegnen dem Unbekannten. So setzen wir einen Fuß vor den anderen. Laura berichtet von ihren verwirrenden Erlebnissen:

Im letzten Sommer habe ich nach 16 Jahren meinen Mann Piet verlassen, ohne dass ich wirklich sagen konnte warum. Er war mir immer zugewandt, er hat mir Blumen mitgebracht, er hat mir meine Wünsche von den Lippen abgelesen. Was er nicht wissen konnte: Meine wirklichen Wünsche waren tief in mir begraben. Auf den Lippen trug ich die Klischees von Wünschen, die Frauen eben so haben. Ich bin an seiner Fürsorglichkeit fast erstickt. Mit unglaublichen Schuldgefühlen habe ich mich dann getrennt, und seitdem ist es mit der Gemütlichkeit in meinem Leben vorbei. Ich habe mich schon manchmal selbst verflucht, dass ich dieses behütete Leben aufgegeben habe.

Zunächst mal musste ich erfahren, wie sehr ich erotisch auf Männer stehe, die eine gewisse Rücksichtslosigkeit an den Tag legen. Ich erkannte, dass die Frau in mir Facetten hat, die meiner frauenbewegten Sozialisation Hohn sprechen. Ich will genommen werden. Natürlich nur, wenn ich geil bin. Wenn nicht, dann kann ich scheu sein wie ein Reh. Die teilweise wilden Affären, die ich im letzten Jahr durch eine Internetagentur eingefädelt habe, haben mich oft an den Rand des Wahnsinns getrieben. Ich fühlte mich nach mancher heißen Nacht wie neugeboren, nach anderen Nächten aber auch wie ein Baby, das sich plötzlich mutterseelenallein auf dem Wickeltisch wieder findet. Ich fühlte mich sexuell befriedigt und gleichzeitig einsam. Sobald der Mann aus der Tür war, habe ich Rotz und Wasser geheult. Ich sehnte mich nach Piet, aber ich war rücksichtsvoll genug, ihm das nicht auch noch anzutun: ihn in einer solchen Situation anzurufen.

Das klingt jetzt alles ziemlich wild, aber ich habe einfach einen riesigen Nachholbedarf. Ich will mich kennenlernen. Ich glaube nicht, dass ich auf Dauer so leben möchte, aber jetzt will ich mich ausprobieren. Manchmal fühle ich mich stark und begegne dem Leben mit einem „Hey, was kostet die Welt!" Und manchmal hocke ich daheim und traue mich nicht einmal, meine beste Freundin anzurufen. Ich möchte nicht zurück, und ich weiß nicht, wo es hin geht. Ich folge meinem Weg, Schritt für Schritt.

Nicht immer beginnt die Reise nach innen mit solch spektakulären Veränderungen im Außen. Wahrscheinlich hat Lauras Reise auch schon viel früher begonnen, was sie dazu führte, sich von Piet zu trennen. Typisch für manche Phasen der inneren Reise ist jedoch, dass wir uns selbst nicht mehr zu kennen scheinen. Dann kann es helfen, wenn wir unsere Identität nicht mehr an einer einheitlichen inneren Persönlichkeit festzumachen versuchen, sondern bereit sind, mit einer Vielzahl von inneren Personen Bekanntschaft zu machen.

Dass der Mensch kein einheitliches Wesen ist, das kraft seiner seelischen Bauweise mit sich selber einig wäre, sondern dass innere Vielfalt und Gegensätzlichkeit das eigentlich Menschliche ausmachen, ist heute eine fast schon geläufige Vorstellung. Oder doch nicht?[25]

Beunruhigend scheint es mir allemal, wenn wir Seiten von uns begegnen, die wir uns nie zugetraut oder die wir vielleicht abgelehnt haben. Was hält diese Vielfalt dann noch zusammen? Aber schauen wir uns zunächst noch detaillierter an, wie sich unsere innere Vielfalt manifestiert und was wir dort herausfinden können. Wir bewegen uns dabei von der Ebene des Körpers zu der Ebene unserer Gefühle und dann zur Ebene unserer Gedanken. Es sind allerdings besonders die Verwicklungen zwischen diesen drei Ebenen, die uns vor besondere Herausforderungen stellen.

Polaritäten im Körper

Die Schönheit und Weisheit innerer Widersprüchlichkeit lassen sich leichter verstehen, wenn wir uns vorstellen, wir seien eine Zelle unseres Körpers, sagen wir eine Leberzelle. Wir sind vom Gesamtkörper als Chemielaborant eingestellt. Wir sorgen für die Entgiftung und einen Stoffwechsel, der unserem Körper die nützlichen und lebensnotwendigen Nährstoffe mundgerecht zubereitet und die schädlichen der Entsorgung zuführt. Als diese Leberzelle haben wir einerseits den Impuls, unseren eigenen Zellstoffwechsel so zu gestalten, dass wir lebendig und pulsierend bestmöglich überleben. Gleichzeitig finden wir Erfüllung in der Aufgabe, die wir für das größere Ganze haben. Wenn die Leber nicht mehr funktioniert, stirbt irgendwann der ganze Körper und wir mit ihm. Diese Aufgabe kann soweit führen, dass wir uns selbst opfern und zum Beispiel Gifte in uns speichern, die uns irgendwann umbringen, dem Gesamtorganismus aber ein längeres Leben sichern. Umgekehrt kann sich der gesunde Egoismus der Leberzelle soweit verselbstständigen, dass nur noch das eigene Überleben bzw. die Fortpflanzung der eigenen Art zählt. Der Organismus bekommt irgendwann Leberkrebs und stirbt früher oder später daran.

Weder die Zelle, die „vollständig erleuchtet" im großen Ganzen aufgeht und dabei ihre Identität als Leberzelle aufgibt, noch ihre Schwester, die nur an sich und ihre Nächsten denkt und dadurch Krebs auslöst, würden wir als gesund bezeichnen, sondern die, die diesen Widerspruch in sich trägt, balanciert und aushält.

Wenn wir in unseren Körper lauschen, dann entdecken wir ein wahres Wunderwerk an fein aufeinander abgestimmten Widersprüchen. Sympathicus und Parasympathicus sind beispielsweise zwei Stränge unseres autonomen Nervensystems, die entgegengesetzte Funktionen unterstützen. Der eine fördert unsere äußere Aktivität, der andere die innere Regeneration. Weitere Polaritäten sind Wachen und Schlafen, Essen und Ausscheiden sowie Lust und Schmerz. Diese und viele weitere Körperfunktionen sind polar aufgebaut. Sie erscheinen uns nicht widersprüchlich, weil sie offensichtlich alle einen wichtigen Teil zum Ganzen beitragen. Trotzdem finden wir in der unterschiedlichen Bewertung, die wir den jeweiligen Polen zuschreiben, erste Anzeichen unseres inneren Unfriedens: Wachen, Essen und Lust werden in unserer Kultur allgemein höher bewertet als Schlaf, Ausscheiden und Schmerz. Wenn es möglich wäre und wir dabei so kurzsichtig handeln würden wie in manchen gesellschaftlichen und zwischenmenschlichen Fragen, wären letztere längst abgeschafft. Der Körper lässt sich aber eben nicht so leicht betrügen und gibt uns Signale. Wenn wir diese übergehen, wird er irgendwann krank. Bleibt die innere Balance auf Dauer gestört, stirbt er. Die chinesische Medizin hat für diese Zusammenhänge mithilfe ihrer Theorie von Yin und Yang eine hohe Sensibilität entwickelt und kann daher Störungen viel früher diagnostizieren und behandeln als unsere westliche Medizin, die letztlich immer dem Problem hinterher läuft.

Weil die Weisheit des Körpers so unumgänglich ist, gilt das Entwickeln der inneren Körperwahrnehmung in vielen Bereichen der Therapie, Selbsterfahrung und spirituellen Entwicklung wie auch im Tantra als wichtiger Bezugspunkt. Wo dieser Bezugspunkt ausgeblendet oder gar verteufelt wird, ist dies bereits ein wichtiges Indiz auch dafür, dass Widersprüchlichkeit ausgegrenzt wird. Im Körper begegnen wir Widersprüchlichkeit in Reinkultur. Wir könnten sie auch – im weitesten Sinne – erotisch nennen.

Uns mit dem Körper anfreunden

In meinen Seminaren ist der Bezug zum Körper eine Basis für alles weitere. Miriam erzählt, was sich durch ihr neues Verhältnis zum Körper verwandelt hat:

Mein Verhältnis zu meinem Körper war zwiespältig, solange ich denken kann. Manchmal hasste ich ihn, wenn er mich an etwas hinderte, was ich mir sehnlichst gewünscht hätte. Ich war als Kind oft krank und meine Mutter meinte, dass Schonung das Beste für mich sei. So wurde der Körper der Gegenspieler meiner Lust auf Abenteuer. „Kind, zieh dich wärmer an! Du weißt doch, was dir blüht, wenn du nicht aufpasst!" waren typische Sätze, die ich bis zum Erbrechen oft gehört habe. Komischerweise lernte ich dadurch nicht, mehr auf meinen Körper und seine Bedürfnisse zu hören, sondern ganz im Gegenteil, sie so lange wie möglich zu ignorieren. Meinen Körper spüren hieß: meine Einschränkungen spüren.

Von daher kann ich heute gut verstehen, warum sich in mir oft alles sträubte, wenn ich im Tantra immer wieder den Satz hörte: „Spüre deinen Körper!" Innerlich übersetzte ich das mit: „Halte dich zurück!", was natürlich überhaupt nicht damit gemeint war. Ich war zum Tantra gekommen, weil ich meine Hemmungen gegenüber Männern ablegen wollte. Ich wollte mutiger werden und mich als Frau selbstbewusster zeigen. Den Sex mit mir selbst konnte ich genießen. Da war mein Körper wirklich mein Freund. Aber da hatte ich auch alles gut unter Kontrolle. Ich wusste recht gut, wie ich sexuell funktioniere. Ich kam auch recht schnell durch klitorale Stimulation zum Orgasmus.

Mit Männern war das anders. Entweder waren sie zu unsensibel, um mich körperlich zu verstehen, oder ich konnte mich nicht präzise genug ausdrücken. Jedenfalls waren die Begegnungen oft frustrierend, und ich zog mich immer mehr zurück.

In einem Seminar nur mit Frauen geschah etwas, was vielleicht die Wende eingeleitet hat. Ich begann zu realisieren, dass Lust schon viel früher anfängt als sexuelle Stimulation. Ich staunte, dass andere Frauen nur beim Rollen über den Boden, beim Räkeln, beim Tanzen oder bei einer innigen Umarmung Lust empfinden. Mir war da immer eher unwohl. Aber ich wurde neugierig und begann, dieses Unwohlsein näher zu erforschen. Ich muss ehrlich zugeben: Auf diese Idee wäre ich von allein nie gekommen! Aber es leuchtete mir ein. Nach und nach wurde mir bewusst, dass ich oft überhaupt nicht in meinem Körper anwesend bin. Dann spüre ich nichts. Und wenn ich wieder etwas spüre, ist das Erste oft ein Unwohlsein.

Eines Tages – das war wieder in einer gemischten Gruppe – machte mir plötzlich sogar die Labyrinth-Meditation[26] Spaß. Durch das vollkommene Hineingehen und Ausdrücken meiner Unlustgefühle kam plötzlich etwas wie ein inneres Strömen in Gang. Das kannte ich nur von kurzen Momenten nach dem Orgasmus. Jetzt – vollkommen bekleidet, in der Meditation! – löste sich auf einmal die Grenze zwischen Lust und Unlust auf, und ich genoss es einfach, so tief mit mir verbunden zu sein. Ich wälzte mich herum und Töne kamen aus mir heraus, für die ich mich tierisch geschämt hätte, wenn ich mich nicht zugleich so tierisch gut gefühlt hätte.

Solche Erlebnisse wurden häufiger. Dennoch war es noch ein langer Weg, mich wirklich wieder mit meinem Körper anzufreunden. Heute verstehe ich, dass Freundschaft mit meinem Körper nicht bedeutet, dass er alles so macht wie ich will. Dass wäre auch keine Freundschaft, sondern ja eigentlich Sklaverei. Jetzt kann ich auch die Männer verstehen, die „so unsensibel" waren. Wie hätten die mich spüren können, wenn ich mich selbst kaum gespürt habe. Ich dachte doch, mit mir sei sexuell alles in Ordnung. Dass der Orgasmus, den ich damals hatte, nur eine Art Trostpreis war, und ansonsten mein Körper eher eine gefühllose Wüste, davon hatte ich ja keine Ahnung.

Heute genieße ich es, mich meinem Körper wie einem Garten zuzuwenden und ich bin ihm auch nicht mehr böse, wenn er krank wird. Na ja, manchmal schon noch, aber das kommt ja auch unter den besten Freunden vor. Und die Männer? Ich bin immer noch etwas scheu. Ich habe inzwischen einen festen Partner, und das gibt mir genug Sicherheit, mich immer mehr zu zeigen. Jetzt ist er oft derjenige, der nicht so ganz in seinem Körper ist. Aber manchmal kann ich ihn anstecken mit meinem Garten Eden. Das fühlt sich dann an wie zusammen nach Hause zu kommen.

Ich habe Miriams Entwicklung in vielen Gruppen begleiten und miterleben dürfen und es ist eine Freude, ihre inzwischen sprühende körperliche Ausstrahlung zu sehen. Ihr Weg ging mitten durch die Unlust, ihr Körper war dabei ihr Anker und ihr Wegweiser, und zwar mit seinen Widersprüchen.

Dialoge mit dem Körper

Einen ganz anderen Weg hatte Klaus vor sich, als er vor fünf Jahren die Diagnose Kehlkopfkrebs bekam. Seine Geschichte wäre ein eigenes Buch wert, aber was mich besonders beeindruckt, ist, wie er gelernt hat, mit seinen Krebszellen zu sprechen:

Lange Zeit war ich mir nicht sicher, ob ich mir das alles einbilde. Dass ich mit meinen Zellen spreche, davon konnte ich nur wenigen Leuten erzählen. Ich hatte Angst, dass sie mich für verrückt erklären. Zum Glück hatte meine Ärztin großes Verständnis dafür, obwohl das auch für sie neu war.

Mein Heilpraktiker hatte mich auf die Idee gebracht, einen inneren Dialog mit den Zellen zu führen, die für den Tumor verantwortlich sind. Ich war so verzweifelt, dass ich alles probieren wollte (und natürlich habe ich die Behandlung nicht allein darauf beschränkt!). Am Anfang waren die Zellen so stumm wie ein Fisch. Ich wollte schon aufgeben. Aber einmal – ahnte ich es oder hörte ich es? ich weiß es nicht! – also einmal hörte ich ein Flüstern: „Mit dir reden wir nicht! Du willst uns nur vernichten!" Dann hörte ich wieder wochenlang gar nichts. Aber ich blieb dran. Ich sprach zu ihnen, obwohl sie nicht antworteten, und versprach ihnen, offen mit ihnen reden zu wollen. Dann, eines Tages, vernahm ich die Worte: „Du bist ganz schön hartnäckig, Klaus! Willst du wirklich mit uns in Dialog treten? Beweise uns, dass du es gut mit uns meinst! Brich die Chemotherapie ab!" Ich war geschockt. Damit hatte ich nicht gerechnet. Mein Heilpraktiker empfahl mir dringend, die Chemo nicht abzubrechen, schon gar nicht jetzt. Darüber war ich ebenso überrascht, denn er war ja eher skeptisch gegenüber der schulmedizinischen Behandlung. Er sagte: „In diesem Dialog geht es nicht darum, es den Krebszellen recht zu machen. Das wäre erstens verlogen – oder willst du, dass sie dich umbringen? – und zweitens würde das auch kein Vertrauen schaffen, auch wenn sie das behaupten. Bleib bei deiner Wahrheit und sprich zu ihnen. Lass dich überraschen, was dann zurückkommt." Beim nächsten Mal sagte ich ihnen, dass ich die Chemo nicht abbrechen werde, und dass ich mit ihnen reden, aber nicht nach ihrer Pfeife tanzen will. In diesem Moment durchzuckte mich ein Vibrieren, und dann kam die Antwort: „Du beeindruckst uns! Du hast Mut! Du lügst uns nicht an, obwohl wir dich umbringen können! Also, was willst du?"

Von da an kam ein Dialog zustande, der mich immer wieder zutiefst berührt hat. Ich bekam einiges über mich zu hören, das nicht so schmeichelhaft war. Und ich schrie sie manchmal an, wenn sie mir wieder voller Selbstgerechtigkeit meine Fehler vorwarfen.

Der Tumor kam nach der Operation nicht zurück. Ich habe jetzt fünf Jahre überstanden, gelte als nahezu geheilt. Aber ich weiß genau, dass diese Zellen noch da sind und dass sie – wenn ich sie ignoriere – wieder auf andere Weise auf sich aufmerksam machen werden.

Klaus ist sich nicht sicher, ob der innere Dialog tatsächlich den Rückfall verhütet hat. Aber er ist sich sicher, dass in seinem Körper viel mehr Weisheit steckt, als er sich das jemals hätte vorstellen können. Diese Weisheit fasst er so zusammen:

Mir kommen diese Biester (die Krebszellen) manchmal vor wie ein Zen-Meister. Sie geben mir Rätsel auf und zeigen mir, dass nichts so ist wie es scheint. Sie haben mich auch geistig weiter werden lassen und ich merke die Auswirkungen in noch ganz anderen Bereichen als nur in meiner körperlichen Gesundheit. Vor allem bin ich viel bewusster geworden, was ich eigentlich fühle und wie viel Angst ich davor habe, mich mit meiner Wahrheit zu zeigen. Es ist wie eine Todesangst, und erst mit einer lebensbedrohlichen Krankheit im Nacken fing ich an, mich dieser Angst zu stellen.

Auf der Ebene des Körpers können Widersprüche entweder – wie bei Miriam – als die ursprüngliche, lustvolle Pulsation einer Polarität wiederentdeckt werden, oder sie machen uns auf weitere Widersprüche aufmerksam, die eigentlich auf einer anderen Ebene liegen, wie zum Beispiel auf der Ebene der Gefühle.

Gefühle haben ihre eigenen Gesetze

Gefühle haben ihre eigene „Logik". Ein großer Teil der Verwirrung, in die uns Gefühle stürzen können, hat damit zu tun, dass wir ihnen mit unpassenden Vorstellungen begegnen. Wir wenden im Umgang mit unseren Gefühlen Kriterien an, die mit der Gefühlswelt eigentlich nichts zu tun haben:

- Wir unterteilen sie in *richtige* und *falsche* Gefühle und unterwerfen sie damit einer Verstandeslogik, die Gefühlen nicht gerecht wird. Eine mathematische Aufgabe kann richtig oder falsch gelöst werden. Gefühle sind jedoch keine Lösung, sondern Signale, die auf etwas aufmerksam machen. Insofern ist niemals das Gefühl falsch, aber möglicherweise verstehen wir es falsch.

- Wir unterteilen sie in *gut* und *böse* und unterwerfen sie damit Wertmaßstäben, die der Moral entspringen und uns davon abhalten, Gefühle in ihrer Eigenart unvoreingenommen wahrzunehmen. Wenn wir zum Beispiel Hass als ein böses Gefühl interpretieren, dann werden wir den Hass damit eher verdrängen oder sogar noch verstärken, aber weder verstehen noch wirklich auflösen.

- Wir beurteilen Gefühle nach ihrer Funktionalität als *gut* oder *schlecht* und verstehen sie daher nicht in ihrer Tiefe. So kann zum Beispiel das Gefühl von Trauer schlecht sein, wenn es uns darum geht, gute Laune zu verbreiten. Gefühle erleichtern es uns oder hindern uns manchmal daran, bestimmte Ziele zu erreichen. Wenn wir sie jedoch danach bewerten und sie entsprechend einsetzen, manipulieren und missbrauchen wir sie letztlich.

- Wir sprechen von *berechtigten* und *unberechtigten* Gefühlen. Damit ist oft gemeint, dass Gefühle zu einer gegebenen Situation nicht zu passen scheinen. Wenn sie zum gegenwärtigen Augenblick nicht passen, dann gehören sie höchstwahrscheinlich zu einer vergangenen, noch nicht gelösten Situation. Gefühle haben also immer einen Grund, zu dem sie passen. Es fragt sich nur, ob wir diesen herausfinden wollen.

Unsere Gefühlswelt näher zu erforschen, gleicht einer Expedition in den Dschungel. Wenn wir uns mit Machete oder gar Motorsäge vorarbeiten, werden wir zwar schnell Gelände freilegen und vielleicht auch nutzbar machen, aber die Eigenart und Schönheit des Dschungels wird sich uns entziehen. Je wilder und ursprünglicher wir unsere Gefühle wahrnehmen, desto weiter entfernen wir uns von der Zivilisation unserer Gedanken, Wertungen und Glaubenssätze. Letztere sind es, die es oft schwer machen, die Weisheit und den Wert von vermeintlich widersprüchlichen Gefühlen zu erkennen und zu erleben. In „Herzenslust" habe ich die Achterbahn der Gefühle beschrieben, die auf uns wartet, wenn wir vom Bewerten zum Fühlen übergehen.[27]

Typische gefühlte Widersprüche

Es kann durchaus verwirrend und beängstigend sein, gegensätzlichen oder gar vermeintlich unvereinbaren Gefühlen in uns zu begegnen, wenn wir noch kaum Verständnis dafür haben, welcher eigenen Logik unsere Gefühle folgen. Hier einige Beispiele:

- Wir haben oft vor genau dem *Angst*, was wir insgeheim *begehren*. Das kann sich zum Beispiel darin äußern, dass wir Angst vor dem Fliegen haben, weil wir eine unbewusste Sehnsucht in uns tragen, uns fallen zu lassen. So projizieren wir die Sehnsucht möglicherweise auf einen Flugzeugabsturz. Oder wir haben Angst, dass unser Partner fremdgeht, weil wir uns selbst dahin gehende Wünsche nicht eingestehen. Wir haben Angst vor einer lebensbedrohlichen Krankheit, weil wir unsere „lebensmüde" Seite nicht sehen wollen, die nur noch ihre Ruhe haben oder einfach versorgt werden möchte.
- Wenn wir einen Menschen wirklich *lieben*, dann *hassen* wir ihn zuweilen auch. Diese Erfahrung – so universell sie ist – steht vielen Glaubenssätzen über die Liebe diametral entgegen. Wenn sich Liebe mit Begehren verbindet, dann kann eine Zurückweisung zuweilen puren Hass auslösen. Wenn wir diesen Hass

innerlich zulassen, ohne ihn am anderen auszuagieren oder ihn als Beweis mangelnder Liebe misszuverstehen, dann kann uns der Hass helfen, wieder zu uns selbst und unserer feurigen Kraft zurückzufinden. Wenn wir ihn hingegen verdrängen, dann wird er kalt und seine Energie fehlt unserer Liebe und Lebendigkeit. Wenn wir ihn einfach ausagieren, verletzen oder zerstören wir möglicherweise das, was wir am meisten lieben.

- Viele Menschen maskieren ihre *Trauer* durch *Wut* oder umgekehrt. Mancher fühlt sich in der Wut stark und in der Trauer schwach. Dann bleibt er in der Wut stecken, obwohl er eigentlich traurig ist und erst im Zulassen der Trauer loslassen könnte. So kann es uns gehen, wenn wir etwas verlieren, an dem wir sehr hängen: Wir wüten, anstatt irgendwann den Verlust zu betrauern. Andererseits können manche sich ihre Wut nicht zugestehen. Wenn zum Beispiel unsere Grenze nicht respektiert wurde, reagieren wir manchmal mit Trauer, obwohl wir eigentlich wütend sind. Vielleicht haben wir Angst vor unserer Wut oder vor den Reaktionen auf unsere Wut. In der Trauer verbirgt sich dann oft ein unterschwelliger Vorwurf, der die Kommunikation erschwert und unser Vertrauen zu unseren Gefühlen unterhöhlt.

- *Freude* und *Trauer* liegen eigentlich nahe beisammen. Indem wir das eine als gutes und das andere als schlechtes Gefühl bewerten, werden sie zu Gegensätzen, die es uns schwer machen, von einem zum anderen zu wechseln. Bei Kindern können wir oft noch gut beobachten, wie sie in einem Moment bitterlich weinen und im nächsten urplötzlich die Freude wieder durchkommen kann.

- *Lust* und *Ekel* sind noch so ein Gefühlsduo, das wir als entgegengesetzt erleben, obwohl sie viel miteinander zu tun haben. Hinter Ekel liegt oft verbotene Lust. Der Ekel maskiert das Verbot und sorgt mit zunehmendem Alter dafür, dass wir nicht auf dumme Gedanken kommen. Stellen wir uns Kinder vor, die zum Beispiel voller Inbrunst im Schlamm wühlen oder einen

Furz wahrnehmen und voller Lust „IIIIIIIgitttttt" kreischen, dann bekommen wir eine Ahnung von diesem Zusammenhang. Ein weiterer Zusammenhang zwischen Lust und Ekel besteht darin, dass wir uns vor etwas ekeln, dem wir keine Grenzen setzen können, es vielleicht aber auch gar nicht wollen. Es kann sein, dass wir das Sprengen aller Grenzen oberflächlich abwehren, aber gleichzeitig zutiefst begehren. Auf dieser Bühne werden viele sexuelle Konflikte ausgetragen, wenn es darum geht, mit unterschiedlichen sexuellen Vorlieben umzugehen (dazu mehr im Kapitel „Sex und unsere Lust am Widerspruch").

Gefühle dienen in ihrem Wesen dazu, uns Signale zu geben, mit deren Hilfe wir unseren Kontakt zur Mitwelt immer wieder neu ausbalancieren und befriedigend gestalten können. In diesem Prozess begegnen wir weiteren Polaritäten, die für unsere Reifung große Bedeutung haben. Es geht dabei um unsere Kapazität, Widersprüche zwischen uns und unserer Umgebung wahrzunehmen, anzuerkennen, uns davon emotional berühren zu lassen und dann immer wieder neu unsere wahrhaftige Antwort darauf zu finden.

Der Tanz von Wünschen und Hindernissen

Wir bekommen nicht immer das, was wir wollen. Nur in frühkindlichen oder esoterischen Omnipotenzfantasien neigen wir dazu, diese simple Tatsache zu verleugnen. Müssen wir uns vor diesem Dilemma schützen? Wollen wir uns damit anfreunden oder können wir gar damit ins Spiel kommen?

Für unsere innere Reifung brauchen wir sowohl Wünsche als auch Hindernisse, so wie unser Körper zwei Beine zum Laufen braucht. Mit unseren Wünschen allein kämen wir nicht weit. Die Hindernisse repräsentieren regelmäßig genau das, was uns zu ihrer Erfüllung innerlich fehlt. Wir mögen versuchen, Hindernisse nach außen zu projizieren, aber das macht es nicht besser. Markus (der zu mir in Therapie kam, weil er glaubte, bei Frauen nicht landen zu können) berichtet, wie sich seine Einstellung zu Hindernissen verwandelte:

Ich habe Frauen immer sehr beneidet, weil sie viel leichter auf einen Mann zugehen können, ohne riskieren zu müssen, sexuell aufdringlich zu wirken. Ich habe stets brav gewartet, bis eine Frau auf mich zukam. Oft bekam ich zu hören, wie angenehm unaufdringlich ich sei. Bei mir fühle sie sich sicher. Ich wolle bestimmt nicht nur das Eine, wurde mir von Frau attestiert. In mir zog sich dabei alles zusammen. Ich wollte doch das Eine! Aber ich hatte gelernt, das gut zu tarnen, und hörte mir weiter aufmerksam an, wie angenehm es doch sei, mit mir zu plaudern, ohne dass es gleich zu mehr kommen müsse. Solche Gespräche machten mich manchmal fertig. Ich war wie gefangen. Kurz nachdem ich an einem Beziehungs-Workshop teilgenommen hatte, war wieder so eine Situation wie wir sie schon oft besprochen haben. Ich war auf einem dieser Barfuß-und-rauchfrei-Tanzabende und kam mit einer Frau ins Gespräch. Als sie mir bestätigte, wie einfühlsam und behutsam ich sei, platzte eine Bombe in mir. Ohne lange zu überlegen sagte ich plötzlich: „Weißt du was? Ich will mit dir ins Bett." Sie schaute mich entgeistert an, stand auf und ging. Für eine Weile war ich am Boden zerstört. Ich verließ den Saal und igelte mich ein. Nach fast zwei Stunden kam plötzlich eine völlig unverständliche Euphorie in mir auf. Ich ging wieder tanzen, diesmal in einer Disco, und ich landete noch am gleichen Abend mit einer Frau im Bett! Das ist mir noch nie passiert. Unglaublich.

In der nächsten Therapiestunde haben wir herausgearbeitet, was da bei ihm geschehen war. Er beschreibt das später so:

Zuerst habe ich es gar nicht begriffen. Wo kam diese Euphorie her, nach einer solchen deftigen Abfuhr? Jetzt verstehe ich das besser. Ich glaube, ich habe das Hindernis gelebt. Anstatt es zu vermeiden, anstatt eine Abfuhr zu vermeiden, habe ich es regelrecht provoziert, und es trat ja auch prompt so ein, wie ich es immer befürchtet hatte. Es tat eine Weile weh. Aber dann ging es endlich da weiter, wo ich sonst immer stecken geblieben war. Jetzt ist mir klar, warum ich vorher keine Frauen getroffen habe, die mich als sexuellen Mann wahr- und ernst genommen haben. Ich wollte keiner Frau die Möglichkeit geben, mich zurückzuweisen, weil ich dachte, das würde mich vernichten. Ich kann jetzt verstehen, wie unattraktiv das ist! Nur Frauen, die selbst eine Heidenangst davor hatten, als sexuelles Wesen wahrgenommen zu werden, die fanden mich toll. Aber Sex wollten die ja auch nicht. Die haben mich als ihr Hindernis benutzt, genau wie ich sie als meines. Ich will, dass das jetzt vorbei ist.

Solche Verwandlungen sind Sternstunden, und nicht immer verlaufen sie so eindrucksvoll, sondern eher schleichend. Ich habe jedoch oft miterleben dürfen, wie das bewusste Annehmen von Hindernissen neue Türen öffnet. Dabei geht es vor allem darum, die Energie, die in der Vermeidung oder Abwertung des Hindernisses gebunden ist, zu uns zurückzunehmen. Eine gute Möglichkeit, die Energie der Hindernisse zu uns zurückzunehmen bzw. sie in uns zu finden, ist, sie zu malen und zu tanzen. Barbara hat dies so erlebt:

Schon als wir die beiden Bilder gemalt haben, habe ich gemerkt, wie viel Energie darin steckt, mein Hindernis zu malen. Ich nahm kräftige Farben, malte schwarze Striche quer über das ganze Bild und tobte mich so richtig aus. Mein Hindernis ist meine höllische Eifersucht. Wenn Peter allein irgendwo hingeht, dann bekomme ich Panik, obwohl ich weiß, dass er mir keinen Grund dafür gibt. Ich malte also meine Eifersucht in grellen Farben. Meinen Wunsch – eine vertrauensvolle, harmonische Partnerschaft – malte ich auch sehr gern. Ein richtig schönes, idyllisches Bild. Aber ich muss zugeben, in dem anderen Bild war mehr Ladung drin! Beim Tanzen ging dann die Post ab. Ich konnte mir vorher nicht vorstellen, wie sich diese beiden Energien verbinden sollten. Bei meinem Wunsch entstanden weiche, fließende Bewegungen, wunderschön, ich konnte darin schwelgen. Beim Hindernis stampfte ich auf den Boden und spürte eine enorme Kraft. Die Musik passte natürlich auch dazu. Ich tanzte mich in eine Art Ekstase. Die Eifersucht war der Treibstoff dazu. Irgendwann vergaß ich ganz das Thema, da war nur noch der Tanz. Durch den immer schneller angesagten Wechsel und das schrille Durchmischen der beiden Musiken flossen beide Energien tatsächlich ineinander. Die Furie und die Prinzessin in mir verschmolzen zu einer kraftvollen und stolzen Symphonie in Bewegung. Wäre Peter in der Nähe gewesen, ich hätte so über ihn herfallen können ...

Ich hatte vorher so viel an meiner Eifersucht „gearbeitet", ohne dass sich viel geändert hätte. Jetzt überfällt sie mich immer noch manchmal. Aber wenn ich mich an den Tanz erinnere, dann spüre ich wieder meine Kraft, und ich erinnere mich daran, diese Kraft zu mir zu nehmen, anstatt sie Peter oder irgendwelchen Frauen, die auf Peter scharf sein könnten, zu unterstellen.

Hindernisse als Teil unseres Weges zu begreifen, lässt uns reifen. In unserem kindlichen Erleben gefangen, glauben wir manchmal, etwas „unbedingt" haben zu müssen. Ein Kind baut mit dieser „Unbedingtheit" seines Wünschens seine Kraft auf, und das ist wichtig für die Entwicklung innerer Stärke. Im besten Fall lernt das Kind, darauf zu vertrauen, dass die Eltern auf liebevolle Weise für die Grenzen sorgen. Als Erwachsener sind wir selbst auch für unsere Grenzen verantwortlich. Je weniger wir uns dessen bewusst sind, desto mehr manifestieren wir sie in Form von Hindernissen. Im Anerkennen von Grenzen werden wir frei, uns das Blaue vom Himmel herunter zu wünschen. Zugleich wissen wir, dass wir zum Glück nicht die Macht haben, dass der Himmel uns tatsächlich auf den Kopf fällt. In dieser Freiheit machen wir die Erfahrung, dass es auch für andere viel leichter ist, uns einen Wunsch zu erfüllen, wenn wir nicht auf seine Erfüllung fixiert sind. Adrian hat das auf sehr spezielle Weise erlebt:

Adrian kommt in eine Tantra-Gruppe, nachdem er mehr als zehn Jahre sexuell vollkommen enthaltsam gelebt hat. Er hatte sich einem spirituellen Meister verschrieben, der die Überwindung aller körperlichen Gelüste zugunsten intensiver meditativer Übung empfahl. Adrian war dieser „Sekte", wie er selbst sagt, entkommen. Als er anfing, die sexuelle Enthaltsamkeit infrage zu stellen, wurde er dort teilweise öffentlich gedemütigt. Er ist froh, den Absprung geschafft zu haben. Aber er steht mit seinen 30 Jahren völlig am Anfang, was sexuelle Erfahrungen mit Frauen betrifft. Vor der Zeit in der Sekte hatte er nur kurze Affären mit Frauen gehabt und noch nie war er mit einer Frau sexuell vereinigt gewesen. Und auch mit sich selbst fühlt er sich wie ein Anfänger.

In der Gruppe entsteht eine gewisse Neugier auf ihn. Er hat einen attraktiven Körper und wirkt auch sonst sehr sympathisch und bei sich. Manche Frau scheint die Idee zu reizen, die erste für Adrian zu sein. Besonders Rita flirtet heftig mit ihm.

Adrian genießt das zuerst, aber sobald körperliche Berührung ins Spiel kommt, wird er extrem angespannt. Er selbst schildert in der Gruppe mit berührender Offenheit, dass er sich nichts sehnlicher wünscht als endlich mit einer Frau zu schlafen. Zugleich erzeugen seine Vorstellungen von göttlicher sexueller Ekstase, die sich dabei einstellen soll, eine so hohe Schwelle, dass Rita sich bald aus Angst, ihm nicht zu genügen, zurückzieht. Damit wiederum kann Adrian gar nicht umgehen. Die zehn Jahre Meditation sind nicht spurlos an ihm vorübergegangen. Plumpen Sex bringt er nicht fertig, der erscheint ihm zu billig. Aber die Unsicherheit, sich auf ein so komplettes Neuland zu begeben, wie es Sex für ihn darstellt, steigert zugleich die Angst vor Zurückweisung. Zwischen diesen beiden Polen – der Sehnsucht und der Angst – gibt es kein Durchkommen, weil es keinen Raum für Misslingen gibt.

Adrian lässt, wenn auch mit Schmerzen, seinen Wunsch los, in dieser Tantra-Gruppe sexuell „initiiert" zu werden. Am Abend nach Ende der Gruppensession kommt er Rita wieder näher. Er hat seine Erwartungen losgelassen. Zu beider Überraschung kann er jetzt plötzlich auch ihre körperliche Nähe gut aushalten. Mit einem gewissen Galgenhumor spielt er mit ihrem Körper. Er fragt wie ein neugieriges Kind, welche

Knöpfe er drücken muss, um sie zu erregen. Rita findet das geil, auch wenn er sich noch recht unbeholfen anstellt. Allein das Spiel mit dem Kondom dauert Stunden, so kommt es ihr vor. Als er dann irgendwann in ihr drin ist, dauert es nicht lange und er ejakuliert. Eine Weile lang scheint unklar, ob es jetzt wegen dieser Enttäuschung ein Drama gibt, bis Rita laut loslacht und Adrian langsam merkt, dass sie ihn nicht auslacht, sondern dass sie sich freut. „Was lachst du?" fragt er sie etwas verlegen. „Ich habe gerade an die göttliche Ekstase gedacht, die du beim ersten Sex erleben wolltest, und ich finde das jetzt einfach einen göttlichen Witz. Ich bin glücklich, dass ich dich initiieren durfte, nicht nur in Sex, sondern auch in richtig menschliches Versagen!" Adrian spürt, dass sie das nicht sarkastisch, sondern liebevoll meint, und er hat das Gefühl, dass zehn Jahre strenger Selbstdisziplin langsam von ihm abfallen.

Auch mich hat es sehr berührt, am nächsten Tag die beiden und ihre Offenheit, mit der sie ihre Erfahrungen mitgeteilt haben, zu erleben.

Unsere Fähigkeit, feste Erwartungen loszulassen, aber weiter für die Erfüllung unserer Wünsche offen zu sein, hängt eng damit zusammen, wie wir mit einem weiteren inneren Widerspruchspaar umgehen: mit unserem Bedürfnis nach Sicherheit und unserer Sehnsucht nach dem Unbekannten, dem Risiko, dem Abenteuer.

Wer wagt Sicherheit und Risiko?

Man weiß nie, was daraus wird, wenn die Dinge verändert werden. Aber weiß man denn, was daraus wird, wenn sie nicht verändert werden?

Elias Canetti

Unsere Kultur gibt uns auch hier kaum Vorbilder, wie wir mit diesem Gegensatz sinnvoll umgehen könnten. Vom sicheren Fernsehsessel aus konsumieren wir die Abenteuer anderer Leute und blenden zugleich aus, wie wir mit unserem vermeintlich sicheren Lebensstil dabei sind – zugespitzt gesagt – die Zukunft der Menschheit zu riskieren.

Beide Bedürfnisse sind tief in uns verankert und stellen uns manchmal vor mehr oder weniger quälende Entscheidungsfragen:

- Soll ich lieber den langweiligen, aber sicheren Job behalten oder die viel interessantere, aber auch unsicherere Stelle annehmen?
- Soll ich meinen Partner in meine geheimen erotischen Fantasien einweihen oder sie lieber für mich behalten?
- Soll ich klarer auf die Frau zugehen, die mir seit Monaten den Kopf verdreht, oder soll ich lieber noch abwarten?
- Sage ich meinem Kollegen, was mir an der Zusammenarbeit stinkt, oder mache ich lieber weiter gute Miene?

Wir Menschen sind normalerweise so gestrickt, dass wir möglichst viel gewinnen und dabei möglichst wenig riskieren wollen. Ausnahmen bestätigen die Regel. Wir blenden dabei aber regelmäßig aus, welches Risiko darin besteht, nichts zu riskieren. Karola und Detlef kommen mit diesem Thema in die Paartherapie.

Karola: Unser Beziehungsleben lief eigentlich in ruhigen Bahnen, bis ich mit dieser Theatergruppe anfing. Wir trainieren Improtheater, das heißt, wir spielen verschiedene Szenen vollkommen aus dem Moment heraus. Mich reizte und ängstigte dies zu Beginn, aber ich dachte, mein Leben könnte durchaus etwas mehr Überraschung vertragen, und dafür war Theaterspielen genau das Richtige.
In dieser Gruppe entdeckte ich völlig neue Seiten an mir. Einmal kam ich unverhofft in die Situation, einen Vamp spielen zu müssen, der einen Mann sexuell um den Finger wickelt. Ich war völlig überrascht, dass mir das einen Heidenspaß machte. Ich konnte bis dahin nämlich Männer nicht leiden, die allzu bald auf Sex aus sind oder gleich diesen abschätzenden Blick drauf haben. Ich glaubte, gute feministische Gründe dafür zu haben, und dachte, das sei entwürdigend usw. Umso

überraschter war ich, dass es mir umgekehrt plötzlich gar nicht dreist genug sein konnte. Als ich Detlef davon erzählte, war er total verunsichert. Ich hatte seine ruhige, besonnene Art immer sehr geschätzt, aber jetzt nervte er mich mit seiner subtil beschwichtigenden Art nach dem Motto: „Ist ja gut, das wird schon wieder!". Im Bett waren wir eigentlich sehr vertraut miteinander, aber es war auch irgendwie immer das Gleiche. Oft blieb es beim Kuscheln. Seine Einfallslosigkeit fing an, mich einzuengen. Aber ich war ja auch nicht anders. Ich spürte nur deutlich, dass etwas Neues ansteht. Hin und wieder habe ich Versuche gemacht, etwas zu verändern, aber diese Versuche, unser Liebesleben etwas aufzupeppen, liefen voll ins Leere, Detlef zog sich immer weiter zurück. Ich fing an, mich woanders umzuschauen, und damit werde ich weiter machen, wenn sich bei uns nichts ändert.

Detlef: Ich verstand Karola immer weniger. Ihre Ideen fand ich so aufgesetzt. Sie wollte ein Blinddate in einem Hotel nachspielen, und ich fand das einfach albern. Einmal kam sie mit einem Analdildo und erzählte mir von meiner Prostata, die ich kennenlernen sollte. Ich ließ mich sogar darauf ein, aber es war unangenehm. Irgendwann merkte ich, dass Karola sich innerlich von mir zurückzog. Es dauerte noch lange, bis ich mich traute, sie darauf anzusprechen. Ich war dann völlig geschockt, als sie mir erzählte, dass sie ganz bewusst nach einem Seitensprung Ausschau hält. Zum Glück konnten wir uns darauf einigen, uns Hilfe zu holen, und ich hoffe sehr, dass es noch nicht zu spät ist. Mir ist jetzt klar, dass ich nicht einfach stur an der alten Beziehung, die wir mal hatten, festhalten kann.

Nicht selten kommen Paare in die Therapie, die gern den alten Status quo wieder herstellen möchten und nicht realisieren, dass der unwiederbringlich vorbei ist. Es ist dann manchmal meine Aufgabe als Therapeut, das Risiko der Nicht-Veränderung ins Spiel zu bringen. Oft bewegt sich etwas, wenn wir – so wie Detlef in dem Beispiel – spüren, dass es keinen Weg zurück gibt, und wir diese

Herausforderung annehmen. Dann werden oft ungeahnte Kräfte frei, die vorher in der Vermeidung des angstbesetzten Neuen gebunden waren.

Umgekehrt gibt es aber auch Menschen, die ihre Sicherheitsbedürfnisse verleugnen, sich permanent überfordern und dann erst durch eine Krankheit darauf aufmerksam werden:

Lisa war viele Jahre unglaublich freizügig, wenn ihr Freund Bernd mit anderen Frauen ins Bett ging. Sie war stolz darauf, ihn nicht besitzen zu wollen. Bernd war ihr sehr dankbar. Dann bekam Lisa häufiger Blasenentzündungen. Sex wurde für sie heikel, weil immer der Schmerz in ihrem Becken lauerte. Bernd zog sich frustriert zurück und lebte seinen Sex immer mehr mit anderen Frauen. Jetzt wurde es Lisa dann doch zu viel, aber sie fühlte sich nicht berechtigt, Bernd Auflagen zu machen, wenn sie doch selbst kaum Sex wollte. Die Blasenentzündungen wurden immer schlimmer. In einer Therapiesitzung sprach sie mit ihrer Blase. Diese sagte ihr in erstaunlicher Klarheit: „Ich trage deine Qual für dich. Du willst nichts davon wissen, dass du Bernds Fremdgehen nicht verkraftest. Also trage ich es für dich."

Hier begann ein langer und herausfordernder Prozess für Lisa, sich ihre wahren Gefühle – und seien sie auch noch so unerleuchtet – einzugestehen und sie in den Kontakt mit Bernd einzubringen.

Bei Georg war es der Tod seines Sohnes, der ihn aufrüttelte:

Ich brauchte die Herausforderung. Wenn ich keinen Stress auf der Arbeit hatte, langweilte ich mich zu Tode. Als mein Arzt mir sagte: „Sie müssen kürzer treten, sonst spielt ihr Herz nicht mehr lange mit!", hätte ich ihm an die Gurgel springen können. „Was bildet der sich ein!", dachte ich. „Der hat keine Ahnung, wie schlimm das für mich ist, wenn ich nicht aktiv sein kann!". Dann starb mein jüngster Sohn bei einem Motorradunfall. Ich stand an seinem Grab und spürte gar nichts. Meine Frau stand neben mir und heulte hemmungslos. Ich stand da und spürte nichts. Ich war entsetzt über mich selbst. War ich so ein gefühlloses Monster, dass ich beim Tod meines eigenen Sohnes keine Trauer empfinden konnte? Meine Frau machte mir keine Vorwürfe. Niemand machte mir Vorwürfe. Aber ich selbst konnte mir nicht mehr in die Augen schauen. Das war der Wendepunkt. Mein ganzer Aktionismus war dazu da gewesen, nichts zu spüren. Weil ich nämlich eigentlich eine riesige Angst hatte zu versagen. Ich hatte mich in all die Risiken gestürzt, weil ich mir ständig etwas beweisen musste. Ich hatte keine Angst, weil ich gar nichts fühlte! Und ich hatte es nicht gemerkt, all die Jahre nicht. Heute kann ich darüber weinen und bin glücklich darüber.

Als Baby erleben wir das ganze Spektrum der Polarität von Sicherheit und Risiko. Es ist ein unglaubliches Wagnis, überhaupt geboren zu werden und sich einem Elternpaar anzuvertrauen. Sind wir dieses Wagnis bewusst eingegangen oder wurden wir in dieses Leben geworfen? Wie auch immer wir dazu stehen, zu Beginn unseres Lebens hatten wir alle noch ein tiefes Grundvertrauen, das uns erlaubte, unsere Bedürfnisse kompromisslos zum Ausdruck zu bringen, auch wenn es ganz und gar nicht sicher war, dass sie erfüllt werden.

Im Laufe unseres Lebens bauen wir eine innere Struktur auf, die den Spielraum zwischen Risiko und Sicherheit immer enger werden lässt. Der Schlüssel zum Verständnis dieser Struktur sind unsere Angst und unsere Strategien, Angst zu vermeiden. Es lohnt sich, hier etwas näher hinzuschauen, wenn wir unseren Spielraum im Leben erweitern möchten.

Die Hierarchie der Ängste und die Stufen ihrer Vermeidung

Wenn wir auf die Welt kommen, leben wir in totaler Abhängigkeit von unserer Umgebung. Allein können wir nicht überleben. Möglicherweise entwickelt sich daraus die

1. Ur-Angst – die Angst vor dem Tod.
Schmerz wird unerträglich und erscheint uns lebensbedrohlich, weil wir ihn nicht begrenzen können. In unserer grenzenlosen Abhängigkeit als Baby erleben wir das so. Wir entwickeln also eine

2. Angst vor Schmerz.
Wir schreien. Wir machen die Erfahrung: Mama (archetypisch gemeint) kommt manchmal, und manchmal kommt sie nicht. Daraus entwickelt sich die

3. Angst vor dem Alleinsein, das heißt dem Verlust der Mutter.
Je älter wir werden, desto mehr machen wir die Erfahrung: Mama ist da, aber sie ist manchmal auch „böse", das heißt, sie kann uns unseren Schmerz nicht nehmen oder fügt uns sogar selbst Schmerz zu. Wir entwickeln eine

4. Angst vor dem Verlust von Mamas Liebe.
Wir lernen dann: Wir können auf Mamas Liebe Einfluss nehmen. Manche unserer Äußerungen werden liebevoll beantwortet, andere nicht. Daraus entsteht die

5. Angst vor den eigenen Impulsen,
die Mamas Liebe aufs Spiel setzen. Wir lernen, unsere Impulse zu kontrollieren.

Dies ist die Geburt des Inneren Kritikers (Über-Ich) als die psychische Instanz, die alle unsere Lebensäußerungen daraufhin kontrolliert, inwieweit sie potenziell im Außen willkommen sind oder nicht. Diese „freiwillige Selbstkontrolle" wird durch schmerzhafte innere Selbstattacken fest etabliert und automatisiert. Folgerichtig bekommen wir

6. Angst vor dem „Über-Ich", das unsere Impulse kontrolliert.
Je Über-Ich-konformer unser Verhalten wird, desto unbewusster wird die Kontrolle. Sie kann aber durch Kritik von außen wieder schmerzhaft fühlbar werden. Wir verwechseln dann Auslöser und Ursache und entwickeln eine

7. Angst vor der Kritik anderer.

Um diese Angst zu reduzieren, lernen wir, unsere ungeliebten Seiten auf andere zu projizieren. Da können wir sie dann – für uns selbst schmerzfrei – verurteilen. Andere reagieren aber auf unsere Urteile, und zwar selten angenehm. Wir bekommen

8. Angst vor der Reaktion anderer auf unsere Kritik (unbewusste Projektion).

Also behalten wir die Kritik lieber bei uns. Wir distanzieren uns. (Diese Stufe ähnelt etwas der 5. Stufe „Angst vor den eigenen Impulsen", weil wir auch etwas von uns zurückhalten. Hier halten wir jedoch nicht unsere unmittelbaren Gefühle und Lebensimpulse zurück, sondern unsere eigenen Angstabwehrmanöver. Diese beiden Ebenen zu verwechseln, führt zu vielen Komplikationen in Beziehungen.) Wir haben jetzt

9. Angst, unsere Kritik an anderen zu äußern.

Wir igeln uns ein, halten Distanz zu uns selbst und zu anderen, um andere nicht so nah an uns heranzulassen, dass unsere Kontrolle aufweichen könnte. Daher entsteht eine

10. Angst vor Liebe, die unseren Schutz aufweichen könnte.

Als Schutz davor finden wir Glaubenssätze, die uns von der Liebe fernhalten und uns fortan unbewusst steuern. Um unsere Angstabwehr zu komplettieren, ergänzen wir sie mit der

11. Angst vor Bewusstheit.

Wir schützen uns davor, unsere Projektionen zu durchschauen, die Funktion unserer Glaubenssätze zu verstehen und uns der gesamten Angsthierarchie bewusst zu werden.

Auf jeder Stufe der Angst schwingt die ganze Palette der darunterliegenden Ängste mit. Wenn eine bewusst wird, führt sie uns potenziell zur nächst tiefer liegenden bis hin zur Todesangst. Deswegen fühlen sich die Ängste bei relativ banalen Anlässen mitunter so an, als ginge es um Leben und Tod.

In dieser Pyramide des Schutzverhaltens entfernen wir uns immer weiter von unseren ursprünglichen Anliegen: unser Überleben, ein Mindestmaß an Zuwendung und unsere Zugehörigkeit zu sichern. Stattdessen werden wir – paradoxerweise durch unsere gelungene Anpassung an unsere Umgebung – zur Bedrohung für uns selbst, die wir aber kaum als solche wahrnehmen. So ist zu erklären, dass wir zum Beispiel in Beziehungen systematisch ein Verhalten an den Tag legen, das unseren wahren Bedürfnissen mehr schadet als nützt. Schauen wir uns ein auf wesentliche Stationen reduziertes Beispiel an, um die Angst-Abwehr-Dynamik zu verdeutlichen. (Die Ziffern entsprechen denen in der obigen Pyramide.)

- Marion ist ein lebenshungriges Baby. Sie schreit oft nach Mama. (2)
- Der ist das zu viel und sie lässt Marion sich „ausschreien", bevor sie sie aufnimmt. (3)
- Marion erlebt Todesangst. (1)
- Mit zunehmendem Alter lernt sie, ihre Schrei-Impulse immer besser zu unterdrücken.
  Mama belohnt sie dafür mit Wärme und Zuwendung. (5)
- Mama wird aber ärgerlich, wenn sie sich vollmacht.(4)
- Marion bekommt Angst vor ihren eigenen Ausscheidungsreflexen.
  Marion bekommt ihre Ausscheidungen durch Kontraktion der Beckenmuskeln unter Kontrolle.
  Sie empfindet diese Kontraktionen manchmal sogar als lustvoll.
  Dann lässt sie los und verliert die Kontrolle, und sie bekommt wieder Ärger mit Mama.
  Sie bekommt Angst vor ihrer Lust. (5)
- Sie sagt sich selbst, dass ihre Lust schlecht ist, weil Mama dann böse wird. Es ist einfacher, sich dafür selbst die Schuld zu geben als Mama, von der sie vollständig abhängig ist. (6)
- Jahre später: Sie nimmt kulturelle Normen aus ihrer Umgebung auf, unter anderem die, dass Mädchen keine Lust haben sollen. Diese fällt bei ihr auf „fruchtbaren Boden".
  Sie beginnt, sich selbst zu attackieren, wenn sie Lust empfindet, und spannt sich dabei an, bis sie im Becken nicht mehr viel spürt.

Jahre später: Marion kommt in die Pubertät. Sie spürt keine Lust im Becken, Geilheit kennt sie nicht. (6)

- Jahre später: Marion verachtet Männer, die in ihrem Körper gar nicht präsent sind und trotzdem Sex wollen. (7)
- Jahre später: Sie meidet Männer, denn „die verstehen mich sowieso nicht". (8/9)
- Jahre später: Sie kommt auch allein klar. „Wir leben in einer Phase, wo Frauen mal bei sich bleiben sollten", redet sie sich ein und betäubt damit ihre Sehnsucht. (10)
- Jahre später: Marion erlebt eine Krise in ihrem Leben und begibt sich auf den Weg zurück durch ihre Ängste und deren Abwehr. (11-1)

Der Innere Kritiker und die Entwicklung von Selbstliebe

In der Phase, in der Marion anfängt zu glauben, dass ihre Lust schlecht ist, wird der Innere Kritiker in ihrer Psyche installiert. Die meisten Verwirrungen in unserem Gefühlsleben sind eine Folge seines Wirkens. Wir verlernen systematisch, unseren eigenen Gefühlen und Impulsen zu vertrauen und richten uns nach Maßstäben, die von außen kommen. Um nicht immer wieder auf schmerzhafte Weise mit diesen Maßstäben in Konflikt zu geraten, machen wir sie uns zu eigen und üben sozusagen vorauseilenden Gehorsam. Dies ist eine absolut sinnvolle Maßnahme für ein Kind, das von Mamas Zuwendung abhängig ist. Es macht jedoch später die Unterscheidung schwer, was unsere eigenen Gefühle und was verinnerlichte Regungen anderer sind. Solange wir diese beiden Seiten in uns nicht auseinanderhalten können, knüpfen wir aus unseren Gefühlen permanent einen inneren Knoten. Daraus entstehen in der Folge vielfältige Beziehungskonflikte. Die ursprünglich hilfreiche Signalwirkung unserer Gefühle kann sich in ihr Gegenteil verkehren: Sie führen uns in die Irre.

Der Innere Kritiker spielt eine, wenn nicht die zentrale Rolle in unserer psychischen Landschaft. Aus der Angsthierarchie heraus wird er verständlich. Er dient eigentlich unserem Schutz, auch wenn er später zu unserem größten Feind wird. Es hilft nichts, den Inneren Kritiker zu kritisieren, denn das macht ihn logischerweise nur stärker. Es hilft jedoch, Verständnis zu entwickeln für die Widersprüchlichkeit unserer Schutzbedürfnisse, aus denen der Kritiker entstanden ist, und unserer Lust auf Authentizität, Freiheit und Abenteuer. Hier sind wir wieder an dem Tor, wo inmitten der Widersprüche ein Raum entsteht, der Wachstum möglich macht. In diesem Raum können wir Angst haben und uns diese auch zugestehen und zugleich mutig sein und Neues riskieren. Wir müssen nicht – wie viele Menschen glauben – erst unsere Angst überwinden. Sie ist unsere Begleiterin, die uns zurück in die Tiefe führt. Den Inneren Kritiker zu verstehen, ihn zugleich anzunehmen und ihm auch Grenzen zu setzen, diese Herausforderung ist typisch für den Prozess, in dem wir uns selbst lieben lernen. Auch dieser Prozess ist, das wird jetzt keinen mehr überraschen, widersprüchlich.

Regina, eine Frau um die vierzig, ist im Hader mit ihrem Körper. Sie hat einige Diäten hinter sich, aber ihre Idealfigur hat sie noch nie erreicht und so kommt es, dass sie immer wieder kräftig zunimmt. Zwischen der Anmeldung zum Tantra-Kurs und dem Beginn hat sie zehn Kilo zugenommen und war kurz davor, abzusagen. Sie kommt aber trotzdem, denn „gekniffen habe ich schon allzu oft", wie sie sagt. In den ersten beiden Tagen wird sie eher gemieden, sie bleibt bei Wahlsituationen oft eine der letzten, die einen Partner bzw. eine Gruppe finden. Sie scheint damit gelassen umzugehen.

An einem Morgen, in einer Mitteilungs-Runde, packt sie aus: „Ihr denkt vielleicht, dass ich hier ganz gut klar komme. Aber ich bin kurz davor abzureisen. Glaubt ihr, ich merke nicht, dass ich immer eine der letzten bin, die gewählt werden? Ich kann es euch aber auch gar nicht verdenken! Ich würde mich auch nicht wählen. Ich hasse gerade mal wieder meinen Körper. Ich weiß, dass ich mich zuerst mal selbst lieben muss, bevor jemand anderes mich lieben kann, aber ich schäme mich einfach unglaublich, dass ich so aussehe, und da kann ich mich beim besten Willen nicht lieben!" Sie fängt an zu weinen. Rolf, ein Mann aus der Gruppe, will sie trösten: „Ich mag dich, und ich würde auch gern mal eine Übung mit dir machen …" Regina fährt dazwischen: „Ich will keine Almosen! Ich glaube, das Schlimmste, was ihr mir antun könnt, ist mit mir zusammen zu sein, obwohl ihr das gar nicht wollt!" Jetzt herrscht Schweigen in der Gruppe. Regina weint. Das Weinen fühlt sich lösend an, und die Spannung in der Gruppe lässt langsam nach. Nach zwei Minuten schaut sie in die Runde und ein Lächeln huscht über ihr Gesicht. „Danke, dass ich mich so zeigen durfte! Ich glaube, jetzt liebe ich mich ein bisschen mehr!"

Anzuerkennen, dass wir uns oder bestimmte Dinge an uns nicht lieben, ist oft der erste Schritt zur Selbstliebe[28]. Wir lassen Raum für das, was ist, und damit laden wir die Liebe ein. Je tiefer wir in die Selbst-Annahme gehen, desto eher begegnen wir auch hier Widersprüchen. Uns selbst zu lieben, das bedeutet, uns selbst ohne wenn und aber anzunehmen, mit unserem Körper, mit allen unseren Gefühlen, Gedanken und Verhaltensweisen. Was aber, wenn wir entdecken, dass wir Aspekte von uns selbst ablehnen oder dass wir uns mit unserem Verhalten selbst schaden? Wenn wir rauchen, zu viel arbeiten oder uns von der Liebe anderer so abhängig machen, dass wir uns selbst klein halten? Wenn wir Selbstliebe als eine „rosarote Soße" darüber gießen, dann werden wir an der Oberfläche bleiben.

Wie liebe ich mich darin, dass ich mich nicht liebe? Was bedeutet Selbst-Liebe, wenn ich mit mir selbst in Konflikt bin? Liebe ich meine Nikotinsucht, dann missachte ich mein Bedürfnis nach einer gesunden Lunge. Liebe ich mich in meinem Bedürfnis nach Gesundheit, dann muss ich meiner Lust aufs Rauchen zu Leibe rücken. Es gibt keinen Ausweg aus dieser Art Dilemma. Wir werden im Kapitel „Liebe und Partnerschaft" noch sehen, wie wir dafür in unseren Beziehungen einen Ausweg suchen, obwohl auch der nicht funktioniert.

Wir können uns über unser Dilemma mehr oder weniger lang

hinwegtäuschen oder davor weglaufen. Wir können aber auch innehalten und uns der Unmöglichkeit stellen, uns vollständig anzunehmen. Genau hier geht die Tür auf in den Raum, der größer ist als wir selbst.

Uns selbst zu lieben, kann nur dann in die Tiefe führen, wenn wir uns dieses Dilemma eingestehen. Wir möchten zugleich so sein und bleiben dürfen wie wir sind *und* wir möchten uns so verändern, wie wir sein wollen! Das Schöne daran ist, dass wirkliche Liebe, die mehr ist als Selbstberuhigung und Selbstbeschwichtigung, Platz für Widersprüche hat. Sie atmet sogar darin. Der Prozess der Selbstliebe ist der Dreh- und Angelpunkt unserer Entwicklung, vor allem auch der Heilung unserer Gefühle. Uns widersprüchliche Gefühle zugestehen zu können, ist ein Meilenstein in diesem Prozess.

Gedanken schmieden Zwickmühlen

Je mehr wir uns der Ebene unserer Gedanken nähern, umso verzwickter werden unsere Widersprüche. Unser Verstand ist permanent darauf aus, Widersprüche zu eliminieren oder zumindest zu minimieren. Der Verstand mag Eindeutigkeit. Wenn A wahr ist, kann das Gegenteil B nicht auch wahr sein. Wenn ich eine rote Hose anhabe, dann ist sie rot und nicht grün. Mit dieser Art zu denken sind wir weit gekommen. Vieles im Leben funktioniert auf der Grundlage dieser Logik. Computer sind heute in der Lage, unsere Welt weitestgehend digital zu simulieren, mit nur zwei Ziffern, „0" und „1". Wir leben schon zu einem großen Teil in einer digitalen, virtuellen Welt. Leider – oder zum Glück! – bleibt es eine Simulation. Das Leben selbst entzieht sich dieser Logik. Das ist für unseren Verstand eine harte Nuss.

Die Wissenschaft ist uns da schon etwas voraus. Bei dem klassischen Beispiel aus der Physik, dem sogenannten Welle-Teilchen-Dualismus des Lichts, hat die „Wer hat recht?"-Debatte längst der

Erkenntnis Platz gemacht, dass das Ergebnis von der Anlage des Experiments, das heißt vom Betrachter abhängt.

Es gibt zwei Arten von Wahrheiten. Bei der flachen ist das Gegenteil von einer wahren Aussage falsch. In der tieferen ist das Gegenteil von einer wahren Aussage ebenso wahr.[29]

Diese Erkenntnis des berühmten Physikers Niels Bohr hat sich in den tiefen Programmierungen unseres Alltagsverstandes noch lange nicht durchgesetzt, und das, obwohl unsere gesamte moderne Technologie auf der neuen Physik aufbaut[30]. Wir denken weiter in Kategorien von „richtig und falsch", ohne uns der grundlegenden Bedingtheit solcher Kriterien bewusst zu sein.

Die eigentliche Tragik des Verstandes ist es, dass er in dem Versuch, Eindeutigkeit herzustellen, selbst Widersprüche produziert, und das zuhauf.

Das Leben ist nämlich nicht eindeutig. Das Leben ist zuweilen gnadenlos vieldeutig. Die Katze frisst die Maus. Der Katze gefällt das, der Maus nicht. Die Maus flieht, so lange sie kann. Wenn die Katze sie erwischt, tötet sie sie und spielt noch mit dem Kadaver der Maus. Was sollen wir davon halten?

Solange uns das nichts angeht, können wir das leicht als natürliches Phänomen akzeptieren. Was aber, wenn die Maus mein Haustier und mir ans Herz gewachsen ist? Sobald ein Subjekt ins Spiel kommt – und wir sind alle Subjekte – ist es mit der Toleranz der Vielstimmigkeit vorbei. Wir beziehen einen Standpunkt, wir ergreifen Partei. Wir urteilen und werten. Beides ist notwendig um zu überleben. Wir vergessen nur irgendwann, dass unsere Urteile und Wertungen subjektiv sind, und dass sich die Welt für andere Wesen ganz anders darstellt und von ihnen auch ganz anders bewertet wird. In jedem Kontakt mit der Welt begegnen wir diesem Dilemma. Durch meine Lebendigkeit müssen andere Wesen sterben. Selbst der achtsamste Buddhist, der keiner Fliege etwas zuleide tun möchte, kann nicht verhindern, hier und da ein Lebewesen platt zu treten. Es ist einfach unmöglich, ein Leben zu führen, das konsequent unseren eigenen Vorstellungen entspricht.

Warum fragen wir warum?

Jetzt fängt der Verstand an zu arbeiten. Warum darf die Katze die Maus fressen? Es ist grausam. Darf die Katze mehr als ich? Warum dürfen wir Tiere quälen? Sind wir selbst Tiere? Sind wir selbst Teil der Natur? Warum versuchen wir dann, die Natur zu beherrschen? Oder beherrscht die Natur uns, und unser Versuch, uns über die Natur zu erheben, ist eine besondere Eigenart unserer Natur? Warum? Warum? Warum?

In einer bestimmten Phase unserer Entwicklung stellen wir ständig solche Fragen, bis es unseren Eltern zum Hals heraus hängt. Wir lernen, dass manche Dinge „eben einfach so sind" und damit Schluss. Jetzt hat unser Verstand Eindeutigkeit. Das Problem taucht erst dann wieder auf, wenn wir die bittere Erfahrung machen, dass die Eindeutigkeit unserer Eltern nicht überall gilt. Die Eindeutigkeit unseres Elternhauses infrage zu stellen, bedroht möglicherweise unser existenzielles Bedürfnis nach Zugehörigkeit. Sie nicht infrage zu stellen, bedroht unsere Möglichkeiten zu friedlichem Kontakt mit anderen Welten, jenseits des Elternhauses bzw. deren Wertehierarchie. Dieser Konflikt zwischen Zugehörigkeit und Autonomie ist besonders kennzeichnend für die Pubertät. Leider haben wir in dieser Phase allzu oft nur ein Weltbild gegen ein anderes ausgetauscht, anstatt unser Weltbild insgesamt für Gegensätze zu öffnen.

Der Verstand als solcher mag Eindeutigkeit, aber er könnte durchaus akzeptieren, dass jede Eindeutigkeit rein subjektiv und für jeden anders ist. Das wäre doch leicht zu verstehen, oder? Das Problem entsteht genau an der Stelle, wo wir die Subjektivität oder Relativität unseres Denkens, Fühlens und Handelns aus dem Blick verlieren. Warum geschieht das?

Ein wichtiger Grund mag sein, dass wir unsere Subjektivität als schwach erleben. Diese Einschätzung stammt zum großen Teil aus der Kindheit, als wir mit unserem individuellen Willen und unserem Anderssein nicht ernst genommen wurden. Eltern, Lehrer und weitere Erwachsene, denen wir ausgeliefert waren, haben mit Verweis auf vermeintlich objektive Maßstäbe versucht, uns die Flausen auszutreiben. Wir haben daraus gelernt. Wenn wir uns durchsetzen wollen, berufen wir uns lieber auf allgemeine Maßstäbe, anstatt bei uns zu bleiben. Wir beziehen daraus Stärke, allerdings eine Pseudostärke. Wir müssen jetzt unsererseits unsere persönlichen Urteile und Wertvorstellungen als objektive Kriterien verkaufen, was am besten gelingt, wenn wir selbst daran glauben. Wir sehen sie auch für andere als verbindlich an. Hier beginnt der Krieg in unseren Gedanken. Und wir geraten in einen Teufelskreis:

Wo immer wir auf den selbst gestrickten Widerspruch zwischen dem unbewussten Glaubenssatz „Meine subjektiven Wertungen gelten auch für andere!" und der Erfahrung „Andere halten sich nicht daran!" aufmerksam gemacht werden, reagieren wir mit neuen Wertungen und Urteilen: „Der weiß nicht, was sich gehört!" oder esoterisch korrekter „Sie ist einfach noch sehr egobehaftet!". Mit solchen Urteilen versuchen wir, uns die Widersprüche vom Hals zu halten, die wir selbst kreiert haben. So retten wir uns vor der Erkenntnis, dass das Leben selbst widersprüchlich ist, das heißt, in verschiedenen Subjekten mit ganz unterschiedlichen Perspektiven zum Ausdruck kommt und doch eine Einheit bildet. Diese Erkenntnis können wir allerdings auch gewinnen, indem wir einfach nur nach innen schauen.

Wer bin ich?

Diese so simple Frage hat es in sich. Manche spirituelle Traditionen benutzen sie als den Königsweg zur Erleuchtung. In manchen „Enlightenment Intensive"-Seminaren wird diese Frage tagelang wiederholt, bis wir alle unsere Identifikationen als hohl durchschaut haben. Hier eine Kette von Antworten, denen ich schon begegnet bin: Wer bin ich?

Saleem – ein Mann – ein weißer Mann mittleren Alters – Tantra-Lehrer – schüchtern – ein Mensch – ein menschlicher Körper – ein geiler Bock – ein verletzlicher Körper – eine Seele in einem Körper – eine zeitlose Präsenz in einem zeitlichen Erleben – ein Klugscheißer – ein fühlendes Wesen – „Was für eine blöde Frage!" – ein Mysterium – ein Nein – ein Ja – ein nicht Wissen – ein Besserwisser – ein Gewahrsein – etwas konstant sich wandelndes – Nichts – Nebel – ein Gedanke – noch ein Gedanke – lauter Gedanken – eine Welle auf dem Ozean – ein Poet – ein Möchtegern-Poet – Stille –

Wenn ich meine spontanen Antworten noch mal durchlese, habe ich gemischte Gefühle, von Scham über Stolz bis hin zu Frieden. Aber irgendwie lasse ich es nicht wirklich an mich heran, dass ich dies alles bin. Mit der Frage „Wer bin ich?" begegnen wir einem fundamentalen und existenziellen inneren Widerspruch: Wir fühlen uns und verhalten uns gewöhnlich so, als seien wir ein klar definierbares, abgegrenztes Wesen. Wenn wir aber genauer hinschauen, dann verschwindet es. Oder es verschwindet die Abgrenzung. Wir entdecken, dass wir uns beliebig identifizieren, uns sozusagen eine beliebige Identität zulegen können. Diese schmücken wir dann mit Eigenschaften unseres Körpers, unseres Charakters, unserer Denkweise oder unserer Stellung innerhalb unserer Gemeinschaft aus. Irgendwann glauben wir, dass wir das sind. Wir vergessen den Vorgang der Identifikation. Mindestens eine, manchmal auch mehrere solcher Identitäten haben wir uns im Laufe unseres Lebens zugelegt und verteidigen sie mit Inbrunst, wenn sie angegriffen werden oder wir „uns" angegriffen fühlen. „So bin ich doch gar nicht!" oder „Das würde ich nie tun!" oder „Du siehst mich nicht!". Viel Energie ist in diese Verteidigung investiert. Doch wenn wir unsere Identität vorbehaltlos selbst untersuchen, dann löst sie sich auf. Wir entdecken, dass wir durchaus auch ganz anders sein könnten. Wir entdecken, dass wir uns von jedem Aspekt des Lebens gespiegelt sehen können. Wir sind alles – oder nichts. Moritz erzählt:

Meine Reise begann mit einer Auszeit in einem Kloster. Ich hatte es in der „Men's Health" oder in irgendeiner Zeitschrift gelesen. Ein Kloster für gestresste Manager. Meine Frau hat mich belächelt: „Das hältst du niemals eine Woche durch! Du mit deinem permanenten Tatendrang!" Ich ließ sie reden. Vielleicht hatte sie ja recht.

Das ganze Ambiente dort war nicht mein Stil. Es war auch nicht leicht, auf den gewohnten Komfort zu verzichten. Das Essen, na ja, Pellkartoffeln mit Quark war noch etwas vom Feinsten. In den ersten Tagen wurde ich immer unruhiger, und ich dachte schon, ich müsse mal mit dem Pater sprechen. Für „Notfälle" war das erlaubt. Ansonsten war Schweigen angesagt. Ich fing an, mich über alles Mögliche zu ärgern. Ich bin sonst nicht so ein Miesepeter, aber plötzlich konnte ich alle Miesepeter dieser Welt verstehen. Es wäre mir ein Hochgenuss gewesen, mal so richtig über dieses ganze aufgesetzte Heilige in den Klostermauern abzulästern. „Mann, Moritz", sagte ich mir, „was für ein Teufel hat dich geritten, dich für so etwas anzumelden?"

Komischerweise kam es jedoch überhaupt nicht infrage, abzureisen, obwohl das natürlich jederzeit möglich gewesen wäre. Es war nicht deswegen, weil ich meiner Frau den Triumph nicht gönnen wollte. Nein, es war, so komisch das klingt, ein innerer Ruf: „Bleib hier!"

Am vorletzten Tag hatte ich dann ein Erlebnis, das man schon als mystisch deklarieren könnte. Mein Körpergefühl veränderte sich, mein Körper wurde zu einer wabernden Masse, aber nicht unangenehm. Ich saß auf meinem Meditationshocker, aber innerlich schwamm alles hin und her. Als wenn ich nicht mehr aus fester Materie bestehen würde. Erst dachte ich, man habe Pilze ins Essen geschleust. Glaube ich aber nicht, die Klosterküche macht schon einen eher seriösen Eindruck.

Dann hatte ich plötzlich Gedanken, von denen ich mir vollkommen sicher war, dass es nicht meine waren! Und eine Weile später dachte ich plötzlich ein paar Sätze in Französisch. Der Witz ist: Ich kann gar kein Französisch! Aber ich wusste: Mein Nebenmann war aus der französischen Schweiz. War ich jetzt verrückt? Mir wurde etwas mulmig, aber ich blieb dabei. Das hatte uns der Pater gut beigebracht: einfach beobachten, was in dir geschieht. Nichts dazu tun und nichts wegnehmen. Also blieb ich dabei und plötzlich hatte ich ein Gefühl von unglaublicher Leichtigkeit. Es war, als schwebte ich über mir. Ich fühlte mich zugleich voller Liebe und vollkommen leer. Es dauerte Minuten oder Stunden – ich habe keine Ahnung, aber es waren wohl eher Minuten. Dann kippte plötzlich mein Kopf nach vorn, als wäre ich eingeschlafen. Ich erschrak und öffnete die Augen. Das hätte ich nicht tun sollen. Es war wie ein Schock. Ich fühlte mich in diesem Körper plötzlich wie in einem Gefängnis. Fremd. War das mein Körper? Ich wollte zurück in diesen himmlischen Zustand, aber es gab kein Zurück. Auch in den letzten beiden Tagen nicht.

Ich habe später den Pater gefragt, was ich von diesem Erlebnis halten sollte. Er hörte sehr aufmerksam zu und tat so, als würde ihn nichts wundern. Er tat auch etwas geheimnisvoll, als wolle er mir nicht alles sagen. Jedenfalls half er mir, wieder mehr zur Ruhe zu kommen und nicht so viel über das Erlebnis nachzugrübeln.

Es war ein Beginn. Ohne dass ich mir hätte Mühe geben müssen, veränderte sich mein Leben grundlegend. Wo ich früher verbissen war und alles unbedingt nach meinen Vorstellungen gehen musste, da fiel es mir immer leichter loszulassen. Ich glaube, das Erlebnis war so etwas wie Gnade. Eine Gnade, die mir gezeigt hat, dass das Wesentliche im Leben vollkommen jenseits meiner Kontrolle liegt. Am begeistertsten von meiner mysteriösen Wandlung sind meine Kinder. „Papa, gehst du wieder mal ins Kloster?" heißt es, wenn ich wieder mal in meinen alten Befehlston zurückfalle. Dann muss ich selbst lachen, weil, ich weiß, dass ich das nicht mehr bin. Aber wer bin ich?

Identität als kosmisches Missgeschick?

Wer bist du? Manche spirituelle Schule möchte uns so schnell wie möglich an das rettende Ufer jenseits aller Identitäten bringen: zur vollständigen Realisation dessen, wer wir in Wahrheit sind. Das Angebot klingt verlockend. Aber welches Motiv steht jeweils dahinter? Warum wollen oder sollen wir unsere Identität loslassen?

Es scheint uns allen mehr oder weniger in die Wiege gelegt zu sein, dass wir uns im Laufe unseres Lebens eine Identität zulegen und diese immer wieder gern verteidigen. Handelt es sich bei der Entwicklung unseres Ego um eine Art verhängnisvollen Unfall? Um ein riesiges Missverständnis? Um eine tragische Fehlentwicklung unserer Kindheit? Um einen kosmischen Sündenfall? Oder um sonst irgendetwas eigentlich völlig Unnötiges? Oder ist es einfach menschlich? Und wenn es menschlich ist, liegt es dann in unserer Bestimmung, unser Menschsein möglichst schnell wieder zugunsten göttlicher Sphären aufzugeben oder hat unsere getrennte, individuelle Existenz einen eigenen Sinn?

Zum Menschsein gehören unser begrenzter Körper, unsere Psyche mit ihren vielfältigen Gefühlen und ihrer Verletzbarkeit, unser mehr oder weniger weiter Intellekt mit seinen unzähligen Gedanken und dann unser Potenzial eines unendlichen Gewahrseins – jenseits aller Begrenzungen, wie es Moritz zumindest ahnen konnte. Das alles macht unsere Erfahrung als Menschen aus, und diese Erfahrung ist natürlich *widersprüchlich*. Sollte dies anders sein? Paradoxerweise bleiben wir umso mehr darin gefangen, je mehr wir glauben, es sollte anders sein. Finden wir uns jedoch einfach mit allem ab, wie es ist, bleiben wir womöglich weit hinter unseren Möglichkeiten zurück. Ein Koan.

Reife und Nicht-Wissen

Der Königsweg, die gedanklichen Widersprüche zu transzendieren, ist nach meiner Erfahrung die Bereitschaft, nicht zu wissen. Durch diese Bereitschaft kommen wir zunächst mal aus dem Teufelskreis heraus, dass wir ständig die Probleme und Widersprüche, die wir beseitigen möchten, letztlich noch verschärfen. Der spirituelle Lehrer Arjuna Ardagh sagt es so:

Der transluzente Anstoß bedeutet, erst einmal eine Überzeugung als das
zu erkennen, was sie ist: eine unnötige Überlagerung der simplen Realität. Es ist die Fähigkeit, das Nichtwissen als einen reiferen Zustand als
das Leben in Meinungen willkommen zu heißen ...[31]

Bezogen auf unsere inneren Widersprüche bedeutet das:

- Wir lauschen der Weisheit unseres Körpers, auch wenn wir sie
  nicht verstehen.
- Wir sind bereit, uns ganz auf unsere Gefühle einzulassen, auch
  wenn wir uns zuweilen darin verirren.
- Unsere Wünsche und unsere Hindernisse bilden zusammen
  einen Tanz.
- Auch Risiken und Ängste zu vermeiden, birgt große Risiken.
- Unser Innerer Kritiker verletzt uns in der Absicht, uns vor Ver-
  letzung zu schützen.
- Unsere Selbstliebe inmitten des Chaos ist unser Kompass.
- Unsere Gedanken sind Filter, mit denen wir das Leben bewäl-
  tigen, vielleicht auch überwältigen, aber nie ganz erfassen können. Bescheidenheit auf der Ebene unseres Verstandes öffnet uns
  für unsere Menschlichkeit.
- Wir wissen nicht, wer wir sind. Darin kommen wir uns wirklich nah.

Paul Watzlawick weist darauf hin, wie relevant dies nicht nur für uns
als Individuen ist, sondern auch für unsere Kultur und für unser
Zusammenleben auf diesem Planeten:

Die Geschichte der Menschheit zeigt, dass es kaum eine mörderischere, despotischere Idee gibt als den Wahn einer „wirklichen" Wirklichkeit (womit natürlich die eigene Sicht gemeint ist), mit all den schrecklichen Folgen, die sich aus dieser wahnhaften Grundannahme dann
streng logisch ableiten lassen. Die Fähigkeit, mit relativen Wahrheiten
zu leben, mit Fragen, auf die es keine Antwort gibt, mit dem Wissen,

nichts zu wissen, und mit den paradoxen Ungewissheiten der Existenz, dürfte dagegen das Wesen menschlicher Reife und der daraus folgenden Toleranz für andere sein.[32]

Dass diese Toleranz, der Raum für das Anderssein, alles andere als windelweich sein muss, sondern scharf, heiß und erotisch werden kann, das untersuchen wir nun im Sex. Mit der Betrachtung unseres Innenlebens sind wir bereits auf hohe See hinausgefahren. Jetzt geht's in tropische Gewässer. In den palmenbestandenen Buchten dieser Gewässer spielen idyllische Liebesgeschichten. Sexualität hat aber auch die Kraft von Wirbelstürmen und Tsunamis.

Wenn solche heftigeren Emotionen sich beim Lesen des nächsten Kapitels bei dir ankündigen, beobachte genau, wie du versuchst, dich in Sicherheit zu bringen! Oder genieße sie!

Sex und unsere
Lust am Widerspruch

Ich liebe Sex. Ohne die Erfahrungen in meiner Sexualität wäre
ich nie auf die Idee gekommen, dass Widersprüche lustvoll sein
können. Lust braucht Polarität, damit sie schwingen und pulsie-
ren kann. Lust braucht Widerstand, um sich mit Energie aufzu-
laden. Der sexuelle Tanz wird in vielen Varianten getanzt. Er
kann eher grob sein oder subtil. In jedem Fall braucht die Lust
das Gegenüber unterschiedlicher Energien, die miteinander tanzen. In der erlösenden Harmonie vollständiger Einheit löst sich
die Lust auf, der Sex verschwindet in der Stille des Nichts. Vielleicht ist dies das große Ziel, der stille Orgasmus[33], ein Vorge-
schmack der Erleuchtung, wer weiß. Aber bis dahin zeigt uns
Sex, wie wir Freude an der Dualität und Polarität des Lebens
haben können.

Wenn wir uns einen prallen, pulsierenden Lingam vorstellen
und eine feuchte, sich weitende und öffnende Yoni[34], und diese
Bilder tief in uns hinein sinken lassen, dann ahnen wir etwas von
der tiefen Intelligenz und Lebensfreude, die im Wesen jeder Polarität angelegt ist. In alten Kulturen wurden Yoni und Lingam
in überdimensionalen Skulpturen abgebildet und verehrt. Heute
sind sie aus der Öffentlichkeit weitgehend verbannt und werden
in abgespaltener Heimlichkeit umso mehr konsumiert. Wir alle
sind in diesem Bereich tief verletzt. Auf die direkte Abbildung
unserer Sexualorgane im erregten, lustvollen Zustand reagieren
wir vielleicht mit Geilheit, vielleicht verstört, vielleicht mit
schlechtem Gewissen, vielleicht mit Empörung, vielleicht auch
mit Ekel und Abscheu. Welches Gefühl ist dabei das ursprüngli-

che? Das ist gar nicht leicht herauszufinden, denn wir sind gerade im sexuellen Bereich überflutet von Einflüssen verschiedenster Art, vom rigiden Tabu bis hin zur verordneten Freizügigkeit. Oft ringt der Verstand mit sich selbst und seinen endlosen Gedanken und blockiert damit das direkte Erleben. Das beginnt bereits beim Betrachten sexueller Bilder. Hans berichtet in seltener Offenheit:

Früher habe ich Pornos immer heimlich und immer mit einem schlechten Gewissen betrachtet. Ich habe mich damit aufgegeilt. Nachdem ich gekommen war, haben mich die gleichen Bilder, die mich vorher scharf gemacht hatten, plötzlich angeekelt. Es war total abgespalten. Nachdem wir in einem Männerworkshop ganz offen über Pornos gesprochen und damit experimentiert hatten, hat sich meine Einstellung gewandelt. Ich habe gemerkt, dass es wesentlich auf meinen Blick ankommt. Ich finde, Möse und Schwanz sind etwas Wunderbares. Mir ist klar, dass die Pornobranche eine sehr deformierte Sexualität in Szene setzt und vermarktet. Trotzdem bin ich dankbar, dass es Menschen gibt, die sich mit ihrem Sex ganz offen zeigen, und wenn es nur auf Bildern ist. Es mag albern klingen, aber ich empfinde heute manchmal eine heilige Ergriffenheit, wenn ich einen Porno anschaue. Und die ist nicht weniger geil als die verstohlene und verschämte Geilheit von früher.

Die Körperregionen, die wir normalerweise nur in Pornos zu sehen bekommen, nennen wir umgangssprachlich auch „Schambereich". Damit ist alles gesagt. Die Freude an unseren Erlebnismöglichkeiten in der Schamzone unseres Körpers ist getrübt. Kein Wunder, dass viele Geheimnisse unserer sexuellen Anatomie auch Jahrzehnte nach der sexuellen Revolution noch unentdeckt sind. Es ist noch nicht lange her, da galten die lustvollen Verlockungen der Genitalien als Versuchung des Teufels.

Weibliche und männliche Anatomie: ein Scherz der Natur?

Heute steckt der Teufel eher in den Details. Obwohl Sex inzwischen im Großen und Ganzen als wichtiger Teil menschlicher Erfahrung akzeptiert wird, geraten wir von der mühsam wiedergewonnenen Unschuld als sexuelle Wesen geradewegs in den Stress sexueller Erwartungen und Leistungsansprüche. Unter der Flut sexueller Auf- und Verklärung und deren Vermarktung haben viele Frauen und Männer das Vertrauen verloren, dass Mann und Frau überhaupt zusammen passen. Das fängt schon beim (Un-)Verständnis unserer sexuellen Anatomie an. Mit der Klitoris, die längst nicht immer bei einer sexuellen Vereinigung stimuliert wird, scheint Gott – Göttin kann dies wohl kaum gewesen sein, es sei denn sie ist lesbisch – eine verhängnisvolle Fehlkonstruktion gelungen zu sein, die ungezählten Generationen den Spaß am Sex verdorben hat. Wenn wir manchen Sexualstudien glauben wollen, scheinen Frauen mit einem Schwanz eigentlich gar nicht so viel anfangen zu können. 95 Prozent der Frauen berühren sich angeblich bei der Selbstbefriedigung nur an der Klitoris und ihren äußeren Geschlechtsorganen, das innere der Vagina bleibt unberührt.[35] Frauen werden und fühlen sich immer mehr ermutigt, endlich dazu zu stehen und sich nicht mehr den Männern zuliebe von dort abbringen zu lassen, wo ihre Lust ihr Zentrum hat: von der Klitoris. Wir aufgeklärten Männer haben das alles natürlich schon lange zur Kenntnis genommen und unser sexuelles Repertoire darauf eingestellt. Ob wir den Schock für das männliche Ego jedoch auch schon voll und ganz verdaut haben? Harry erzählt uns von der Irrungen und Wirrungen rund um das einzige Organ, das die Natur ausschließlich zur Feier der Lust[36] erfunden hat:

Ich habe mir an Frauen schon des Öfteren im wahrsten Sinne die Finger verbrannt. Ich gehöre nicht zu den Männern, denen die Lust der Frau gleichgültig ist. Mich törnt es total an, wenn ich die Frau richtig scharf machen kann. Nur ist es jedes Mal ein Geheimnis, wie der Weg dorthin aussieht. Zu zielstrebig darf ich nicht sein, das habe ich begriffen. Aber manche Frauen scheinen zu denken, ich hätte die Lektion in Sachen Klitoris noch nicht mitbekommen, wenn ich sie dort nicht ausgiebig manuell und oral befriedige, bevor ich in sie eindringen will. Andere Frauen geraten aber genau umkehrt total unter Stress, wenn ich die Klitoris liebkose. Sie denken dann, ich würde denken, dass sie wie auf Knopfdruck abgehen müssen wie eine Rakete. Sie nehmen es mir regelrecht übel, und das verletzt mich sehr, denn ich will ihr doch Lust bereiten. Den Gipfel der Verwirrung erlebte ich neulich mit einer Frau, der in einem Tantra-Kurs von der Leiterin empfohlen worden war, die Klitoris zunächst ganz zu vergessen und sich beim Sex auch ohne Erregung zu vereinigen, sogar mit nicht erigiertem Penis, und dann abzuwarten, was von allein passiert. Mir ist die Kinnlade runtergefallen. Die Frauen, wer kann sie wohl verstehen? Aber um ehrlich zu sein, irgendwie gefällt es mir auch, dass sie alle anders sind. Das macht es unglaublich spannend.

Lisa gibt uns einen tieferen Einblick, welchen Dimensionen sie bei der Erforschung von Klitoris und Vagina begegnet ist:

Meine Klitoris – ich nenne sie liebevoll Clio – war lange Zeit das absolute Zentrum meiner Lust. Mein Freund war sehr verständnisvoll und brachte mich immer zuerst mindestens einmal zum Höhepunkt, bevor er in mich rein kam. Ich brauchte das, um mich zu öffnen. Die Vereinigung genoss ich dann sehr. Ich hatte kein Ziel mehr und konnte mich ganz der emotionalen Nähe mit Tim hingeben. Ich genoss es, seinen Lingam in mir zu fühlen, ich fühlte mich ausgefüllt und begehrt. Aber richtig geil war es nicht. Dann las ich eines Tages etwas über den G-Punkt, was mich neugierig gemacht hat. Ich fing an, mich auch im Inneren der Vagina bewusster zu erforschen. Am Anfang war es gar nicht so leicht, es war sogar unangenehm. Gerade die Region um den G-Punkt war entweder wie taub oder es fühlte sich so an, als wenn ich pinkeln müsste. Dann kam ich auf die Idee, mich dort zu erforschen, kurz bevor ich sonst klitoral gekommen wäre. Es fiel mir gar nicht leicht, kurz vor einem Orgasmus zu stoppen. Das wird immer den Männern nachgesagt, aber ich kann das gut verstehen. Wenn es mir gelang, auf diesem hohen Erregungsniveau innezuhalten und meinen G-Punkt mit einzubeziehen, dann wurde etwas in mir plötzlich weit. Die klitorale Lust konnte ich gut kontrollieren, aber diese Empfindungen nicht. Ich merkte, wie ich gleichzeitig festhielt. Ich wollte das Geheimnis lüften, aber es gelang mir nicht. Ich konnte nicht loslassen, und je mehr ich mich anstrengte ... das bekannte Lied eben.

Irgendwann weihte ich Tim ein, was mich viel Mut kostete. Ich hatte ihn eigentlich erst in dem Moment in meine „Forschungen" einbeziehen wollen, wo ich wusste, wie es geht. Er war klasse. Mit einer unglaublichen Geduld streichelte er mich, brachte mich kurz vor den Höhepunkt und massierte dann immer wieder sehr einfühlsam das Innere meiner Yoni und den G-Punkt. Ich fühlte wieder diese Weite, eine Lust ohne Ende, die alles wegzuschwemmen schien. Ich brach in Tränen aus, ich fühlte eine tiefe Liebe zu mir, zu Tim, zum Leben. Lust und Liebe flossen ineinander. Ich bat Tim, in mich einzudringen, mich zu nehmen. Ganz sanft kam er in mich rein, ich habe seine sexuelle Kraft noch nie so intensiv gespürt. Er brauchte nichts dafür zu tun. Wir wiegten unsere Becken miteinander, und ich wünschte mir nur noch eines: dass es nie aufhörte.

Ob das nun ein vaginaler Orgasmus war? Es war jedenfalls mindestens so intensiv, aber weit und nicht so spitz wie an der Klitoris. Ich habe eine Ahnung davon bekommen, was Hingabe ist. Ich bin Tim sehr dankbar. Er hat mir geholfen, meine Kontrolle loszulassen.

Die Fragen rund um den klitoralen und den vaginalen Orgasmus sind noch lange nicht enträtselt. Sind sie zwei Seiten derselben Medaille oder grundverschieden? Auch Sexualforscherinnen sind sich da bei weitem nicht einig. Frauen, die durch vaginale Stimulation zum Höhepunkt kommen, werden oft noch mit unterschiedlichsten Begründungen als Anomalie betrachtet. Was Lisa berichtet, belegt jedoch deutlich, dass Frauen die sexuelle Vereinigung – für Männer bekanntermaßen eine ideale Stimulation ihrer sexuellen Lust – nicht nur der emotionalen Nähe wegen genießen.

Seitdem der G-Punkt und weitere erogene Zonen – David Deida propagiert inzwischen den göttlichen „Muttermundorgasmus"[37] – im Inneren der Vagina nur noch selten verspottet, sondern lustvoll erforscht werden, nimmt das Interesse am Inneren der weiblichen Sexualorgane wieder zu. Neuere Forschungen belegen, dass die Klitoris nur die kleine Spitze eines größeren Organs ist, das tief ins Innere hinein reicht.[38] Es wird nur innen oft nicht wahrgenommen, wahrscheinlich nicht zuletzt deswegen, weil die Sexualität der Frau Jahrtausende unterdrückt wurde und Frauen sich regelrecht antrainiert haben, beim Sex keine Lust zu empfinden.[39] Männer haben ihnen das wohl oft leicht gemacht, zugleich aber auch selbst darunter gelitten und es auch nicht besser gewusst.

Männer – sexuell einfach strukturiert?

Dass die Sexualität der Frau höchst komplex und zugleich sehr potent ist, wird inzwischen weitgehend anerkannt. Männer gelten aber nach wie vor als sexuell eher einfach strukturiert. Sie sind anscheinend leicht zu befriedigen, auch wenn ihre sexuellen Funktionen störanfällig sein mögen. Martin hat sich davon nicht abhalten lassen und hat sich selbst tiefer erforscht:

Mein Motiv war: Ich fand es so schade, dass mit dem Abspritzen immer alles vorbei war. Danach fühlte ich mich oft leer und müde. Durch Tantra-Bücher erfuhr ich, dass es da noch mehr gibt. Mit viel Übung lernte ich, meine sexuelle Lust in jedem Moment stoppen zu können, auch unmittelbar vor dem Höhepunkt. Das war schon klasse, denn jetzt konnte ich das Liebesspiel mit meiner Freundin endlos hinziehen. Aber ohne zu kommen, war ich hinterher nicht richtig erfüllt. Ich war reizbar. Was mein ganzes sexuelles Erleben dann noch mal grundlegend verändert hat, war das Entdecken meiner analen Lust und meiner Prostata. Wenn ich nicht erregt bin, spüre ich da gar nichts oder es tut sogar weh. Wenn ich aber mit einem Finger oder mit einem Dildo in mich eindringe und dabei bereits geil bin, dann geht in meinem Körper eine weitere Tür auf. Die Erregung, die sonst nur einen Ausweg kennt: die Ejakulation, sie breitet sich in meinem Körper aus. Sie kriecht manchmal die Wirbelsäule hinauf bis in meinen Hinterkopf. Ein Schaudern geht dann durch meinen Körper, wie ein kleiner Orgasmus, der aber nicht nur im Becken stattfindet. Wenn diese „Hintertür" offen ist – und dafür reicht mir heute manchmal die innere Vorstellung, das innere Weit-Werden, aus, ohne anale Stimulation –, dann kann ich ganz unterschiedliche Orgasmen haben, mit und ohne Ejakulation, oder nur mit einer kleinen Ejakulation. Ich erlebe ganz unterschiedliche Formen von Befriedigung. Je länger ich forsche, desto vielfältiger wird die innere Landschaft. Wenn ich heute höre, die männliche Sexualität sei simpel, dann tun mir die Männer leid, die das glauben. Und ich kann jetzt auch verstehen, dass manche Frauen ihre innere Lust kaum kennen und ganz an der Oberfläche bleiben. Das war bei mir genauso. Man weiß ja nicht, was man alles nicht weiß!

Vielleicht sind unsere sexuellen Organe doch keine Fehlkonstruktion, sondern wir haben sie in ihrer Genialität trotz aller Sexualaufklärung nur immer noch nicht ganz verstanden und erfühlt? Es gibt noch viele spannende Details zu entdecken, die unsere sexuelle Erfahrung prägen und beeinflussen und im Rahmen dieses Kapitels keinen Platz mehr finden:

- Orgasmusformen bei Mann und Frau
- Ejakulationen bei Männern und Frauen
- Anatomische Entsprechungen der Sexualorgane
- Zusammenhänge zwischen Atmung und Erregung
- Das Zusammenspiel von Anspannung und Entspannung
- Die Polarität von ziellosem Spielen und gezielter Stimulation

- Verschiedene Zyklen sexueller Erregung
- Zusammenhänge von Lust und Schmerz
- und vieles mehr ...

Ein ungeheurer Reichtum an sexuellen Erlebnismöglichkeiten ist heute erreichbar. Ich möchte allerdings damit keinen weiteren Leistungsdruck aufbauen. Davon haben sowohl der Mann schon mit dem verbreiteten Anspruch, dass „Er" zur rechten Zeit zu stehen und zu kommen habe, als auch die Frau, die ihre Feuchtigkeit und Orgasmusfähigkeit glaubt bieten zu müssen, mehr als genug. Es geht mir mehr darum, das ganze Geschehen, die Freuden an und die Konflikte mit unserer sexuellen Anatomie und Physiologie als wertvolle Hinweise lesen zu lernen: Inwieweit können wir Raum und Verständnis für die ursprüngliche, lustvolle sexuelle Polarität entwickeln? Wo bleiben wir in quälenden Widersprüchen gefangen? Wie können wir diese wiederum in einen lustvollen Tanz zurückverwandeln oder weiterentwickeln?

Der Tanz der Gegensätze

Wie gesagt, der Teufel steckt im Detail. Wenn wir uns vor allem auf die Details einlassen, verlieren wir leicht das Ganze aus den Augen. Wie passen Mann und Frau oder weiblich und männlich mit ihrer Unterschiedlichkeit wirklich zusammen? Wie passen Gegensätze zusammen? Wie spielen und tanzen sie miteinander? Wie wird Sexualität zum Gleichnis für die Überwindung aller Trennung und Unvereinbarkeit?

Bei einem Konzert habe ich eine eindrückliche, überhaupt nicht sexuelle und zugleich zutiefst sexuelle Erfahrung. Das Berliner Klezmer-Duo „Khupe" spielt mich mit einem Dialog aus Klarinette und Akkordeon in einen ekstatischen Rausch. Plötzlich kommt mir das Bild, dass dieser Dialog durch und durch sexuell ist. Ich muss innerlich schmunzeln, als mir klar wird, dass die „Sexualorgane" Klarinette und Akkordeon und ihre Charaktere eigentlich überhaupt nicht zusammen passen. Im Fachchinesisch heißt das so:

- Die Klarinette ist ein transponierendes Musikinstrument aus der Familie der Holzblasinstrumente. Sie hat eine vorwiegend zylindrische Bohrung und ist mit einem Mundstück mit einfachem Rohrblatt ausgestattet.

- Das Akkordeon, auch Ziehharmonika, Quetschkommode oder auch Schifferklavier genannt, ist ein Handzuginstrument. Ein Akkordeon ist ein Instrument, das mehrstimmig Töne produzieren kann. Handzuginstrumente, die auf der rechten Seite – dem Diskant – die Tastatur in einer abgewinkelten Form angebracht haben, zählen zu den diversen Akkordeonarten.[40]

Auch die von diesen beiden Instrumenten ausgehenden Töne sind sehr unterschiedlich: Die hohen, manchmal fast schrillen Klänge der Klarinette kontrastieren mit den oft behäbigen, gedehnten Klängen des Akkordeons. Wären die beiden Instrumente verheiratet, ich könnte mir lebhaft endlose Ehestreitigkeiten vorstellen, bei denen die beiden sich ihre Qualitäten gegenseitig zum Vorwurf machen und um die Ohren hauen:

- „Du bist so schrill und wild, das macht mich ganz konfus, ich verliere meinen Rhythmus und meinen Boden!", sagt das Akkordeon.

- „Du mit deinem in die Länge gezogenen Bässen ziehst mich total herunter, auch wenn du noch so fröhliche Melodien oben drauf packst ...", kontert die Klarinette.

Was ich jedoch in diesem Konzert erlebe, lässt mich erinnern, wie himmlisch der Tanz der Gegensätze sein kann, wenn die beiden miteinander spielen, sich aufeinander beziehen und dabei die jeweiligen Eigenheiten bei sich selbst und beim anderen voll und ganz annehmen.

Zwei Musiker spielen, erfinden und ergründen eine erzählende Musik, die ekstatisch ist und tänzerisch, schlicht und poetisch, ernst und unsentimental, virtuos und humorvoll – eine überaus lebendige Musik voller Leichtigkeit, Wärme und Tiefe, die sich ständig verändert und doch tief in der Tradition verwurzelt ist.[41] Ich schmelze in meinem Körper beim Lauschen dieser Klänge dahin und sehe das Zusammenspiel des Duos als einen sexuellen Akt, dessen offensichtliche Obszönität von der völligen Unschuld und Hingabe an das Spiel vollkommen absorbiert wird.

Unsere sexuellen Körper mögen also rein physisch zusammen passen oder nicht.[42] Unseren sexuellen Charaktere mögen ganz unterschiedliche Schwingungen zum Klingen bringen: In jedem Fall hängt unsere Erfahrung wesentlich davon ab, wie wir auf unseren „Instrumenten" spielen, mit wie viel Selbstvertrauen wir unsere eigene Melodie vortragen und wie viel Respekt wir der manchmal völlig inkompatibel erscheinenden Andersartigkeit unseres Gegenübers entgegenbringen. Dazu die Sexualtherapeutin Esther Perel:

Erregung ist mit Ungewissheit verwoben, mit unserer Bereitschaft, Unbekanntes willkommen zu heißen, statt es von uns fernzuhalten. Diese Spannung erzeugt allerdings auch ein Gefühl von Verletzlichkeit. Ich warne Patienten vor der falschen Vorstellung, es gebe so etwas wie „Safe Sex".[43]

Polare Energien

Gehen wir also weiter und wenden uns von den Fragen der sexuellen Anatomie ab und mehr denen der energetischen Polarität zu. Yin und Yang sind Begriffe aus der chinesischen Philosophie, die insbesondere im Taoismus große Bedeutung haben. Sie bezeichnen die gegensätzlichen Kräfte des Universums, die wellenförmig ineinander fließen, sich im Kern jeweils gegenseitig enthalten und in Balance ein harmonisches Ganzes bilden, das Tao. Die klassischen Zuordnungen sehen in etwa so aus:

Yin	Yang
weiblich	männlich
kalt	warm
unten	oben
Kontraktion	Expansion
Nacht	Tag
Wasser	Feuer
dunkel	hell
Materie	Geist
Stillstand	Bewegung
Passiv	Aktiv
Hingabe	Kreativität
Erde	Himmel
Gefühl	Verstand
Empfangen	Geben
Raum	Ziel

Yin und Yang lassen sich mit etwas Erfahrung als unterschiedliche Energieströme im Körper wahrnehmen. In unseren Workshops erforschen wir diese Energien unter anderem auch im Tanz. Sie stehen in Analogie zu den ersten beiden der fünf Rhythmen, wie sie Gabrielle Roth[44] als grundlegende Bewegungsmodalitäten entdeckt hat. *Flowing* als fließende, weiche und runde Bewegung, die jedem Hindernis ausweicht und sich in freie Räume hinein ausbreitet, entspricht dem Yin. Das *Staccato* als rhythmische und konturierte Bewegung mit Ecken und Kanten entspricht dem Yang. Beide Qualitäten können ihre eigene Schönheit entfalten, sind aber nicht jedem Menschen sofort zugänglich. Beide sind sowohl individuell als auch kulturell verformt. So kann *Flowing* sich zum Beispiel schwach oder sogar hilflos anfühlen, was einer der kulturellen Zuschreibungen zum Weiblichen entspricht, aber nichts mit seiner archetypischen Qualität zu tun hat. *Staccato* kann sich feindselig, abgehackt oder abgespalten anfühlen, was Zerrformen von Männlichkeit in unserer Kultur spiegelt. Um den Tanz wie auch unsere Sexualität voll auskosten zu können, brauchen wir beide Pole. Wie sich diese Pole mit vollem Selbstbewusstsein und Respekt begegnen können, das haben die meisten Menschen verlernt. Wir können es aber wieder entdecken. Mitten in diesem Tanz der Gegensätze wartet auf uns das *Chaos*, das allein die Kraft hat, die Pole in einem größeren Ganzen zu vereinen. Anne und Klaus wagen sich ganz nahe an dieses Chaos heran:

Anne: Klaus ist schon den ganzen Tag heiß auf mich. Ich genieße sein Werben, lasse mir aber alle Zeit der Welt. Er weiß genau, dass ich ihn will und dass wir uns später am Abend miteinander vereinigen werden.

Klaus: Früher hat mich das verrückt gemacht, aber heute genieße ich mein Verlangen umso mehr, je länger Anne mich hinhält. Ich habe tiefes Vertrauen, dass sie einfach ihrer Wahrheit folgt, und das weckt meine Lust auf sie umso mehr.

Anne: Ich habe sinnliche Musik aufgelegt, wir tanzen eng umschlungen durchs Wohnzimmer. Klaus drückt sein Becken kraftvoll gegen meines, und ich nehme seine Impulse auf und lasse sie durch meinen ganzen Körper fließen.

Klaus: Für mich beginnt der Sex nicht erst, wenn ich mit ihr im Bett und in ihr drin bin. Ich ficke sie mit meinen Bewegungen im Tanz, und sie lässt sich davon durchdringen und gibt mir die Energie in ihrer fülligen, weiblichen Qualität zurück. Es macht mich an, es obszön Ficken zu nennen. Es ist alles andere als abgehackt, gefühllos oder hart. Nicht nur mein Lingam, mein ganzer Körper fühlt sich prall, pulsierend und kraftstrotzend an.

Anne: Jetzt reiße ich Klaus plötzlich die Kleider vom Leib, werfe ihn auf das Sofa und widme mich für eine Weile voller Hingabe seinem Lingam. Er genießt es, wenn sein Lingam gleich zu Anfang Aufmerksamkeit bekommt, dann kann er davon auch wieder loslassen und sich Zeit nehmen. Er weiß, sein wichtigstes Stück wird nicht vergessen.

Klaus: Wenn sie so weitermacht, komme ich bald. Will ich aber noch nicht. Ich räkele mich auf dem Sofa und sie versteht. Sie verteilt meine Erregung auf meinem ganzen Körper. Ich genieße die Berührung auf jedem Quadratzentimeter meiner Haut. Ich bin elektrisiert.

Anne: Ich spüre, wie die Aufmerksamkeit wieder zu mir zurückfließt. Klaus will sich revanchieren und mir die Kleider ausziehen, aber ich winde mich aus seiner Umarmung, stehe auf und tanze einen sinnlichen Tanz, für mich selbst und auch für ihn. Unendlich langsam ziehe ich meine Kleider aus, spüre die verschiedenen Stoffe, die dabei über meine Haut streifen. Ich spüre ein sanftes Erschauern in meinem ganzen Körper und meine Yoni wird langsam feucht.

Klaus: Sie sieht himmlisch aus. Ich kann sehen, dass sie in ihrem ganzen Körper anwesend ist, dass ihre Bewegungen von einer wunderbaren Anmut durchdrungen sind. Ich könnte ihr ewig zuschauen, aber ich spüre zugleich, dass meine Geilheit zunimmt und mein Lingam hat nur noch ein Ziel. Er will in sie rein.

Anne: Ich fühle mich mit Klaus total sicher. Ich öffne im Tanz meine Beine und lasse ihn kurz an meiner Yoni schnuppern. Dann lege ich mich lang ausgestreckt auf den flauschigen Teppich und sage „Komm. Streichle mich an meinem ganzen Körper!"

Klaus: Ihre Haut fühlt sich an wie unter Strom. Sie zuckt unter meinen zarten Berührungen zusammen. Ich widerstehe der Versuchung, gleich auf ihre Yoni zuzusteuern, obwohl mich ALLES dorthin zieht.

Anne: Ich merke, dass Klaus es nicht mehr lange aushält, und das macht mich an. Ich weiß, dass er damit klar kommt, ich spüre keinerlei Druck von ihm. Doch, Druck schon, aber es ist ein verlangender Druck, von dem ich mich nicht genötigt, sondern begehrt fühle. Ich nehme seinen Schwanz in die Hand und streiche damit meine Yoni. Er stößt sanft zu, aber ich sorge dafür, dass er noch nicht in mich eindringt. Obwohl ich es jetzt selbst bald will.

Klaus: Die Frau macht mich wahnsinnig. „Ich will! ich will! Ich will!", schreit inzwischen alles in mir, und ihre Verzögerungstaktik ist genial. Kein anderer Gedanke passt mehr in mein Gehirn, so wie es uns Männern immer nachgesagt wird: Ich will nur noch das EINE.

Anne: Ich lasse seinen Lingam los und öffne weit und einladend meine Beine, während ich Klaus an mich heranziehe, fest umarme und leidenschaftlich küsse. Ich flüstere ihm ins Ohr: Lass ihn seinen Weg da unten selbst finden. Ich bin bereit. Ich will dich in mir drin spüren.

Klaus: Ich komme mir etwas unbeholfen vor, wie ich mit meinem Becken herumstochere, um mit meinem geilen Lingam endlich in sie einzudringen. Jetzt hat er die richtige Stelle gefunden. Etwas in mir will schnell zustoßen, aber als ich nur einen Zentimeter in ihr drin bin, erfasst mich eine Welle von süßer Trauer, die fast noch intensiver ist als meine Geilheit. Ich umschlinge Annes Körper, während ich ganz langsam tiefer in sie eindringe, und schluchze laut auf.

Anne: Es berührt mich ganz warm in meinem Herzen, Klaus so zu erleben. Meine Yoni wird ganz weit. Ich will ihn soweit wie möglich in mir drin haben und ziehe sein Becken an mich heran. Mein Becken fängt ganz von allein an zu vibrieren, dann sanft zu stoßen. Meine Yoni wird enger, als wenn sie den Lingam verschlingen wollte.

Klaus: Ich lasse mich total los. Ich lasse mich nehmen. Ich drehe uns zusammen so, dass ich auf dem Rücken liege, Anne fickt mich ganz langsam und sanft, aber es geht mir durch und durch. Ich fange an zu schreien, das hilft mir, dass ich nicht abspritze ...

Anne und Klaus haben einige Jahre Kampf hinter sich. Sie haben mit ganz verschiedenen Dingen experimentiert. Ficken war früher ein Tabuwort, das mit Gewalt assoziiert war. Ein Jahr lang hatten sie jeden Tag „Stillen Sex" miteinander, das heißt, sie waren sexuell vereinigt, ohne sich dabei groß zu bewegen, und genossen die dabei wachsende Sensibilität für sexuelles Strömen, das bis ins Herz fließen kann.[45] Dann kam eine Phase, in der der Sex wieder dynamischer wurde. Das sagt sich leicht, aber dahinter verbergen sich lange Gespräche und die tiefe Bereitschaft, sich immer wieder für einander und für Neues zu öffnen.

Sie haben dabei gelernt, ihre Bedürfnisse auszudrücken, ohne damit den anderen unter Druck zu setzen. Sie haben auch gelernt, Druck vom anderen als Begehren wahrzunehmen oder entsprechend umzudeuten, anstatt ihm ausweichen zu wollen. Eine solche Leidenschaft erleben die meisten Paare nur am Anfang ihrer Beziehung. Anne und Klaus sind aber schon elf Jahre zusammen. Wie haben sie das geschafft? Beim Lesen dieser kleinen erotischen Geschichte können wir bereits ahnen, wie ekstatisch der Tanz von Yin und Yang werden kann, wenn der innere Raum groß genug ist, um beide Seiten liebevoll zu umfassen.

Chaotische sexuelle Dynamik

Je weiter die Pole von Yin und Yang in einer sexuellen Begegnung gespannt sind, desto größer ist die Elektrizität, die zwischen beiden fließen kann. Umso größer wird allerdings auch das Chaos, in dem wir uns früher oder später wieder finden. Chaos hat in unserer Kultur einen negativen Beigeschmack. Die deutsche Kultur gilt als die ordnungsliebendste der Welt. Wir sind Meister im Organisieren. Chaos macht uns Angst, weil sich darin unsere fest gefügten Verhaltens-, Denk- und Glaubensmuster auflösen. Gleichzeitig ist es das Chaos, das uns daraus befreien kann, wenn unsere Muster zum Gefängnis geworden sind.

In einer langfristigen Beziehung Raum für Chaos zu lassen und gleichzeitig stabil zueinander zu stehen, stellt uns vor größte Herausforderungen. Die Verhaltenspsychologie hat herausgefunden, dass große Leidenschaft gut für den Sex ist, aber eine Ehe auf Dauer vor größte Probleme stellt. Homogene Paare haben, was die Dauer ihres Zusammenseins angeht, eine weit bessere Prognose. Werden zwei ein Paar, die am Anfang von ihrer Andersartigkeit elektrisiert sind und ständig lustvoll übereinander herfallen, so fallen sie später auch im Streit übereinander her. Oft gibt es eine mehr oder weniger lange Phase extremer Schwankungen zwischen leidenschaftlichem Sex und zermürbenden Streitereien, an deren Ende dann oft die Trennung steht, obwohl solche Paare kaum voneinander lassen können. Diese Thematik ist Stoff ungezählter Erotikthriller. Entsetzt und fasziniert schauen wir zu, wie zwischen Michael Douglas und Glenn Close in dem Film *Eine verhängnisvolle Affäre* das Drama seinen Lauf nimmt und die wohlgeordnete Familienstruktur bedroht. Eine anarchische Sprengkraft wohnt dem Sex inne, wenn die volle Kraft der Polarität darin lebendig wird.

Das Problem ist aus meiner Sicht jedoch nicht die Polarität selbst, sondern die Tatsache, dass unsere psychischen Strukturen so viel Anderssein nicht integrieren können. Der Konflikt resultiert daraus, dass wir in der Enge eines hauptsächlich auf Sicherheit und Harmonie angelegten Lebensstils die knisternde, elektrische Ladung sexueller Polarität meiden müssen. Solange wir diese Pole nicht verbinden können, stehen wir vor der klassischen, meist unangenehmen Wahl: aufregenden Sex und leidenschaftliche Liebe in krisenhaften, instabilen Affären oder harmonische, vertrauensvolle und partnerschaftliche Liebe und der Sex ruht in Frieden.

Der Konflikt zwischen diesen Polen beschäftigt sehr viele Paare. Stabile Partnerschaften erleben oft das Nachlassen ihrer Leidenschaft und nehmen dies entweder gelassen als den natürlichen Lauf der Dinge hin oder leiden darunter, weil das Begehren nach mehr noch nicht aufgegeben wurde. Oft repräsentiert ein Partner den einen Pol, der andere den anderen. Im Kapitel „Aufbruch aus dem Alltag" sind wir Inge und Peter (siehe Seite 23) begegnet, die unter ihrer Harmonie die Leidenschaft begraben hatten. Wie ging es bei ihnen weiter?

Der herausfordernde Weg zum Begehren

Inge und Peter entschlossen sich nach einigem Zögern zu einer Paartherapie. Einige wichtige Etappen möchte ich hier wiedergeben, weil sie typisch sind für das Wiederentdecken der Leidenschaft durch den Prozess der Differenzierung[46]. Es geht immer wieder darum, Widersprüche und Unterschiedlichkeit anzuerkennen.

1. Die Auftragsklärung. Die Anliegen von Inge und Peter sind zunächst mal genauso klar wie unvereinbar. Inge hat ein klares Ziel, das sie auch explizit formuliert: Sie will den Sex in der Beziehung wiederbeleben.

Oberflächlich kann sich Peter auf diese Zieldefinition einlassen, aber darunter sieht es anders aus. Peter ist dieses Ziel nur deswegen wichtig, weil er glaubt, nur so könne wieder Frieden einkehren. Auf näheres Nachfragen stellt sich heraus, dass es sein eigentliches Ziel ist, nicht mehr unter Druck zu stehen. Auch dieses Ziel ist noch defensiv, und nach einem weiteren inneren Schritt sagt Peter: „Am wichtigsten ist mir ein liebevoller und vertrauensvoller Umgang miteinander. Sex ist mir nicht so wichtig."

Als Therapeut komme ich hier in eine paradoxe Situation, wenn ich die beiden Aufträge so annehme wie sie geäußert werden. Mir ist nämlich klar, dass der Weg zu mehr Sex durchaus die Konflikte zunächst noch verstärken kann. In diesem Fall würde sich Peter von mir „schlecht bedient" fühlen. Wenn ich jedoch Peters Ziel des liebevollen Umgangs in den Vordergrund rückte, würde ich Inge mit ihrer Ungeduld und Frustration nicht „abholen". Wie ich es auch drehen und wenden würde, eine Stagnation wäre abzusehen. Und genau deswegen, weil sie allein da nicht herauskommen, suchen sie ja auch Hilfe.

Nachdem ich beide mit ihren Anliegen gespiegelt habe und sie sich auch beide verstanden fühlen, sage ich zu ihnen Folgendes: „Ich kann euch beide gut verstehen. Du, Inge, bist frustriert und willst, dass endlich etwas in Bewegung kommt, das aus der sexuellen Stagnation heraus führt. Du, Peter, hast große Mühe mit der aggressiven Stimmung, die bei diesem Thema aufkommt, und spürst dann schon gar keine Lust mehr auf Sex. Wie gesagt, beides ist für mich gut nachvollziehbar. Aber es ist widersprüchlich. Euer Dilemma ist auf dieser Ebene unlösbar. Der Gewinn des Einen wäre der Verlust des Anderen."

Inge protestiert: „Ja, aber dafür sind wir ja hier, damit du uns hilfst, wie wir das verbinden können!"

„Das verstehe ich. Ich habe nur leider – oder zum Glück? – kein Rezept in der Tasche, wie das geht. Was ich euch anbieten kann, ist eine Suchbewegung, in der wir schauen, was in der Tiefe zwischen euch vor sich geht und welche neuen Schritte aus dieser Erfahrung heraus möglich werden. Ich kann euch aber kein Ergebnis garantieren. Wenn wir uns hier auf einen Prozess einlassen, dann ist das Ergebnis ungewiss. Ich

würde gern von euch wissen, ob ihr euch auch unter diesen Voraussetzungen auf eine Paartherapie einlassen wollt. "
Auf diese Phase folgt nochmal ein Prozess der Klärung. Ängste kommen auf, denn beiden ist die Beziehung wichtig. In beiden erfolgt die innere Abwägung von Chancen und Risiken. Erst als klar wird, dass es zumindest für Inge eigentlich kein Zurück mehr gibt, dass das Risiko der Nicht-Veränderung also genauso hoch oder gar höher ist als das einer Veränderung mit offenem Ausgang, entsteht eine innere Bereitschaft, die mir tragfähig erscheint.

2. Vom (Nicht-) Können bzw. Müssen zum Wollen. Zwei Sitzungen später. Die Situation zuhause hat sich noch nicht wesentlich verändert. Zweimal hatten sie einen Anlauf für eine erotische Begegnung gemacht. Sie waren zärtlich miteinander und genossen es auch eine Weile. Beim ersten Mal wurde Inge dann etwas drängender, und Peter verlor innerhalb kürzester Zeit seine Erektion, als Inge mit ihm schlafen wollte. Inge nahm das als persönliche Zurückweisung und machte eine bissige Bemerkung. Daraufhin war für Peter „der Ofen aus" und sie brachen die Begegnung ab. Beim zweiten Mal hatten sie vereinbart, dass Inge nicht drängen würde. Sie schmusten über einen langen Zeitraum miteinander. Dann wurde es für beide irgendwie flach, aber niemand traute sich, das anzusprechen. Als Inge dann irgendwann sagte, sie sei müde, waren beide froh, die Begegnung ausklingen lassen zu dürfen. Aber dennoch lag eine Stimmung des Versagens über ihnen. In der Sitzung sagt Peter: „Ich habe mich, obwohl Inge beim zweiten Mal überhaupt nicht gedrängt hat, trotzdem unter Druck gefühlt. Das macht mich total fertig. Ich spüre dann immer weniger und bin nur froh, wenn es irgendwie vorbei ist. " Inge antwortet etwas gereizt: „Mich macht das auch fertig. Zumindest ist jetzt klar, dass es nichts bringt, wenn ich meinen Druck rausnehme. Du fühlst dich ja trotzdem unter Druck. Ich fühle mich total hilflos. Ich weiß echt nicht weiter. "
Ich frage Peter: „Wie lange möchtest du dich noch so unter Druck fühlen? Ich stelle mir das qualvoll vor! "
Peter antwortet: „Ich möchte es eigentlich überhaupt nicht mehr. Bis-

her habe ich immer gedacht, Inge müsse einfach aufhören, Druck zu machen. Aber jetzt bin ich ins Grübeln gekommen. Es war fast noch schlimmer für mich, als sie keinen Druck gemacht hat. Ich glaube fast, ich mache mir diesen Druck selbst!"

„Wie lange möchtest du diesen Druck noch spüren?", frage ich noch mal nach.

„Keinen Tag mehr!", erwidert Peter, jetzt etwas gereizt.

„Und was willst du dafür tun, diesen Druck nicht mehr zu spüren?", setze ich nach.

„Ich habe keine Ahnung, aber ich werde es herausfinden!", antwortet Peter mir jetzt etwas trotzig.

„Ich bin gespannt!", provoziere ich ihn noch etwas weiter, und Peter wirft mir nur einen etwas übellaunigen Blick zu. Jetzt weiß ich, dass ich den Bogen weit genug gespannt habe. Peter fängt an, aus der Position des schwachen „Ich kann nicht" in die kraftvollere Position des „Ich will es so nicht mehr!" hinein zu wachsen. Das braucht jetzt zunächst Zeit.

Inge war in dieser Phase erstaunlich still. Ich deute das so, dass sie mehr Raum hat, bei ihrer Hilflosigkeit zu bleiben, und diese nicht gleich mit einer Aktion oder einem Einwurf kompensieren muss. Ich spiegele sie noch mal darin, indem ich frage: „Wie geht es dir jetzt? Wie ist es, an diesem Punkt nicht weiterzuwissen?"

„Es tut weh, aber es ist irgendwie wohltuend, nicht immer gleich etwas tun zu müssen. Und es hat mich eben berührt, Peter mehr in seiner Kraft zu erleben. Es fühlt sich irgendwie so an, als könnte ich so mehr Frau sein. Ich habe aber auch tierisch Angst davor. Es fühlt sich so verletzlich an!"

Auch in Inges Prozess ist dieser Moment ein Meilenstein, und ich ermutige sie, dem Raum zu geben, was da gerade in ihr geschieht.

3. Vom Verweigern und Kämpfen zum Begehren. (6. Sitzung) Inge und Peter berichten, dass sie in der Zwischenzeit einmal miteinander Sex hatten, und dass sie sich dabei sehr nahe kamen. Peter hatte seine Erektion zwar nicht ganz halten können, aber sie hatten sich trotzdem miteinander vereinigt und waren beide glücklich darüber, dass dies möglich war.

Peter erzählt: „Ich bekomme langsam eine Ahnung davon, was ich brauche, um mich für Sex zu öffnen. Ich brauche es, mich willkommen zu fühlen und nichts bieten zu müssen. Einfach so in Inge eindringen zu dürfen, ohne volle Erektion, das war zwar etwas fummelig, aber auch total entspannend. Ich hatte in meinem etwas weicheren Schwanz fast mehr Lust als manchmal, wenn er hart ist. Das stellt mein ganzes Denken über Männlichkeit und Sex auf den Kopf!"

Inge: „Ich habe dabei nicht allzu viel Lust empfunden, aber ein ganz sanftes Strömen in meinem Becken, das war neu. Ich würde nicht immer so Sex haben wollen, ich will auch mal richtig gefickt werden. Aber es war definitiv eine lohnende neue Variante."

Peter wird etwas nervös: „Wenn ich das höre, dass dir das nicht reicht, komme ich gleich wieder unter Stress …"

Inge fällt ihm ins Wort: „Ich habe doch nur gesagt, was ich auch noch gern hätte! Ich muss es einfach sagen dürfen, sonst komme ich unter Stress!"

Inge und Peter sind hier in einer sehr labilen Phase. Eine wirklich neue Dimension in ihrem Sex und ihrer Partnerschaft hat sich geöffnet, aber sie fallen noch leicht ins alte Muster zurück. Das ist normal, und das spiegele ich ihnen auch zurück. Dennoch hat auch der Streit eine neue Qualität, und darin zeichnet sich bereits die nächste Phase ab:

4. Die Unterschiedlichkeit des Begehrens zeigen und verhandeln. (8. Sitzung) Peter und Inge haben als „Hausaufgabe" ein Ideales Sexuelles Szenario[47] erstellt und aufgeschrieben. Beide haben es in einem Umschlag verschlossen mitgebracht, und es geht nun darum, wer es dem anderen offenbaren und wer es vom anderen hören will.

Inge: „Ich will es dir zeigen und ich will deines hören. Ganz klar."

Peter: „Ich habe Angst, dass ich das dann auch tun muss, was ich aufgeschrieben habe. Und dass ich auch deines erfüllen muss. Schließlich ist es das, was du am innigsten wünschst."

Inge: „Das alte Lied. Soll ich es dir schriftlich geben? DU MUSST NICHTS!!!"

Peter: „Danke, ja, gib es mir bitte schriftlich."

Was hier zwischen den Zeilen spürbar wird – oder zumindest in der Sitzung klar spürbar war: Die beiden gehen spielerischer und leichter mit ihren Konflikten um. Es braucht zwei einigermaßen gleichstarke Partner, um lustvoll und intim über Sex verhandeln zu können. Peter und Inge sind hier schon einen weiten Weg gegangen. Nach einigem Hin und Her teilen sich beide ihr Szenario mit. Die Atmosphäre ist dabei intim, leicht erotisch aufgeladen und auch etwas humorvoll. Es sieht so aus, als könne die Paartherapie bald erfolgreich abgeschlossen werden.

5. Die Krise (9. Sitzung) Schon als beide hereinkommen, merke ich, dass etwas vorgefallen ist. Ein eisiges Schweigen füllt den Raum. Nach einigen Minuten breche ich das Schweigen und frage nach, was für heute ansteht. Nach einigem Zögern fängt Inge an: „Ich bin total enttäuscht. Ich war so glücklich nach der letzten Stunde. Ich dachte wirklich, jetzt kann es losgehen. Jetzt können wir endlich frei über unsere Wünsche und Sehnsüchte sprechen und sie auch wirklich umsetzen. Aber Peter zieht nicht mit. Ich muss mir eingestehen: Ich bin mit einer Mimose verheiratet!"
Peter wird etwas lauter: „Du hast unsere Vereinbarung gebrochen. Du hattest es mir sogar SCHRIFTLICH gegeben, dass ich nichts tun muss von dem, was ich da aufgeschrieben habe. Aber dann hast du versucht, mich darauf festzunageln. Ich bin stinksauer!"
Auch Inge wird lauter: „Wenn du noch nicht mal DEIN IDEALES Szenario leben möchtest, ja was denn dann?"
Peter: „Ich will in jedem Moment frei entscheiden können, was ich jetzt lebe, geht das nicht in deinen Kopf rein!?!"
Ich lasse die Auseinandersetzung eine Weile laufen, dann unterbreche ich und lade ein, zu spüren, welche Gefühle sich unter dem Ärger befinden. Aus Inge platzt es heraus: „Ich bin verzweifelt. Ich habe Angst, dass das hier alles nichts gebracht hat. Ich halte das nicht mehr aus!"
„Ich spüre eine abgrundtiefe Trauer, wenn ich dich höre, aber du kämpfst noch tapfer dagegen an", spiegele ich ihr.
Inge fängt an zu weinen. Peter steht auf und legt einen Arm um sie

und sie weinen beide zusammen. Mich berührt diese Szene sehr tief. Ich kann spüren, wie viel Liebe die beiden füreinander empfinden. In dieser Sitzung gehe ich nicht mehr auf „das Problem" ein, sondern ermutige einfach, mit den Gefühlen in Verbindung zu bleiben und zunächst nichts damit machen zu müssen. Ich ahne, dass für beide die „dunkle Nacht der Seele" ansteht.

6. Von der Kompromiss-Logik zur Win-Win-Logik. (11. Sitzung) Eine schwere Zeit liegt hinter den beiden. Die Möglichkeit der Trennung lag in der Luft, aber am Tiefpunkt angelangt haben beide klar gespürt, dass sie diese Beziehung wollen und dass sie auch bereit sind, darin zu investieren. Oft ist dies noch mal ein entscheidender Wendepunkt. Viele Paare in Not oder in Konflikten gehen davon aus, dass der Konflikt nur lösbar ist, indem beide etwas ihnen sehr Wertvolles hergeben oder „loslassen". An einem bestimmten Punkt, oft erst nach einer heftigen Krise, wenn die alten Muster wirklich ausgereizt sind, kann sich etwas hin zu einem neuen Verständnis wandeln: Was ich für meinen Partner tue, das gebe ich für etwas Größeres als ich selbst es bin, und daran teilzuhaben beglückt mich mehr als alles, was ich für mich bekommen könnte. Diese Art Hingabe wird erst möglich, wenn beide ihre eigenen Grenzen setzen können und dafür auch die Beziehung zu riskieren bereit sind. Solange sich jemand opfert oder sich zu opfern bereit ist, ist keine Hingabe möglich. Wer jedoch zu einem Nein stehen kann, ohne sich dafür schuldig zu fühlen oder sich meint rechtfertigen zu müssen, der kann sich auch in seinem Nein einfühlbar und damit auch verletzlich machen und damit die Basis für das eigene JA! finden.

Inge: „Ich habe mich bislang gegen deinen Wunsch gesträubt, zusammen Gewaltfreie Kommunikation[48] zu lernen, weil ich immer dachte, ich müsste mich dafür verbiegen und meine Aggressionen zurückhalten. Ich glaube ich kann mich jetzt darauf einlassen, und ich kann darin, dass dir das so wichtig ist, deine Liebe zu mir spüren!"

Peter: „Ich bin bereit, einmal alle zwei Wochen ein Liebesdate auszumachen ..."

Inge: „Ein Sexdate!"

Peter lacht: „Okay, ein Sexdate. Einer von uns darf jeweils seine Wünsche äußern, und der andere ist bereit, soweit darauf einzugehen, wie es die eigenen Grenzen erlauben. Ich habe jetzt das Vertrauen, dass meine Grenzen respektiert werden. Aber noch mehr vertraue ich mir selbst, dass ich mir treu bleibe. Und wenn ich es doch mal nicht bin, dann weiß ich, dass das nicht das Ende vom Lied ist. Da waren wir schon einige Male, und da geht es auch wieder weiter."

Der Prozess, den ich hier in wesentlichen Ausschnitten wiedergegeben habe, macht deutlich, wie eng sexuelles Begehren mit der Beziehungsdynamik verzahnt ist. Das Paradigma der Sexualtherapie der ersten Stunde, das wesentlich von den Sexualtherapeuten Masters und Johnson geprägt wurde, suggerierte, dass Sex von allein „funktioniert", wenn er nur genug Erlaubnis und Entspannung findet. Inzwischen zeigt sich, dass die Probleme von damals das eigentliche Dilemma des Sex nur überlagert haben. Damals war die Gesellschaft noch so repressiv eingestellt, dass sexuelle Probleme meist als Reaktion darauf dargestellt werden konnten. Wir brauchten uns sozusagen zunächst nur um die Befreiung von zu engen Grenzen und Tabus kümmern, das Setzen der eigenen Grenzen fiel dabei zunächst unter den Tisch. Heute, wo fast alles erlaubt ist, geraten viele Frauen und Männer unter den Druck des Müssens, und in der Folge tritt millionenfach das Symptom der Lustlosigkeit auf.

Wir haben jetzt die Chance, die ganze Polarität der sexuellen Dynamik zu sehen und zu erleben und zu verstehen, dass Polarität der Grundbaustein des Begehrens ist. In dem Prozess von Inge und Peter können wir deutlich sehen, dass nicht die Unterschiedlichkeit sexueller Vorlieben und Profile[49] das eigentliche Problem darstellen, sondern die noch zu wenig ausgebildete Fähigkeit, mit Unterschieden, Anderssein und Unvereinbarkeiten fruchtbar umzugehen.

Für Inge und Peter war es der offene Raum des vermeintlich Unmöglichen und völlig Ungewissen, in dem sie ihre entscheidenden Wachstumsimpulse bekamen und der auch erfüllenden Sex wieder – oder überhaupt erst? – möglich machte. Dabei sind sie den typischen Fallen begegnet, die die paradoxe Dynamik des Begehrens für uns bereithält:

- Je mehr einer will, desto weniger will die andere.[50]
- Je mehr die eine dies will, desto mehr will der andere jenes.[51]
- Je mehr wir unser Begehren absichern wollen, desto weniger werden wir begehrt.
- Je weniger wir Nein sagen können, desto weniger sind wir zu einem Ja fähig.
- Nicht Können ist oft die Maske von uneingestandenem anders Wollen.
- Sex entsteht nur spontan, wenn er nicht spontan entstehen muss.

Stattdessen haben sie Orientierungspunkte gefunden, die manchmal im Dickicht des unterschiedlichen Begehrens weiterhelfen:

- Verweigern und Kämpfen lassen sich in Begehren verwandeln.
- Erotisch ist, wovon ich nicht weiß, wie es ankommt, und dies dennoch bewusst riskiere.
- Sexuelle Vorlieben sind verhandelbar, wenn wir uns selbst vertrauen können.

Liebesbeziehungen sind natürlich, gerade was den Sex angeht, vorzügliche Gelegenheiten, uns mit den Paradoxien und Polaritäten des Lebens bekannt zu machen und anzufreunden. Sie sind aber keine Bedingung dafür.

Selbstliebe zwischen Selbstbefriedigung und Selbstbelustigung

Wir können die Dynamik des Sex und die Bedeutung der Polarität im Sex auch mit uns selbst erforschen. Masturbation, Onanie, Selbstbefriedigung, Solosex, alle diese Begriffe haben für viele Menschen einen etwas peinlichen Beiklang. Obwohl Sexratgeber heutzutage nicht müde werden, Selbstbefriedigung als gute Ergänzung zu partnerschaftlichem Sex zu empfehlen, lastet darauf immer noch der Geruch des minderwertigen Ersatzes für diejenigen, die gerade keinen Sexualpartner abbekommen oder deren Partner „Migräne" hat. Sobald wir uns auf die Erforschung unseres Sex mit uns selbst tiefer einlassen, ist das oft die erste Polarität, der wir begegnen: Es kann einerseits total geil sein, ich brauche dabei auf niemand anderen Rücksicht zu nehmen, ich kann mir genau das geben, was mich antörnt und alle möglichen Hilfsmittel dazu nehmen, ohne dass mich jemand scheel anschaut. Andererseits sind da vielleicht Schuld- oder Schamgefühle oder Glaubenssätze, dass ich es nicht wert bin, dass Eigenliebe stinkt oder eben minderwertig ist. Anstatt diese Polarität zu vermeiden, können wir sie als Ausgangspunkt unserer Selbstliebe nehmen. Wir entdecken, dass wir für Polarität keinen Partner brauchen, sondern dass sie in uns schon angelegt ist. Vielleicht stellen wir uns vor, mit geilem Solosex in tabuisierte Bereiche vorzustoßen und ganz bewusst den Inneren Kritiker oder Moralisten herauszufordern und mit ihm zu spielen. Wir können lernen, die Spannung, die darin aufkommen kann, zu steigern und für unser Erleben zu nutzen. Verbotenes kann Lust wecken. Das weiß bereits jedes Kind.

Wir können tiefer gehen und den Qualitäten von Yin und Yang in uns selbst nachspüren. Die meisten Männer betreiben beim Sex mit sich selbst puren Yangsex: zielgerichtet, effektiv, geil, ohne große Überraschungen. Manche Männer kennen auch mit Frauen nichts anderes. Inzwischen können aber immer mehr Männer es im Zusammensein mit einer Frau durchaus genießen, sich Zeit zu nehmen zu streicheln und gestreichelt zu werden und in einem erotischen Ambiente, akustisch untermalt von sinnlicher Musik, sich die Erregung langsam aufbauen zu lassen. Aber mit sich allein kommen die meisten Männer kaum auf solche Ideen. Yinsex ist von dieser Art: Es ist eher eine Öffnung in einen sich weitenden Raum und ein Geschehenlassen als ein Eindringen und Sich-Reiben in einem begrenzenden Raum. Wir haben von Martin weiter oben (siehe Seite 117) erfahren, wie die Integration der Yin-Seite in das sexuelle Liebesspiel des Mannes mit sich selbst aussehen kann und dann zu einem Tanz der Pole wird. Zwei Elemente haben Pascal dabei sehr geholfen:

Ich spiele sehr gern mit der Erregung kurz vor dem Ejakulationsorgasmus. Eine Seite in mir will am liebsten sofort kommen und abspritzen und dieses geile Gefühl hier und jetzt erleben, ohne jeden Gedanken an später. Die andere Seite will die Erfahrung in die Länge ziehen. Sie möchte die Ekstase des „Kurz-Vorher" ewig halten, bis sie sich in meinem ganzen Körper und in meiner ganzen Seele ausbreitet. Diese beiden Seiten lasse ich gern miteinander spielen. Ich genieße es, ihnen zuzuschauen und dabei zu beobachten, wie die Erfahrung immer intensiver wird. Der „Ausgang" – ob ich am Ende dann eine Ejakulation habe oder nicht, ob ich vorher bereits Orgasmen habe oder nicht – ist oft ungewiss. Gerade das macht es aufregend und befriedigend zugleich.

Durch den Wechsel zwischen der Stimulation meines Lingam mit dem Streicheln meines restlichen Körpers, den Wechsel zwischen zielstrebiger genitaler Manipulation und dem Verteilen meiner Erregung im ganzen Körper, vor allem durch vertiefte Atmung und Bewegung, erlebe ich echte Höhenflüge. Ich liebe das. Ich beziehe auch oft den Anus und die Prostata mit ein, im Wechsel oder auch gleichzeitig mit der Lust am Schwanz. Dieser Wechsel fühlt sich an wie ein Tanz von Yin und Yang. Ich spüre deutlich die beiden Pole, die den Sex lebendig und höchst erregend machen. Ich brauche dafür keine Frau.

Für Frauen kann die sexuelle Selbsterforschung ganz anders aussehen oder auch erstaunlich ähnlich. Interessanterweise tendieren auch viele Frauen bei der Selbstbefriedigung zum Yangsex, auch wenn sie bei der Begegnung mit einem Mann die Yin-Seite bevorzugen oder ihr zumindest viel mehr Bedeutung beimessen. Wahrscheinlich haben viele Frauen noch alte männliche dominierte Vorstellungen davon im Kopf, was normaler Sex sei, und machen sich erst auf den Weg, die eigene Lust kennenzulernen. Nicht selten steht Frauen das alte Tabu immer noch im Wege, ein durch und durch lustvolles und sexuelles Wesen zu sein. Da schwingt immer noch die Angst mit, dafür als Schlampe oder als Hure angesehen zu werden. Manche Frauen haben den Weg eingeschlagen, sich mit der „Inneren Hure" anzufreunden, und haben sich dabei völlig neu erlebt, wie sie es sich nie zuvor haben vorstellen können. Diese Erfahrung sticht bei anderen Frauen manchmal in ein Wespennest aus Unverständnis, Vorbehalten und Empörung: „Was hat es noch mit Lust zu tun, deinen eigenen Körper zu verkaufen?"

Falls es dir so gehen sollte, lade ich dich dazu ein, die Aufmerksamkeit auf die Energie dieser Empörung zu lenken und dir vielleicht sogar den verwegenen Gedanken zu erlauben: Kann ich diese Empörung lustvoll als Teil einer Polarität erforschen? Oder mache ich mich zum Richter oder zur Richterin über Gut und Böse? Wie fühlt sich das eine oder das andere an?

Andere Frauen gehen ganz andere Wege, ihre Lust zu entdecken und zu heilen und sich dabei von äußeren Normen zu befreien. Karen erzählt:

Es gab Phasen in meinem Leben, da spielte Sex kaum eine Rolle. Mein Freund konnte das kaum verstehen, aber ich konnte wochen- oder monatelang keinen Sex haben, ohne dass mir etwas fehlte. Ich fühlte mich zeitweilig durchaus lustvoll in meinem Körper. Ich tanzte gern, ging gern in die Sauna, und ich ließ mich gern berühren und massieren. Aber irgendwie hatte das mit Sex nicht viel zu tun. Dann gab es wieder Phasen, da hatte ich mehr Lust, war richtig heiß auf Sex und habe es mir auch oft selbst gemacht. Im Rahmen des Tantra-Jahrestrainings kam ich dahinter, dass ich diese beiden Formen von Lust – die eher ganzkörperliche, sinnliche Lust, und die eher genitale, sexuelle Lust – innerlich spalte. Das habe ich intensiver erforscht und gemerkt, dass mir tatsächlich der Übergang vom einen ins andere schwerfällt. Ich spürte einen Widerstand, eindeutiger sexuell zu werden, wenn ich nicht schon vorher ziemlich geil war. Wenn nicht, gewann der Widerstand die Oberhand und es blieb einfach sinnlich. Dann fasste ich mich auch nicht an meine Yoni.

Die Selbstlieberituale, die wir im Jahrestraining als Hausaufgabe bekamen, haben mich gelehrt, an dieser Schwelle zwischen Sinnlichkeit und Sex zu verweilen und zum Beispiel meine Yoni zu berühren ohne die Absicht, mich geil zu machen oder einen Orgasmus herbeizuführen. Manchmal wurde ich dabei müde oder fühlte mich bleischwer. Ich hatte mir aber vorgenommen, dennoch dran zu bleiben. Nach und nach konnte ich den Druck spüren, den ich mir mache, wenn es richtig zur Sache geht. Daher kam die Unlust. Sie signalisierte mir: „So nicht!" Ich hatte vorher immer nur das „Nicht!" gehört. Ich fing also an, meine Yoni so zu berühren wie bei einer entspannten Massage. Ich klopfte vorsichtig an. Ich horchte auf die leisen Töne, die von innen aufstiegen. Es war, als ob sie ganz langsam auftaute. Wie ein verschrecktes Wesen, das wieder Hoffnung schöpfte, kam sie langsam hervor und zeigte mir, worauf sie Lust hatte. Das war manchmal überraschend und oft faszinierend. Ich war gefordert, immer wieder meine Erwartungen loszulassen und auf meine inneren Lustimpulse zu lauschen. Es hat tatsächlich viele Monate gedauert, aber jetzt spüre ich, dass Lust bereits mit diesem sinnlichen Strömen im ganzen Körper anfängt und dass daraus eine ganz exquisite sexuelle Lust entstehen kann, wenn ich nirgendwo hin muss. Am besten gelingt mir das immer noch mit mir allein. Dafür nehme ich mir jetzt regelmäßig Zeit. Ich schenke mir diese Zeit.

Lust haben müssen

Viele Frauen – und auch manche Männer – kennen den Widerstand, den Karen andeutet. Es ist der Widerstand dagegen, Lust haben zu müssen, und dann vielleicht auch noch nach völlig fremdbestimmten Regeln. Es ist noch nicht lange her, dass Frauen keine eigene Lust zugestanden wurde. Jetzt wird sie oft von ihnen erwartet. „Frigide" gilt als eines der übelsten Schimpfworte für Frauen. Unter diesem Druck bricht die Lust schnell in sich selbst zusammen, doch auch dieser Druck kann ein Ausgangspunkt sein, um das innere Mysterium der Polarität zu erkunden, indem wir damit spielen und kreativ werden. Anna-Lena berichtet:

> Wenn ich spürte, dass ein Mann sexuelle Absichten hat, hat sich bei mir immer sofort alles abgestellt. Ich konnte es nicht anders wahrnehmen als ein „Du musst!". Dann begegnete ich Tim an einem rauchfreien Diskoabend. Er machte mich an, und mir gefiel es, bis es langsam zu eng wurde. Ich wollte gerade den Rückwärtsgang einlegen. Aber Tim ließ sich nicht von meinem „Bloß keinen Druck!" beeindrucken. Anstatt mir zu beteuern, dass er doch gar nicht nur das eine wolle, stellte sich hin und sagte mir mit einem schelmischen Grinsen: „Du willst es selbst! Du willst geleckt und gefickt werden! Und zwar richtig ausgiebig und gut, bis du völlig erschöpft bist. Das ist es, was du willst! Und ich will es auch!"
>
> Ich war völlig geschockt, meine Gedanken spielten verrückt, ich hätte ihm fast eine Ohrfeige gegeben. So ein Mackerschwein! Dann spürte ich, verdammt noch mal, dass ich feucht wurde. Das war zu viel. Ich stammelte irgendein dummes Zeug und lief davon.
>
> Damit war ich Tim aber nicht los. Er verfolgte mich in meine sexuellen Fantasien. Irgendwann gab ich ihnen nach. Ich hatte einen unglaublichen Spaß daran, innerlich mit Tim zu ringen, ihn einen verdammten Macho zu nennen, und er blieb geil auf mich. Ich stellte mir vor, wie er mir befahl, mich für ihn auszuziehen und vor ihm zu onanieren. Ich musste mir eingestehen, dass der Druck der Männer, den ich immer versucht hatte abzuwehren, dass dieser Druck mich sogar anmachte. Das Problem war nicht der Druck, sondern die Abwertung und Verurteilung dieses Druckes.
>
> Das Tragische ist, dass ich mir in dieser Abwertung mit vielen Männern auf traurige Weise einig war. Die kurze Begegnung mit Tim hat mich aufgeweckt. Ich habe erlebt, wie es sich anfühlt, wenn diese unmittelbare männliche Kraft zu sich selbst steht. Es ist wunderbar.

Ich habe immer noch Angst, wie es ist, wenn ich wieder einem Mann aus Fleisch und Blut näher komme. Mir ist vollkommen klar, dass ich jederzeit nein sagen kann und auch darf. Aber vielleicht nicht mehr immer muss. Meine Erfahrungen mit mir selbst und mit meinen Fantasien lassen mich Mut schöpfen, dass es da noch etwas Interessantes für mich zu entdecken gibt.

Anna-Lena hat sich hier in höchst heikles Territorium vorgewagt. Nicht jede Frau wird so reagieren wie sie. Unsere sexuellen Vorlieben sind sehr unterschiedlich. Was wir aber alle von ihr lernen können, ist die Bereitschaft, fest gefügte Glaubenssysteme zu überprüfen und der wirklichen Lust, die sich dahinter verborgen hat, eine Chance zu geben. Oft bekommen wir es bei der sexuellen Selbstentdeckung mit unseren inneren Glaubenswächtern zu tun. Die stehen im Wege, Polarität vorbehaltlos anzunehmen und zu leben, weil mindestens eine Seite verdrängt, verboten oder verurteilt wird. Sexuellen Druck, der uns in vielfältigen Gewändern begegnen kann, als potenziell lustvoll auszumachen, wodurch wir unsere eigene Lust entdecken können, führt uns aus der Enge der Abwehr hinaus.

Je mehr wir innere Polaritäten in uns kennenlernen und damit spielen können, desto eher wird eine Berührung des eigenen Körpers so elektrisierend, wie die meisten Menschen es nur durch die Berührung von anderen kennen.

In einem meiner Workshops fragte ein Mann, der gerade selbst solche Erfahrungen gemacht hatte, ob es dann noch einen Unterschied geben würde zwischen Partnersex und Solosex. Er war verwirrt, denn er hatte sich vorher nicht vorstellen können, dass die Berührung des eigenen Körpers so ekstatisch sein könnte. Meine Antwort und meine Erfahrung ist diese: Je mehr wir ein Gespür für Yin und Yang in uns selbst haben, je mehr wir jederzeit von dem einen in den anderen „Modus" wechseln und beide in ihrer Eigenart genießen können, desto freier werden wir im sexuellen Liebesspiel mit einem anderen Menschen. Sogar das Geschlecht des anderen Menschen wird weniger wichtig. Wir entdecken unsere natürliche

Bisexualität, was nicht heißen muss, dass es keine Unterschiede mehr gibt. Der sexuelle Tanz wird vieldimensionaler, wenn beide sowohl führen als auch folgen können und beide es zur Verfügung haben, sowohl den anderen zu nehmen als auch sich nehmen zu lassen. Wenn beide Partner Erregung aufbauen, halten, sich ausbreiten lassen und auch entladen können, dann weitet sich der Raum für wirkliche Spontaneität und für den Zauber des Augenblicks. Sex kann hier auch eine spirituelle Dimension bekommen, indem er uns mit dem verbindet, was größer ist als wir selbst und jenseits aller Polarität liegt.

Wenn du hingegen sicherstellen möchtest, dass dies alles nicht eintritt, dann mach daraus einen neuen Leistungsanspruch an dich und deinen Partner. Das bringt euch sicher auf den Boden zurück ...

Das freie Zusammenspiel von Yin und Yang ist die Basis für erfüllenden Sex. Diese Basis wieder freizulegen, ist allein schon ein größeres Projekt, denn die Pole männlich und weiblich sind in unserer Kultur tief verletzt und verzerrt. Darüber hinaus gibt es aber noch weitere Polaritäten, mit denen zu spielen unsere Sexualität um weitere Dimensionen bereichern kann. Sie können uns aber durchaus auch verwirren.

Lust für mich oder Lust für dich?

In unseren romantischen Träumen ist dies kein Konflikt. Beide bereiten ihrem Partner gern Lust und werden selbst davon erregt. Dabei ist die Balance zwischen gesundem sexuellen Egoismus und der Bereitschaft, sich ganz in den Dienst des Partners stellen zu lassen, labil. Es kann hilfreich sein, diese beiden Pole als gleichwertige und gleichwichtige Dimensionen des Sex zu betrachten:

- Einerseits beschert uns Sex eines der intensivsten und angenehmsten Gefühle, zu denen wir fähig sind. Wenn wir diese

Seite in uns zulassen, sind wir vollkommen selbstbezogen und je erregter wir werden, desto mehr können wir alles andere ausblenden. Der ganze Fokus unseres Erlebens richtet sich auf uns selbst und die eigene Geilheit, die dabei durchaus nicht nur auf die Genitalien begrenzt sein muss. Sexuelle Ekstase bläst alles andere hinweg, kein Gedanke an gestern oder an morgen. Auch das Du verliert in dieser Erfahrung jede Kontur. Sie lässt uns bereitwillig den kleinen Tod sterben.

- Andererseits finden wir im Sex einen unvergleichlich nahen Kontakt zu einem anderen Menschen. Auf dieser Seite der Polarität geben wir uns dem anderen vollkommen hin. Nur sie oder nur er ist wichtig. Ihre Lust bereitet uns Lust. Wir finden Erfüllung, indem wir jede Selbstsucht der Hingabe an das Du opfern und darin aufgehen.

Beide Seiten haben ihre eigene Schönheit, und sie können sich – paradox wie sie sind – vorzüglich ergänzen. Sie bieten jedoch auch genug Stoff für endlose Paarkonflikte. Dann wird die eine Seite gegen die andere ausgespielt. In der Hingabe verlieren wir leicht den Kontakt zu den eigenen Vorlieben, und der Neid auf die gelungene Selbstbezogenheit des anderen wird zum Egoismus-Vorwurf: „Du denkst wohl nur an dein eigenes Vergnügen!" Wenn wir uns in der Selbstbezogenheit einsperren, verlieren wir den Kontakt zum anderen und erleben ein schmerzhaftes, oft postorgasmisches Erwachen, wenn wir plötzlich merken, dass wir trotz körperlicher Nähe ganz allein sind. Zwischen beiden Polen zu schwingen, macht Sex zu einem beschwingten Vergnügen.

Zu mir stehen oder mich auflösen?

Im Sex können wir entdecken, was uns ausmacht, wenn wir voll und ganz unserer Lust folgen und damit sichtbar werden. Daraus entwickelt sich unser sexuelles Profil, das ganze Set von Vorlieben und Abneigungen, das sich – geprägt durch die unterschiedlichen Erfahrungen unserer Lebensgeschichte – entwickelt hat. Je mehr wir uns darin kennen und je mehr wir dazu stehen, desto mehr können wir uns damit einbringen: „Schatz, ich möchte gern dass du mich fesselst und mit Federn und leichten Berührungen in den Wahnsinn treibst …!" Und wenn wir Glück haben, wird uns der Wunsch erfüllt. Was wollen wir mehr?

Es gibt noch mehr, vor allem dann, wenn unser Liebster ganz andere Vorlieben hat. Können und wollen wir uns auf Spiele einlassen, die uns gegen den Strich gehen? Hier begegnen wir dem feinen Grat zwischen ungesunder Selbstaufgabe, wenn wir nur mit Widerwillen den Wünschen unseres Partners nachkommen, und dem wirklich freiwilligen Betreten von Neuland. Unsere Partnerin kann uns in neue Erfahrungen führen. Dabei können unsere Begrenzungen spürbar werden. Wir können sie zuweilen aber auch hinter uns lassen und uns völlig neu entdecken.

In einem Paarworkshop kam diese Thematik zur Sprache. Es stellte sich heraus, dass einige Paare mit erheblichen Differenzen in ihren Vorlieben zu kämpfen haben:

- Freddy schwelgt gern in sexuellen Fantasien und würde sie gern mit seiner Frau teilen und von ihren Fantasien erfahren. Marianne findet jedoch, dass Fantasien sie vom unmittelbaren Erleben wegbringen, und liebt eher eine meditative Präsenz im Hier und Jetzt.
- Erich möchte gern mal in einen Swingerclub gehen, aber Nadine kann sich das nur schwer vorstellen. Sie sehnt sich nach mehr Zärtlichkeit.
- Sabine möchte gern romantische Liebeserklärungen ins Ohr geflüstert bekommen. Richard findet das kitschig. Er steht drauf, erotische Bilder zu betrachten und sich davon inspirieren zu lassen, aber Sabine findet kaum Gefallen daran.
- Monika steht auf leichte Dominanz- und Unterwerfungs-Spiele. Ihr Mann Georg findet das gestört. Er würde sich aber seinerseits gern mal mit anderen Paaren über ihre sexuellen Erfahrungen aus-

tauschen, was Monika widerstrebt. Sie hat Angst, verglichen zu werden.

- Konny und Tanja machen beide gern FKK-Urlaub. Tanja liebt auch Sex im Freien. Konny kann sich nicht dafür erwärmen. Sie braucht den Schutz der eigenen vier Wände, um sich sexuell gehen zu lassen.

Solche Differenzen stellen Paare vor große Herausforderungen. Entscheidend ist, wie viel Raum sie sich für ihre Andersartigkeit zugestehen können, ohne diese zu bewerten. Dann wird wichtig, inwieweit wir uns mit unseren Vorlieben identifizieren. Wie viel Spielraum lässt die eigene Identität und die Identität als Paar zu? Welche Erlebnismöglichkeiten schlummern noch in uns, ohne dass wir davon etwas ahnen? Wollen wir die überhaupt kennenlernen? Sind wir dann noch wir selbst?

Wenn wir hier eine gewisse Neugier entwickeln, werden die uns erst ganz fremd vorkommenden Vorlieben des Partners zur Chance, selbst weiter zu werden. Wir können anfangen, zu spielen und Risiken einzugehen, soweit wir jeweils dazu bereit sind. Bei Inge und Peter haben wir gesehen, wie viel leichter es ist, wenn wir über sexuelle Vorlieben aus der Erwartung heraus verhandeln, dass beide dabei etwas zu gewinnen haben. Aus einer solchen Stimmung heraus kann plötzlich ein vorher undenkbarer Spielraum entstehen. Die beiden Seiten auch dieser Paradoxie können sich beflügeln: Wir sind uns selbst vollkommen treu und gleichzeitig bereit, uns jenseits dieser Treue neu kennenzulernen. Es ist durchaus ein Spiel mit dem Feuer, das die Erotik entfachen kann, an dem wir uns vielleicht aber auch die Finger verbrennen. Es hilft, wenn wir unsere Grenzen klar kommunizieren und bereit sind, uns verletzlich zu machen, und diese Bereitschaft auch gegenseitig würdigen. Dann ergänzen sich

- die Schönheit und der Mut, sich mit den eigenen intimen Wünschen zu zeigen und diese auch nicht sofort fallen zu lassen, wenn der Partner nicht gleich „Hurra!" schreit, und

- die Offenheit und der Mut, sich auf Unbekanntes einzulassen und alte Grenzen zu überschreiten, die wir nicht mehr brauchen,

zu einem wunderbaren erotischen Tanz.

Tabuzone Macht und Ohnmacht

Spiele mit Macht und Ohnmacht gelten als eigene Sexualpraktik, die nur eine Minderheit antörnt. Sie haben sich zwar aus dem totalen Tabu heraus bewegt, haben aber immer noch den Beigeschmack des Verrufenen. Ein Tantra-Sonderheft der Zeitschrift *Connection*[52] griff dieses Thema auf und wurde teilweise kontrovers diskutiert: Was haben SM-Praktiken mit Tantra zu tun? Agieren hier in ihrer sexuellen Entwicklung traumatisierte Frauen und Männer ihre gestörten Neigungen blind aus, anstatt sie zu heilen? Oder liegen in diesen Praktiken gar spirituelle Dimensionen wie die Transzendierung jeder Selbstsucht und das vollständige Loslassen von Kontrolle?

Das Thema Macht und Ohnmacht fängt nicht erst bei SM-Praktiken an. Es spielt in jede sexuelle Begegnung hinein. Dies anzuerkennen wird oft vermieden, weil es nicht in unsere vermeintlich aufgeklärte und emanzipierte Vorstellung von gleichberechtigter Lust und Liebe passt. Der Sex schert sich nur leider – oder zum Glück? – wenig darum, was politisch, psychologisch oder esoterisch korrekt ist. Sexualität hat ihre eigene Dynamik, und sie steht manchmal im Gegensatz zu unseren Wertesystemen. Hans und Karla berichten:

Karla: Seit wir uns mit BDSM[53] beschäftigen, haben sich unsere Machtkämpfe aus der Beziehung verabschiedet. Es fühlt sich an wie eine Erlösung. Meine Lust an Dominanz hat jetzt genügend Spielraum. Ich liebe es, Hans zu erniedrigen, weil ich sehe, wie es ihn erregt. Außerhalb von diesen Spielen respektiere ich ihn aber jetzt umso mehr. Und wir haben übrigens auch ganz normalen Sex miteinander. Ich wollte das eigentlich gar nicht sagen, weil es oft als Rechtfertigung rüberkommt nach dem Motto ‚Wir sind nicht krank!‘ Anscheinend glaube ich es manchmal selbst noch nicht ganz, dass ich Lust an der Dominanz haben darf.

Hans: Ich habe ewig mit Therapien rumgemacht, um diese Lust an der Unterwerfung abzulegen. Jetzt weiß ich, dass ich mich genau damit wirklich selbst gedemütigt habe. Ich habe nicht zu mir gestanden. Dieser Schmerz hat eine ganz andere Qualität als alles, was Karla mir zufügt. Ich kann ihre Liebe darin jederzeit spüren. Ich weiß, dass Menschen ohne BDSM-Erfahrung sich das nicht vorstellen können. Das ist jetzt zum Glück nicht mehr mein Problem.

SM-Praktiken entziehen sich weitgehend auch meiner Erfahrung. Ich kann und will sie daher weder empfehlen noch davon abraten. Was ich aber höchst spannend finde an dem, was Karla und Hans berichten, ist die Erlösung, die sie durch ihr Anerkennen von Macht und Ohnmacht als eine erregende, sexuell stimulierende Polarität gefunden haben. Das zeigt mir, dass es sich lohnt, vorgefasste Anschauungen immer wieder loszulassen – zugunsten von dem, was wirklich ist. Uns einzugestehen, was uns sexuell wirklich anmacht, auch wenn es nicht unseren eigenen Wertmaßstäben entspricht, ist nicht das Ende vom Lied. Aber vielleicht eine wichtige Strophe, die wir mit umso mehr Bewusstheit und Verantwortlichkeit singen können, je mehr wir um sie wissen. Dies tut nicht zuletzt der Dynamik um Macht und Ohnmacht gut, die aus dem Verborgenen heraus meistens eher destruktive Wirkungen erzielt.

Sex lebt von Polarität – in vielen Facetten und Dimensionen. Sex steht damit in gewisser Weise auch in einem Gegensatz zur Liebe, die stets das Verbindende sucht. In Liebesbeziehungen sehnen wir uns nach beidem: nach leidenschaftlichem Begehren und liebevoller Verbundenheit. Doch dies ist nicht der einzige Widerspruch, der uns in intimen Partnerschaften erwartet.

Wohin wird uns die Reise jetzt führen? In idyllische Buchten? Auf einsame Inseln? Auf hohe Berge oder in fruchtbare Täler? In den kühlen Norden oder in die Hitze eines brodelnden Vulkans? Es gibt nichts, wohin uns die Liebe nicht führen, und nichts, wovon sie uns nicht auch erlösen könnte.

Liebe und Partnerschaft – ein glückliches Paar?

Liebe – an dieses magische Wort knüpfen wir unsere Erfahrungen intensivsten Glücks und unsere Hoffnungen darauf. Was ist schöner, als einen anderen Menschen aus ganzem Herzen zu lieben und sich auch selbst von diesem Menschen voll und ganz geliebt zu fühlen? Die meisten Menschen denken bei Liebe zunächst an die persönliche Liebe zwischen zwei Menschen, darüber hinaus vielleicht auch an die Liebe zur Natur, die Liebe zum Leben oder die Liebe zu Gott. Unsere Sehnsucht nach bedingungsloser Liebe kann uns tief in menschliche Begegnungen hinein führen – oder auch davon weg.

Mit Liebe verbinden viele Menschen auch intensiven Schmerz, Enttäuschung und Verzweiflung. Doch der Schutz, den wir deswegen sowohl individuell als auch kollektiv der Liebe entgegenstellen, scheint die tiefe Sehnsucht nie ganz auslöschen zu können, auch wenn mancher Zyniker das vielleicht gern möchte. So landen wir immer wieder bei der Frage: Wie funktioniert Liebe? Wie bringen wir sie in unseren Alltag? Und wie funktioniert liebevolle Partnerschaft?

Gemeinsam in Liebe durchs Leben zu gehen, diese Sehnsucht hat dem Wunsch nach einem freiem Ausleben der Sexualität längst den Rang abgelaufen. Seit der sogenannten sexuellen Revolution, als wir uns von der Befreiung der Sexualität das große Glück versprachen, hat hier ein großer Wandel stattgefunden:

„Sex ist wichtig, aber nicht das Wichtigste" – ist die Argumentationsfigur von durchschlagender Dominanz, wenn man Frauen und Männer nach dem Stellenwert von Sexualität für ihre Beziehung fragt. Fast beschwörend wird dieses „wichtig, aber nicht das Wichtigste" präsentiert ...[54]

Obwohl Partnerschaft für unser Lebensgefühl enorm wichtig ist, scheint das partnerschaftliche Ei des Kolumbus, ein Rezept für das alltägliche Gelingen der Liebe, noch nicht gefunden. Ich will hier nicht mit Scheidungsraten langweilen. Jeder und jede kennt aus eigener Anschauung, oder mindestens aus dem nahen Bekanntenkreis, genügend Beispiele dafür, wie auch hoffnungsvolle Paare, denen wir den gemeinsamen und vertrauensvollen Weg durchs Leben durchaus zugetraut hätten, in schwere See geraten oder auch Schiffbruch erleiden.

Ich brauche nicht lange nach Beispielen zu suchen. Als ich vor 15 Jahren mit Gabrielle zusammen kam, da dachte ich nicht nur selbst, dass wir ein Traumpaar sind und dass uns auf unserem Weg manches vielleicht erschüttern, aber nichts wirklich aus der Bahn werfen könnte. Auch unsere nähere Umgebung war fest davon überzeugt. Wir hatten uns zwar ein Eheversprechen gegeben, aber nicht das übliche „bis dass der Tod euch scheide". Stattdessen hatten wir vereinbart, dass wir uns nur im gegenseitigen Einverständnis voneinander trennen.[55] Daran hatten wir die Hoffnung geknüpft, dass wir uns – wenn wir schon nicht in Liebe zusammen bleiben könnten – dann doch zumindest in Liebe loslassen.

Was das jedoch genau bedeutet, darüber waren wir uns dann, als die Krise ihren Lauf nahm, nicht mehr einig. Festzustellen, dass die Kommunikation – auch unter uns „Beziehungs-Experten" – an unüberwindliche Grenzen kam, war ein regelrechter Schock für mich. Natürlich, es hätte schlimmer kommen können. Wir haben uns ohne Anwalt getrennt, und wir haben sogar noch einige Jahre zusammen gearbeitet, bis wir einsehen mussten, dass nur ein vollständiges Loslassen von allen äußeren Bindungen es unseren Seelen ermöglicht, uns wirklich frei zu lassen. Worüber ich – bei allem Schmerz, der mit diesem Prozess verbunden war – sehr froh bin, ist Folgendes: Mein Vertrauen zum Leben ist größer geworden. Ich kann und darf „Fehler" machen und „scheitern". Um meine Liebe immer wieder zu entdecken, ist es nie zu spät. Dafür brauche ich weder perfekt zu sein noch die Kontrolle zu behalten, noch zu wissen wie es geht. Aber was dann?

Das Grunddilemma der bedingungslosen Liebe

Woran liegt es, dass – selbst unter besten Voraussetzungen – Paare auseinander gehen?

- Ist Liebe ein Kind der Freiheit und daher auch flüchtig wie der Duft des Flieders?
- Liegt es an der Natur der Leidenschaft, die nicht von Dauer ist?
- Liegt es an unseren Kindheitsdefiziten, die unsere Beziehungsfähigkeit beeinträchtigen?
- Liegt es an unserem Egoismus, am schnelllebigen Konsumdenken unserer Tage, an zu hohen Erwartungen, an romantischen und unrealistischen Beziehungsidealen?

Für alle diese Thesen gibt es prominente Fürsprecher. Oft sind es Experten, die uns nach dem Motto „Problem erkannt – Problem gebannt!" die Lösung gleich mitliefern wollen. Und vielleicht gibt es Leser, die mir bis hierher in der Hoffnung gefolgt sind, in diesem Buch endlich die Antwort zu finden? Nur zu gern würde jetzt ich die ultimative Patentlösung aller Beziehungsknoten präsentieren. Meine Kernthesen gehen jedoch in die entgegensetzte Richtung:

- Liebe und Beziehung stehen in einem grundsätzlichen Spannungsverhältnis zueinander.
- Liebe ohne Beziehung ist nicht von dieser Welt und daher auf Erden nicht lebbar.

- Beziehung ohne Liebe ist ein Gefängnis, mit dem wir uns nur soweit abfinden, wie wir bereits tot sind.

Was bleibt uns also übrig, als immer weiter das Unerreichbare zu versuchen? Wirkliche Liebe in nahem menschlichem Miteinander zu verwirklichen, ist nur punktuell möglich, aber zugleich für unser Seelenheil unverzichtbar. Es gehört wesentlich zu unserem Menschsein, dass wir uns unverdrossen weiter an dieser Aufgabe versuchen, auch wenn wir immer wieder scheitern. So wie Paul und Karina:

> Karina macht mich wahnsinnig. Sie wirft mir vor, dass ich sie nicht einfach so sein lasse, wie sie ist. Das sei kein Ausdruck von wahrer Liebe. Stattdessen würde ich immer an ihr herumschrauben. Ich solle mich doch endlich mal mit mir selbst beschäftigen und ihr nicht alle meine unerledigten Themen aufdrücken. Klasse. Was ich ihr nur leider beim besten Willen nicht klar machen kann, ist, dass sie mich, genau dadurch, dass sie solche Dinge sagt, eben auch nicht so sein lässt, wie ich bin. Jeder von uns sagt: „Liebe mich bedingungslos, dann liebe ich dich auch bedingungslos!" Ich werde noch verrückt davon!

Paul bringt es auf den Punkt. Es klingt fast lächerlich einfach, aber genau darin besteht der Beziehungs-Koan[56]. Wir möchten gern bedingungslos geliebt werden und machen das zur Bedingung für unsere bedingungslose Liebe. Im Beziehungsalltag wird diese Botschaft natürlich meistens etwas verschleiert, sie heißt dann: „Bleibe bitte bei dir!" oder „Übernimm endlich mal die Verantwortung für dich!" oder „Ich möchte tun dürfen, was ich will, auch ohne deine Erlaubnis!" Mit derlei paradoxen Botschaften retten wir uns über das grundlegende Paradox hinweg: Liebe und Beziehung sind ihrer Natur nach unvereinbar. Liebe ist das bedingungslose Sein-Lassen dessen, was ist. Mit Erich Frieds wunderbarem Gedicht erkennen wir:

> Es ist, was es ist, sagt die Liebe.[57]

Beziehung und Partnerschaft konfrontieren uns jedoch notwendigerweise auch mit unseren Begrenzungen. Wir stehen vor der Alternative: Lasse ich jetzt dich so sein wie du bist – oder mich? Fahre ich im Urlaub an mein geliebtes Meer, auch wenn du mit mir in die Berge willst, oder gebe ich nach? Schlafe ich jetzt mit dir, wo du doch solche Lust auf mich hast, oder lasse ich mich müde sein und allein schlafen? Partnerschaft ist die Einheit von Zweien, die sowohl autonom als auch verbunden sein wollen. Bedingungslose Liebe kann sich nur ereignen, wo auch die Bedingung der Bedingungslosigkeit fallen gelassen wird, indem wir also auch Bedingungen zulassen. In diesem Widerspruchsfeld bewegen wir uns in Liebesbeziehungen. Vielleicht können wir eines Tages sagen: „Und Gott (oder Göttin) sah es und sprach: ‚Es ist gut so!'"
Lutz und Marlies haben lange damit gerungen, dass es trotz aller Liebe oft nicht zu passen schien:

Marlies: Lutz mit seinen verrückten Ideen hat mich manchmal schier zum Wahnsinn gebracht. Am Anfang fand ich das noch spannend – und auch durchaus erotisch. Er konnte mich leicht aus der Routine und auch aus der Fassung bringen. Das habe ich anfangs sehr genossen. Wir hatten Sex in der Küche, auf dem Balkon oder auf einer Lichtung im Wald. Anfangs konnte ich noch leicht darüber hinwegsehen, wenn er zu spät zu einer Verabredung kam.
Lutz: Es war wie ein innerer Zwang. Ich wusste, dir ist Pünktlichkeit wichtig, aber ich brachte es einfach nicht fertig. Fast immer kam mir etwas dazwischen.
Marlies: Eine Weile dachte ich, das wird sich ändern, wenn du dich tiefer auf mich einlässt. Aber es wurde zunächst immer schlimmer. Du hast mich versetzt, wenn ich für uns gekocht hatte, oder hast mich vor vollendete Tatsachen gestellt, zum Beispiel als du plötzlich mit Tickets für einen Flug nach Kreta ankamst, ohne mich vorher zu fragen, ob ich überhaupt dorthin will und ob ich auf der Arbeit frei bekomme.
Lutz: Das ist doch das Salz in der Suppe des Lebens. Ich liebe es, überrascht zu werden. Und ich kann es nicht ausstehen, wenn mein Leben

so verläuft wie eine Beamtenlaufbahn. Ich wollte dich gern anstecken, dir zeigen, wie viel interessanter das Leben wird, wenn man fünf mal gerade sein lässt.

Marlies: Ich genieße es, wenn ich mich auf etwas freuen kann. Deswegen plane ich gern. Für mich fängt der Urlaub schon bei der Planung an. Wenn alles erst auf den letzten Drücker läuft, spanne ich mich an. Es macht mir einfach Angst. Und es hat einige Zeit gedauert, bis ich dazu stehen konnte und mich nicht mehr minderwertig fühlte, weil Spontaneität doch viel toller ist.

Lutz: Ich war sehr enttäuscht, als ich gemerkt habe, dass du immer zurückhaltender auf meine spontanen Ideen reagierst. Als du dann noch mit dem Thema Hochzeit ankamst, dachte ich „Oh je, mit was für einer bürgerlichen Tussi bin ich da eigentlich zusammen?"

Marlies: „Gut, dass du das damals nicht so gesagt hast. Das wäre mir glatt zu viel gewesen. Ich war nämlich der Meinung, dass du einfach etwas bindungsunfähig bist oder nicht erwachsen werden willst. Peter-Pan-Syndrom.

Lutz: Damit hattest du sogar recht, nur dass ich das nie und nimmer zugegeben hätte. Der Wendepunkt war damals die Tantra-Gruppe in der Toskana, als ich anfing, ständig mit anderen Frauen herumzuflirten und du mir ein Ultimatum gesetzt hast. Ich habe es ignoriert und du bist abgereist. Ich habe dir das vorher nicht abgenommen. Ich wollte einfach nicht wahrhaben, dass es für dich da eine Grenze gibt, und dass du diese Grenze notfalls verteidigst, auch wenn das unsere Beziehung kosten könnte. Als du weg warst, war es mit dem Flirten aus. Ich spürte nur noch Schmerz. Zum Glück war ich damit dort gut aufgehoben, aber es war die Hölle. So weh es auch tat, ich fing an zu begreifen, wie es dir geht, wenn ich dich einfach mal so sitzen lasse.

Marlies: Für mich war es auch die Hölle. Ich dachte, jetzt ist alles aus, du vergnügst dich da mit anderen Frauen, und ich habe die Arschkarte. Ohne meine Therapeutin hätte ich es vielleicht nicht geschafft, aus diesem Loch heraus zu kommen. Ich fand meinen Selbstrespekt wieder und konnte mir zugestehen, dass ich einfach ein Mindestmaß an

Verbindlichkeit brauche. Als wir uns nach den fünf Wochen Sendepause wieder sahen, war ich anfangs sehr zurückhaltend ...

Lutz: Oh ja, ich dachte, jetzt lässt du es mich büßen. Bis ich merkte, dass du einen gewissen Stolz in deiner Stimme hast, den ich vorher nicht kannte. Und zu meiner eigenen Überraschung merkte ich, dass mich das anmacht. Dass es mich anmacht, dass ich nicht alles mit dir machen kann.

Marlies: Zum ersten Mal hast du nicht mehr so rumgefaselt wie ein pubertierender Junge, der spielen will. Ich meine, das ist ja gar nicht schlimm, aber wenn es immer so ist ... Ich spürte in deinem Schmerz, den ich dir ansah, eine männliche Kraft, der ich vertrauen konnte.

Die Verwandlung, die Lutz und Marlies beschreiben, wurde möglich, gerade weil sie sich nicht auf einen faulen Kompromiss eingelassen haben, sondern weil die Unvereinbarkeit für beide spürbar wurde. Beide haben es drauf ankommen lassen, die Beziehung daran scheitern zu lassen, dass sie gegensätzliche Vorlieben in punkto Verbindlichkeit haben. Sie taten dies, bevor ihre Liebe daran gestorben wäre. Letzteres ist wesentlich, denn nur dann tut es weh genug, um uns aus der vermeintlichen Komfortzone des eigenen Verhaltensmusters heraustreten zu lassen. Marlies und Lutz genießen heute ihre Harmonie. Dennoch haben sie manchmal noch Konflikte rund um ihr Thema. Sie haben ein Grundverständnis dafür, dass wirkliche Harmonie und Verschmelzung der Konfliktbereitschaft und Differenzierung bedarf. Mit zunehmender Reife können wir immer mehr dem Dilemma von Liebe und Beziehung ins Auge sehen, anstatt in romantische Träume konfliktfreien Einsseins zu fliehen.

Vom Sein zum Schutz – eine psychische Landkarte

Mit einem Modell unserer psychischen Landschaft möchte ich deutlicher machen, in welchem Verhältnis Liebe und Beziehung zueinander stehen. (siehe Abbildung 1, Seite 157)

1. Der Kern

Im innersten Kern unserer Existenz sind wir pures Sein. Diese Ebene ist den meisten Menschen in ihrem Alltagsbewusstsein nicht zugänglich. Mystiker aller Kulturen und Traditionen beziehen sich auf diese Ebene und geben ihr verschiedene Namen: Gott, Nirwana, absolute Liebe, Moksha oder All-Einheit. Sie alle sind sich darin einig, dass Worte nicht ausreichen, um diese Ebene zu beschreiben, sondern dass sie jenseits all dessen liegt, was gesagt oder auch nur gedacht werden kann.

2. Essenzielle Qualitäten

Die nächste Ebene ist die unserer inkarnierten Seele. Körper und Seele sind auf dieser Ebene eins und bringen wie ein Diamant verschiedene Facetten der Einheit[58] zum Ausdruck. Diese Facetten werden auch Essenzielle Qualitäten genannt. Dazu gehören Kraft, Liebe, Weisheit, Mitgefühl und einige andere. In dieser Schicht sind wir noch unmittelbar mit allem Sein verbunden, bringen es aber in verschiedenen Aspekten und auf unterschiedliche Weise zum Ausdruck. Wir werden zu etwas Besonderem, sind aber noch verbunden mit dem Bewusstsein, dass alles, was ist, genauso besonders ist und Ausdruck des einen Seins. Auf dieser Ebene sind wir verletzlich, aber unzerstörbar.

3. Gefühle

Eine Schicht weiter außen begegnen wir unseren Gefühlen und Empfindungen. Körper und Psyche erleben wir als zwei verschiedene Welten. Mithilfe unserer Gefühle regulieren wir auf der psychischen Ebene die Interaktion mit anderen Wesen, die wir als von uns verschieden wahrnehmen, mit denen wir uns aber durch unsere Gefühle verbinden können. Jedes Gefühl hat seine eigene Funktion und darin auch seine eigene Schönheit. So ist zum Beispiel Trauer dazu da, dass wir einen Verlust verarbeiten können, indem wir ihn betrauern und dann loslassen. Wut ist dazu da, unsere Grenze und Individualität zu sichern. Mit Wut können wir

Schichten unserer Psyche

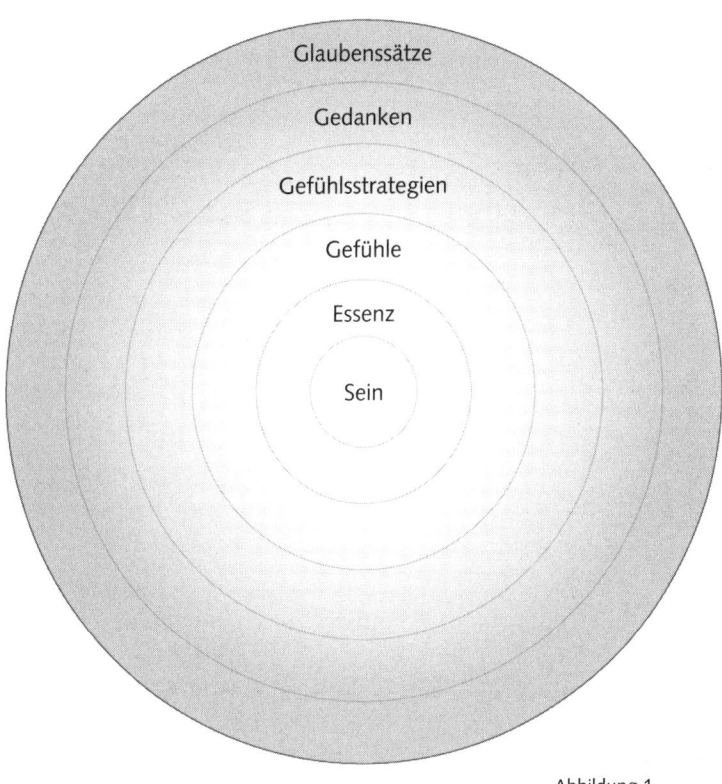

Abbildung 1

andere zurückweisen, bis unsere Integrität wiederhergestellt ist. Angst ist dazu da, bei Gefahr unsere volle Präsenz zu mobilisieren, sodass wir mit unserem vollen Potenzial antworten können. Freude, als letztes der vier Grundgefühle, ist der natürliche Ausdruck davon, dass wir mit uns selbst und unserer Umgebung in Einklang sind. Unsere Gefühle, die sich noch in verschiedenen Zusammensetzungen der Grundgefühle weiter differenzieren, sind unsere natürlichen Helfer, den Einklang mit unserer Umgebung immer wieder herzustellen.

4. Gefühls-Strategien

Wenn wir mit unseren Gefühlen verbunden sind und sie ihrer jeweiligen Funktion entsprechend leben können, dann brauchen wir die Ebene der Strategien nicht. Da wir aber in unserer Kultur alle mehr oder weniger den Kontakt zur ursprünglichen Qualität unserer Gefühle verloren haben, haben wir zwischen Gefühlen und Gedanken eine weitere Schicht gebildet, die ich „Gefühls-Strategien" nennen möchte. Wenn zum Beispiel Wut systematisch mit Gewalt oder mit Liebesentzug bestraft wird, dann lernt ein Kind, die Wut zu unterdrücken und den Angriff auf seine Integrität anders als mit Wut zu beantworten. Es kann zum Beispiel lernen, seine Trauer einzusetzen, um sich zu schützen. Eigentlich ist Trauer nicht besonders gut dazu geeignet. In einem emotionalen Klima, in dem Wut tabuisiert, Trauer aber erlaubt ist und vielleicht sogar Zuwendung einbringt, da lernt ein Kind, mit Trauer das zu erreichen, was die Wut in diesem Fall nicht leisten kann. Das ist das Beste, was ein Kind in so einer Situation tun kann. Es zahlt aber einen sehr hohen Preis: Es verliert weitgehend den Kontakt zu seinen wahren Gefühlen und lernt stattdessen, Gefühls-Strategien einzusetzen. So haben wir alle gelernt, unseren Gefühlen zu misstrauen und trauen stattdessen mehr dem, was unser Verstand uns – nach Auswertung unserer Erfahrungen – vorgibt.

So lernt das Kind: Wenn Papa mich hart anfasst, dann schrei

bloß nicht, wie du es spontan tun würdest! Sonst gibt er dir vielleicht noch eine Ohrfeige oder brüllt dich an. Weine lieber, damit er weich wird und dich zarter anfasst. Es kann natürlich auch umgekehrt sein. Wenn zum Beispiel ein Junge verspottet wird, sobald er weint, dann lernt er vielleicht, wütend zu werden, obwohl ihm zum Heulen zumute ist. Gefühls-Strategien pervertieren unsere Gefühle. Sie biegen sie für einen anderen Zweck zurecht. Wir freuen uns, um nicht weinen zu müssen (Sonnyboy), wir entwickeln Angst, wo unsere Wut gefragt wäre (Memme), oder Ärger, um bloß keine Angst zu zeigen (Zicke). Diese Strategien werden zu unserer zweiten Natur. Wir identifizieren uns mit ihnen als unsere „Persönlichkeit" oder unseren „Charakter". Viele Menschen erleben sich überhaupt nie tiefer als bis zu dieser Ebene. Sie halten ihre Gefühls-Strategien für ihre wahren Gefühle.

5. Gedanken

Die nächste Schicht beheimatet unsere Gedanken. Hier sind wir zur Reflexion fähig und in der Lage, zum unmittelbaren Erleben auf der Gefühlsebene einen gewissen Abstand herzustellen. Hier können wir unser Verhalten an gedanklichen Kriterien ausrichten. Unser Verstand ist ein nützlicher Computer, der Erfahrungen auswertet und uns daraus lernen lässt. Die heiße Herdplatte, der strafende Blick von Mama, die schlechte Note in der Schule, die Abmahnung vom Chef, die Abfuhr beim anderen Geschlecht: Alle diese Dinge lernen wir, mithilfe unseres Verstandes zukünftig zu vermeiden. Umgekehrt lernen wir in gewissem Maße auch, die Dinge zu erreichen, die wir gern hätten. Allerdings führt uns der Verstand systematisch in die Irre, wenn wir den Kontakt zu unseren wahren Gefühlen und mit dem Hier und Jetzt verloren haben. Er schaltet um auf „Plan B" und unterwirft die Gefühle seinem Regiment, anstatt sie uns zu unserer Essenz führen zu lassen.

6. Glaubenssätze

Die Schicht der Gefühls-Strategien ist immer noch kein perfekter Schutz davor, dass nicht doch bei Gelegenheit tabuisierte Gefühle durchbrechen. Deswegen baut der Verstand noch zusätzlich die Schicht der Glaubenssätze auf und schiebt sie zwischen sich und die Interaktion mit der Umwelt. Glaubenssätze sorgen dafür, dass wir einmal Gelerntes nicht übermütig ignorieren und uns auf etwas ganz Neues einlassen. Sie sorgen dafür, dass wir neue Erfahrungen stets auf der Grundlage alter Erfahrungen auswerten. Wenn zum Beispiel meine Trauer als Kind immer lächerlich gemacht wurde, dann werde ich hinter dem warmherzigen Mitgefühl meiner Freundin misstrauisch eine Taktik vermuten, mich dazu zu verführen, Schwäche zu zeigen, die sie dann später gegen mich verwenden könnte. In diesem Modus nehme ich meine Umwelt verzerrt wahr. Ich vertraue im Zweifelsfall mehr meinen alten Glaubenssätzen als der neuen, aktuellen Information.

7. Der letzte Schliff

Jetzt sind wir gewappnet für die „effektive" Bewältigung unserer Welt. Uns legt niemand mehr aufs Kreuz! Niemand bringt uns so leicht davon ab, auf Altbewährtes zu vertrauen, auch wenn unser Leben dann bestimmt wird von der Maxime: „Vertraue nichts und niemandem!" Als letzten Schliff versehen wir unsere Überzeugungen noch mit dem Etikett „Wahrheit". Jetzt ist unser „Charakter" wasserdicht. Wilhelm Reich hat dafür den passenden Begriff „Charakterpanzer" geprägt und aufgezeigt, wie wir diesen Panzer im Körper verankern.[59] Und um das Täuschungsmanöver perfekt zu machen, geben wir uns vielleicht noch eine anpassungsfähige, freundliche Fassade, damit sich niemand direkt an unserem Panzer reibt und uns deswegen womöglich ablehnt.

Wie wirken sich die skizzierten Schichten der Psyche auf unsere Liebe aus? Wenn wir Liebesbeziehungen eingehen, dann haben wir auf den verschiedenen Ebenen unseres Seins unterschiedliche, oft sogar gegensätzliche Bedürfnisse. Einerseits sehnen wir uns nach tiefer Verbindung mit unserer eigenen Essenz. Dieses Sehnen zeigt sich in unserer Suche nach bedingungsloser Liebe. In einer Partnerschaft ist es das himmlische Gefühl, geliebt, gemeint und angenommen zu werden, so wie wir sind. Auf den Ebenen unserer Charakterstruktur, das heißt in unserem individuellen Set aus verfestigten Gefühls- und Gedankenmustern, haben wir ganz andere Bedürfnisse. Wir suchen all das, was wir nicht zuletzt aufgrund unseres Charakters ermangeln. Wenn wir uns zum Beispiel unsicher fühlen, weil wir unseren Gefühlen nicht trauen, dann suchen wir Sicherheit im Außen. Wenn wir nicht viel fühlen und uns mit uns selbst langweilen, dann suchen wir vielleicht Abenteuer. Wenn wir uns einsam fühlen, suchen wir Nähe, und wenn wir uns eng fühlen, dann suchen wir Freiheit. Was wir auf diese Weise suchen, spiegelt unsere Begrenzungen und ist zugleich der Versuch, sie mithilfe eines Partners zu überwinden.

Während wir im Kern Liebe sind und in unserer Essenz der Liebe vollkommen vertrauen und sie im Hier und Jetzt frei fließen lassen, suchen wir auf den Ebenen unserer Persönlichkeit (Ebenen 4 bis 7) Ersatz für alles, was uns fehlt. Wir können unsere Liebe nicht frei fließen lassen, sondern sind bestrebt, dafür zu sorgen, dass wir bekommen, was wir brauchen. Dieses Bestreben kann sich durchaus – auch vor uns selbst – als essenzielle Qualität maskieren. Dann ziehen wir aber unausweichlich einen Partner an, der unsere Illusionen über uns selbst zum Platzen bringt und uns unsere eigenen Begrenzungen spüren lässt.

Die spannungsreiche Dynamik zwischen Liebe und Bedürfnisbefriedigung ist der Stoff für all die Dramen, die seit Jahrtausenden in nahen Beziehungen aufgeführt werden. Sie zeigt sich als Widerspruch, als Dilemma, als Ambivalenz. Nahe Beziehungen sind vielleicht das kraftvollste Erlebnisfeld, in dem wir an unseren Widersprüchen verzweifeln oder mit ihnen lustvoll tanzen können. Es ist zugleich auch das Feld, in dem unsere Einstellungen zur Widersprüchlichkeit des Lebens unmittelbar heilen können.

Die inneren Widersprüche als Paarkonflikte

Mit uns allein versuchen wir Harmonie und Eindeutigkeit herzustellen, indem wir uns mit bestimmten Aspekten unseres Fühlens, Denkens und Handelns identifizieren und andere aus unserer Selbstwahrnehmung ausgrenzen. Damit grenzen wir uns selbst auch von unserer eigenen Essenz ab. In Beziehungen kommen uns diese Aspekte regelmäßig von außen wieder entgegen. Alle unsere verdrängten inneren Widersprüche tauchen – oft in verschärfter Form – wieder auf. Sind wir bereit, sie zu begrüßen?

Das Selbstbild als Schutzschild

Im Kapitel „Innere Widersprüche" haben wir gesehen, was für eine Vielfalt von inneren Stimmen oder inneren Personen in uns existieren, von denen uns nur ein kleiner Teil bewusst ist. Manchmal pfeifen es allerdings schon die Spatzen von den Dächern, was wir bei uns selbst nicht wahrhaben wollen. Andere sehen oder spüren das teilweise auf den ersten Blick. Je mehr ich an meinem Selbstbild festhalte, desto eher kann das Bild, das andere von mir haben, zum Problem und zum Konflikt werden. Es ist ganz normal, dass es uns verunsichert, wenn wir anders gesehen werden, als wir uns selbst sehen. Die meisten Menschen reagieren darauf mit Abwehr. Unsere Identität, die uns Halt geben soll, gerät in Gefahr.

Aber wer sind wir wirklich? Diese Frage wird im Spiegel des Du wieder lebendig. Wer uns liebt, erlebt unser Festhalten an unserer Identität wahrscheinlich als ein erhebliches Hindernis, uns wirklich nahe zu kommen, es sei denn, wir stützen mit unserer Identität indirekt auch seine oder ihre Identität. Dieser „Nichtangriffspakt" oder besser „Wir-lassen-uns-in-Ruhe-Pakt" oder auch der „Wir-bestätigen-uns-gegenseitig-in-unserem-Selbstbild-Pakt" wird nicht selten mit liebevoller Harmonie verwechselt. Unter seinem Einfluss höhlt sich allerdings die Beziehung meistens langsam aus. Insofern könnten wir eigentlich die Herausforderung an unsere

Identität durch einen Partner begrüßen – im gleichen Ausmaß, wie wir auch unsere Unsicherheit begrüßen können.

Sei du mein Hindernis!

In Liebesbeziehungen spitzt sich auch der Tanz zwischen Wünschen und Hindernissen oft noch zu. In der Projektion all meiner Sehnsüchte auf einen anderen Menschen fühle ich mich der Erfüllung wunderbar nahe. Umso größer ist die Enttäuschung, wenn die Erfüllung ausbleibt. Manchmal wechseln wir nahtlos von der einen in die andere Beziehung und damit zu einer anderen Projektion. Wer gerade noch Verheißung war, wird plötzlich zur Bedrohung, zum Hemmnis, zum personifizierten Hindernis, und wir halten Ausschau nach einer neuen Verheißung. In diesem Wechselbad reifen wir – oft sehr langsam – zu der Erkenntnis, dass unser Partner schlicht ein eigenständiger Mensch ist, mit dem wir auf der essenziellen Ebene vieles gemeinsam haben und mit dem wir uns tief verbinden können, von dem uns auf anderen Ebenen jedoch vieles trennt. Diese Realisation ist schmerzhaft, deswegen schieben wir sie gern auf. Sie wirkt auf Dauer jedoch befreiend. Sobald wir den Anderen (genauer gesagt: unser Bild vom Anderen) aus dem Gefängnis unserer Projektionen entlassen, kann uns die Begegnung mit ihm Neuland erschließen. Wir lassen uns überraschen. Dann können Wünsche wahr werden, von deren Existenz wir gar nicht gewusst haben.

Treu oder frei? Für Brisanz ist gesorgt.

Unsere Ambivalenz zwischen den Bedürfnissen nach Sicherheit und Risiko taucht wieder auf und äußert sich bevorzugt im Thema Bindung und Freiheit. Dieses ist das vielleicht brisanteste Thema in Partnerschaften. Die Glaubenssätze in diesem Bereich mitsamt ihren Rechtfertigungen füllen Bibliotheken. In „Herzenslust"[60] habe ich diese Polarität und ihre Dynamik ausführlich beschrieben, weshalb ich hier nicht näher darauf eingehen möchte. In „Leben, Lieben und Nicht Wissen" habe ich ausgeführt, wie unsere individuelle

Biografie unsere Glaubenssätze hervorbringt.[61] Dies bei uns selbst und bei anderen zu erkennen, kann helfen, die Relativität unserer Überzeugungen anzuerkennen und uns für andere Perspektiven zu öffnen.

Auch in unseren Seminaren ist dies immer wieder ein brisantes Thema. Manche Kursteilnehmer kommen in ein Tantra-Seminar mit der Vorstellung: „Ein Tantriker sollte jedes Besitzdenken überwinden und potenziell jeden Menschen lieben können oder zumindest lieben lernen. Das schließt auch – schließlich bejaht Tantra ja den Sex – erotische Kontakte mit ein." Menschen mit dieser Überzeugung fällt es manchmal schwer anzuerkennen, dass andere – oder auch sie selbst – Grenzen haben und dass es nicht immer heilsam ist, diese Grenzen zu sprengen.

Andere Kursteilnehmerinnen suchen im Tantra nicht die Abwechslung, sondern die Vertiefung ihrer Liebesfähigkeit und verdächtigen jeden, der offen für wechselnde erotische Kontakte ist, der Vermeidung eben dieser Tiefe.

Manche Paare polarisieren sich heillos rund um dieses Thema. Beide suchen dann im Außen, zum Beispiel auch bei mir, Kronzeugen für die Richtigkeit ihrer Haltung. Dieses Anliegen muss ich regelmäßig enttäuschen, denn für mich ist keine von beiden Haltungen wahrer als die andere. Sie sind Ausdruck von Bedürfnissen. Daher lade ich dazu ein, das eigene Bedürfnis deutlicher wahrzunehmen. Wenn es den beiden gelingt, über ihre Bedürfnisse zu sprechen, anstatt Überzeugungen zu diskutieren, kann sich die Polarisierung zugunsten des „ganz normalen Dilemmas" auflösen. Dieses ist schon brisant genug. Manches Mal stellt sich heraus, dass ganz andere Prozesse im Hintergrund wirksam sind als zunächst vermutet. Wolfgang beschreibt es so:

Ich habe mich mit Nadja endlos gestritten, weil ich auch anderen Frauen erotisch begegnen wollte. Ich wollte nicht unbedingt mit ihnen schlafen, aber es kam mir so künstlich vor, nur Nadja berühren zu dürfen. Nadja fand das unreif. Als wir bei einem Kurs waren, wo Frauen und

Männer für zwei Tage getrennt waren, geschah eine entscheidende Wende. Wir hatten uns für zwei Tage mit unseren eigenen Sehnsüchten beschäftigt. Dann kamen die beiden Gruppen wieder in einem Raum zusammen. Anstatt dass Nadja ängstlich danach schielte, welcher anderen Frau ich womöglich wieder nachstellte, kam sie sehr offen und direkt auf mich zu und konfrontierte mich damit, was ihr im Sex mit mir fehlte. Ich war erst etwas perplex, dann bekam ich Angst, aber als sie nicht locker ließ und ich merkte, dass es nicht um Kritik an mir ging, sondern darum, unser Liebesleben zu verbessern, konnte ich mich gut drauf einlassen. Mir hatte selbst auch etwas gefehlt, aber ich war nicht drauf gekommen und hatte es auf andere Frauen projiziert. Unser Sexleben hat sich seit dieser Wende total intensiviert. Und mein Drang zu anderen Frauen hat nachgelassen. Und ihre Eifersucht ebenso. Wenn ich jetzt in einem Workshop eine Übung mit einer anderen Frau machen möchte, ist das kein Thema mehr. Weil ich Nadja nichts mehr vorenthalte.

Der Innere Kritiker – heimlicher Chef

Im Kapitel „Innere Widersprüche – Fluch oder Segen?" haben wir gesehen, an welcher Stelle unserer Angsthierarchie der Innere Kritiker installiert wird (Seite 95). Er dient im Kern dazu, uns durch voreilende Selbstzensur vor möglichen äußeren Angriffen und Verletzungen zu schützen. Der Innere Kritiker ist ein Zentralorgan unserer Persönlichkeitsstruktur. Er sorgt dafür, dass wir in den Schichten unterhalb unserer Persönlichkeit nicht berührt werden.

In nahen Beziehungen hat er eine wunderbare Bühne. Solange wir uns ganz in seinem Sinne vor Nähe schützen, lenkt er seine kritische Aufmerksamkeit nach draußen. Dort findet er in allem ein Haar in der Suppe. Wenn wir es aber wagen, unser Herz zu öffnen, dann attackiert er uns oft selbst – allerdings ohne sich zu erkennen zu geben. Der Innere Kritiker hat die Fähigkeit, uns erst selbst vollkommen fertig zu machen und dann alles der Partnerin oder dem Partner in die Schuhe zu schieben. Zu erkennen, wie perfekt er uns dazu bringt, kritische Stimmen in unserem Inneren auf andere zu projizieren, kann uns Respekt einflößen.

Dreister als die frechsten Schulkinder wirft er uns unauffällig eine Stinkbombe vor die Füße. Dann macht er sich ruck, zuck aus dem Staub, um kurz darauf in anderer Verkleidung „zufällig" wieder des Weges zu kommen. Er sieht unsere Empörung, er schürt sie zu richtiger Wut auf solche stinkenden Passanten und bietet uns gern noch wirkungsvollen Schutz gegen solche Zumutungen an. Wenn wir – wie meistens – darauf hereinfallen, haben wir den Bock zum Gärtner gemacht.

Am unerkannten Wirken des Inneren Kritikers gehen viele ansonsten hoffnungsvolle Beziehungen zugrunde. Manfred und Lisa können ein Lied davon singen:

Manfred, ein 45-jähriger Anwalt, und Lisa, eine 38-jährige Grafikerin, hatten beide schon an einigen Seminaren teilgenommen, als sie sich im Silvesterkurs kennenlernten. Beide waren sehr offen damit umgegangen, dass sie auf der Suche nach einer neuen Partnerschaft sind und beide wollten die alten „Fehler" nicht wiederholen. Deswegen waren sie auch zum Tantra gekommen. Sie verbanden damit die Hoffnung, einen liebevolleren Umgang mit sich selbst zu pflegen und dann auch einiges über das Umsetzen in der Partnerschaft zu lernen. Nach dem Silvesterseminar – in dem sie das frische verliebte Traumpaar abgaben – sah ich sie gut zwei Jahre nicht wieder.

Dann bekomme ich einen Anruf von einer hörbar aufgelösten Lisa, ob sie zu einer Paarberatung kommen könnten. Eine Woche später sitzen sie in meiner Praxis. Die Spannung im Raum ist zum Schneiden. Dann fängt Manfred an: „Ich liebe Lisa, aber ich kann nicht mehr. Ich kriege in dieser Beziehung keine Luft mehr. Lisa möchte gern mit mir zusammen ziehen, aber ich befürchte, dass wir das nicht lange überleben würden. Ich habe das Gefühl, als würde jede meiner Lebensäußerungen überwacht. Ich hoffe, dass du uns helfen kannst. Ich weiß nicht mehr weiter."

Lisa fährt nach einigem Schweigen fort: „Ich finde Manfred reagiert paranoid. Ich mag einfach nicht mehr so nebeneinander her leben. Wofür sind wir denn überhaupt zusammen? Und dann ständig diese Geheimnistuerei. Ist doch klar, dass ich da neugierig werde."

Dies war der Anfang eines Prozesses. In der zweiten Sitzung frage ich, etwas provokativ, welches Verhalten der jeweils andere abstellen soll, damit wieder Frieden einkehren kann.

Manfred antwortet sehr schnell: „Sie soll einfach aufhören, mich zu kontrollieren. Fertig. Mehr braucht es nicht!"

Lisa überlegt eine Weile: „Das ist nicht so leicht zu beantworten, weil mir eher etwas fehlt, als dass mir etwas zu viel wäre ... Ich sage es mal so: Er sollte sich nicht zurückziehen, wenn ich auf ihn zugehe, sondern da bleiben."

In einer der nächsten Sitzungen kommen wir auf den Kern, an dem sich Lisa und Manfred verhaken.

Manfred: „Ich fange an zu begreifen, dass du mit deinem Verhalten Nähe zu mir herstellen willst. Ich fange an zu begreifen, dass du mir gegenüber grundsätzlich schon wohlwollend bist, aber aus lauter Frust wirst du halt irgendwann gereizt. Wenn du so gereizt auf mich zukommst, interpretiere ich das als Feindseligkeit. Jemand, der mir permanent im Nacken sitzt, ob ich auch alles richtig mache. Ich glaube, das ist der Innere Kritiker, von dem du, Saleem, gesprochen hast. Und er erinnert mich – ich trau mich kaum das zu sagen, weil es so banal ist – an meine Mutter. Die war ständig hinter mir her. ‚Manfred, hast du auch dies getan? Manfred, wo steckst du denn schon wieder? Manfred, komm her zu deiner Mama!' Ich muss fast kotzen, wenn ich daran denke."

Lisa: „Es berührt mich sehr, dich so zu erleben. Ich kann dich besser verstehen und ich fühle mich zum ersten Mal gesehen in dem, was ich eigentlich von dir will. Ich will dir doch nichts Böses!"

Es dauert noch eine Weile, bis auch Lisas Part in der Dynamik deutlicher wird. In der nächsten Sitzung ist sie zum ersten Mal nahe an ihrer Trauer: „Ich kann Zurückweisung einfach nicht ertragen. Wenn du ganz liebevoll zu mir sagst: ‚Jetzt nicht, Schatz!', dann höre ich: ‚Geh mir nicht schon wieder auf die Nerven!' Mein Kritiker macht mir dann klar, dass ich nicht erwarten kann, dass sich jemand ernstlich für mich interessiert." Lisas Vater, das war bereits Thema gewesen, war emotional kaum erreichbar, und er hatte sich kaum je für ihre Gefühle interessiert, bestenfalls noch für ihre Leistungen. Diese Geschichte teilt Lisa mit vielen Frauen, und deswegen ist ihr Verhalten auch durchaus typisch. Lisa fährt fort: „Ich weiß, dass letztlich meine Vatergeschichte dahintersteckt. Aber ich kann ihm einfach nicht verzeihen. Warum hat er sich nie um mich gekümmert, selbst dann noch nicht, als meine Mutter schwer krank wurde?" In Laufe der nächsten Sitzung findet Lisa heraus, dass ihre Kritiker-Stimme erst dann Ruhe geben wird, wenn sie sich selbst das gibt, was sie damals von ihrem Vater gebraucht hätte: die volle Aufmerksamkeit. Indem sie sich auf Manfreds Zuwendung fokussiert, verlässt sie sich selbst, und dann hat ihr Innerer Kritiker leichtes Spiel.

Der Innere Kritiker kann sich in Paardynamiken hervorragend verstecken, weil es meistens der Partner ist, der ihn auslöst. Sobald unsere Partnerin etwas tut, was uns an die für uns schmerzlichen Verhaltensweisen unserer Eltern erinnert, benutzt er das für eine „Auffrischungsimpfung", um uns wieder gegen diesen Schmerz zu immunisieren. Paradoxerweise fügt er uns aber dabei diesen Schmerz selbst zu, das ist seine Methode. Er arrangiert das Ganze so, dass Manfred glaubt, Lisa sei so kontrollierend wie seine Mutter, und Lisa glaubt, Manfred sei so desinteressiert wie ihr Vater. Wir hören also die Stimme des Inneren Kritikers selten direkt. Stattdessen sind wir uns sicher, dass unser Partner das „so gemeint hat".

Selbst wenn das stimmen sollte – und der Innere Kritiker ist durchaus so clever, andere Menschen von seiner Haltung zu überzeugen und entsprechend zu instruieren –, dann ist der Weg heraus kaum zu schaffen, wenn diese Innere Stimme nicht irgendwann ganz genau identifiziert wird. Erst dann wird es möglich, die Verantwortung für unser eigenes Erleben wieder zu übernehmen. Es kann – und so war es bei Lisa und Manfred – wahre Wunder wirken, wenn wir diese Dynamik durchschauen. Wenn wir sehen, dass

es letztlich nicht der Partner ist, der uns wiederholt so sehr wehtut, sondern eine innere Instanz in uns, können wir Blockaden von
gegenseitigem Misstrauen und wechselseitigen Vorwürfen überwinden.

Als Kind habe ich diesen Witz besonders gemocht:

> Weißt du, warum Elefanten rote Augen haben? Nein? Damit sie sich
> im Kirschbaum besser verstecken können! Du hast noch nie einen Ele-
> fanten im Kirschbaum gesehen? Na, da siehst du mal, wie gut er sich
> verstecken kann!

Der Innere Kritiker ist ein Elefant im Porzellanladen unserer Psyche, und zugleich ist er ein so perfekter Verwandlungskünstler, dass
er sogar inmitten eines Scherbenhaufens nicht auffällt. Er kann
jedes Aussehen, jede Augenfarbe und jede Stimmlage annehmen.
Er kann sich überall bestens verstecken. Besonders gern sorgt er
auch dafür, dass Liebe und Sex getrennt bleiben, denn deren Verbindung ist nach seiner Einschätzung viel zu gefährlich. Wenn Sex
und Herz zusammenkommen, sind wir nämlich in unserem Kern
berührbar.

Sex und Liebe – kommen sie zusammen?

Sex ist – wie wir im vorigen Kapitel gesehen haben – Ausdruck
von Polarität und nicht zuletzt deswegen ein bevorzugter Schau-
platz für die Inszenierung unserer Widersprüche. Sex ist zugleich
auch eine der besten und vor allem lustvollsten Gelegenheiten innerer Heilung durch die Integration der Polarität. Wenn nun die
Liebe hinzukommt, wird es noch einmal komplexer.

> Makes my pulse react
> that it's only that thrill

of boy meeting girl
opposites attract
it's physical
only logical
you must try to ignore
that it means more than that

[Chorus]
Oh what's love got to do with it
what's love but a second hand emotion
what's love got to do with it
who needs a heart
when a heart can be broken[62]

Es kann sehr wehtun, Liebe und Sex zusammenzubringen, weshalb Tina Turner in ihrem Lied davon abrät. Durch die Differenz von Sex und Liebe können sich Gegensätze aufbauen, die uns in Liebesbeziehungen mitunter arg zu schaffen machen, aber auch beflügeln können. Viele Menschen sehnen sich danach, Sex und Herz zusammen zu erleben. Allerdings sind diese beiden Ebenen in unserer Kultur nach wie vor gespalten. Madonna und Hure stehen für diese Spaltung. Deswegen gelingt uns die Integration von Lust und Liebe meistens nur teilweise. An den Rändern tendiert die Herzqualität in Richtung Kitsch und Sexualität gerät verschämt in die Schmuddelecke. Diese beiden Pole schließen sich gegenseitig aus. In dem aktuellen Buchtitel „Guter Sex trotz Liebe"[63] kommt passend zum Ausdruck, was viele Paare erleben: Dauerhafte liebevolle Harmonie erstickt die sexuelle Leidenschaft. Anstatt dies als den natürlichen Lauf der Dinge anzusehen, sehe ich darin eher unsere Unfähigkeit, der Unterschiedlichkeit von Sexualität und Liebe genügend Raum zu geben.

Sex und Herz haben zunächst einmal ganz unterschiedliche Qualitäten:

- Sex entspringt den unteren beiden Chakren. Auf dieser Ebene sind wir instinkthaft und selbstbezogen. Zugleich ist Sex polar angelegt als ein subtiler bis deftiger, lustvoller Tanz von Yin und Yang. Unsere Lust lebt von energetischer Polarität, sie braucht ein gewisses Maß an Widerstand[64], an dem sie sich entfalten kann. Die Lust des anderen spielt hier nur insoweit eine Rolle, dass sie uns selbst lustvoll erregt. Manche erleben sogar die völlige Anonymität, die Unlust oder sogar den Schmerz des anderen als sexuell erregend. Hier betreten wir die Tabuzone des Sex. Tabus stehen oft einem tieferen Verständnis unserer sexuellen Natur im Wege. Tabuisiertes verstehen heißt nicht, es unbedingt ausleben zu müssen. Im Tabubereich zeigen sich jedoch Aspekte des Sex eher ungeschminkt.
- Das Herz liebt die Einheit. Das Herz gibt und nimmt das Blut in und von jedem Teil unseres Körpers. Entsprechend sehnt es sich nach Verbindung, nach dem bedingungslosen Umarmen von allem, was ist. Diese Fähigkeit des Herzens wird insbesondere durch unser Urteilen begrenzt. Was jenseits unserer Ur-Teilens liegt, also abgespalten und verurteilt wird, wird vom Herz nicht mehr erreicht. Liebe, die unsere Urteile unbehelligt lässt und nicht überwindet, wird hohl und degeneriert zum rosaroten Plüschherz. Die ursprüngliche Herzensqualität ist jedoch zugleich verletzlich und kraftvoll. In ihr sind wir wild und entschlossen, Gräben zu überwinden und in allem Verbundenheit zu erleben.

Wenn wir Sex und Herz wirklich und vollständig zusammen erleben möchten, dann hilft es nicht, das Herz zu „versexen" oder den Sex zu „verherzen". Beides zusammen wäre „verhext". Weder Sex noch Herz können dann noch die jeweils eigene Qualität und Schönheit entfalten, sondern verkümmern in einem faulen oder faden Kompromiss. Sex wird harmlos und das Herz wird schwächlich. Umso reicher wird das Erleben, wenn beide Qualitäten ungebremst in die Beziehung eingebracht werden. Ein wilder Tango ganz eigener Art ...

Solange der innere Raum für die Gegensätzlichkeit von Sex und Herz nicht genug Platz bietet, stehen wir vor der Qual der Wahl. Viele Paare erleben die beiden Qualitäten dann in der Polarisierung:

- Sie will mehr liebevolle Zärtlichkeit, ohne dass es immer gleich zur Sache gehen muss.
- Er will mehr geilen Sex oder ist darauf aus, sexuelle Abenteuer zu erleben.

Die Zuschreibungen „Er will Sex" und „Sie will Liebe" sind die Klassiker, die aber zunehmend auch mit vertauschten Rollen gespielt werden. Dazu schreibt eine aufgebrachte Frau auf der Homepage von „Brigitte" (als Kommentar zu einem Interview mit dem Sexualtherapeuten David Schnarch):

Wieso wird eigentlich in solchen Beiträgen nur über die Unlust von Frauen berichtet? Die Unlust von Männern macht vielen Frauen zu schaffen und da Brigitte eine Frauenzeitschrift ist, wäre es schön mal einen „ernsthaften" Artikel zu diesem Thema zu lesen ...[65]

Ich sehe in diesem vermehrten Rollentausch einen Schritt in die Richtung, dass beide Seiten ihre Würdigung finden. Die Heilung der Spaltung zwischen Sex und Liebe geschieht nicht, indem wir ihre Unterschiedlichkeit verharmlosen oder verleugnen, sondern indem wir uns ihrer unterschiedlichen Qualitäten gewahr werden:

- Sex pur ist für das Herz eine Herausforderung. Er berührt – sobald wir uns dabei erlauben zu fühlen – viele schmerzhafte Zonen, die wir zuvor aus unserer Liebe und unserer Einfühlung ausgeschlossen haben. Wir spüren zum Beispiel den Schmerz des einsamen Mannes, der glaubt, sich Sex kaufen zu müssen.
- Herz pur ist für den Sex eine Herausforderung. Kann sich unser

Sex in seiner animalischen Kraft soweit selbst bestätigen, dass er auch in einer innigen Umarmung weiter in uns pocht und vibriert und uns sein Begehren spüren lässt? Kann ich emotional berührbar – vielleicht mit Tränen in den Augen – meiner Liebsten ins Ohr flüstern: „Ich will dich jetzt ficken!"[66] und dabei ganz offen bleiben für jede mögliche Antwort?

Für die Heilung der Verbindung von Sex und Herz können wir uns selbst und eventuell auch unserem Partner folgende Fragen stellen:

• Was behindert oder befördert unsere Lust auf bedingungslose Liebe?
• Was behindert oder befördert unsere Liebe zur ungebremsten Lust?
• Wie weit darf das Spektrum dieser Pole für uns werden? Wie weit – und zugleich explizit – dürfen wir selbst werden?

Die Verbindung von Liebe und Sex hat eine gewisse Sprengkraft, die manchen Paaren hilft, aus festgefahrenen Mustern immer wieder heraus zu wachsen. Unsere Persönlichkeitsstruktur hat die Tendenz, feste Beziehungsstrukturen zu etablieren und daran sogar dann festzuhalten, wenn sie nicht funktionieren oder Lust und Liebe austrocknen. Damit sind wir wieder beim Grunddilemma, dem wir in jeder Liebesbeziehung begegnen: Lust und Liebe und unsere Essenz wollen bedingungslose Wahrheit im Hier und Jetzt. Die Sicherheits- und Schutzbedürfnisse unserer Persönlichkeit aber wollen verlässliche Strukturen auch in der Partnerschaft etablieren und absichern. Im ewigen Tanz zwischen diesen beiden Polen gibt es typische Schrittfolgen, die zu verstehen uns helfen kann, immer wieder neu die Balance zu finden und dabei lebendig und in Bewegung zu bleiben.

Wir brauchen Rollen –
genauso wie ihre Überwindung

In allen Beziehungen übernehmen wir Rollen. In der klassischen Ehe waren die Rollenzuschreibungen sehr rigide: Die Frau kümmert sich um das Zuhause und die Kinder, der Mann geht in die Welt hinaus und verdient den Unterhalt. Heute sind die Rollen und die damit verbundenen Funktionen, die in Beziehungen übernommen werden, weitaus subtiler und manchmal nicht leicht zu durchschauen. Was jedoch alle Rollenverteilungen gemeinsam haben: Sie verheißen Stabilität und bergen doch eine hohe Sprengkraft. Sie führen früher oder später in genau den Konflikt, den sie zu vermeiden suchen. Schauen wir uns dieses Paradox in seiner Dynamik näher an.

In jeder Beziehung ist es bedeutsam, wer führt und wer folgt und wie zwischen beidem gewechselt wird. Aus diesem Thema wird leicht ein Machtkampf, wenn wir nicht verstehen, wie beide Rollen ineinander greifen und sich gegenseitig bedingen. Beides hat seine Vor- und Nachteile:

- Wer führt, kann eigene Impulse einbringen, trägt aber auch viel Verantwortung.
- Wer folgt, kann leichter loslassen und sich hingeben, läuft aber Gefahr, sich selbst dabei zu verlieren.

Eine sehr geschickte Art der Führung ist es, den anderen glauben zu machen, dass er führt.

In dem Kinofilm Meine dicke fette griechische Hochzeit wollen zwei Tanten den Familien-Patriarchen dazu bringen, seine Tochter aus dem muffigen Familienbetrieb zu entlassen. Mit einer klassischen weiblichen List bringen sie ihn zu der Überzeugung, dass das seine eigene wunderbare Idee sei, und er stimmt natürlich freudig zu ...

Frauen sind – wissenschaftlich beglaubigt – Meister in der Kunst, den Mann „führen zu lassen" und dabei verdeckt selbst zu führen, nicht zuletzt wenn es ums Flirten geht:

Wer, meinen Sie, hat beim Flirten das Heft in den Händen? „Wenn nur alle Fragen so einfach wären! Der Mann natürlich", sagen Sie, „wer denn sonst! Er ergreift die Initiative, auch heute noch, da hat sich, Emanzipation hin oder her, wenig geändert. Männer umschwirren doch das weibliche Geschlecht wie die Motten das Licht. Frauen müssen nur darauf warten, wer die Landung wagt." So, meinen Sie. Das ist das bekannte Klischee. Es hält sich zwar hartnäckig, ist aber trotzdem falsch. Nicht zuletzt die Männer selbst glauben gern, dass sie es sind, die mit ihrem Willen und Wagemut bestimmen, wann sie eine Frau ansprechen. Doch wenn es ein Gesetz gibt, auf das die Verführungsforscher bei ihren Feldversuchen immer wieder gestoßen sind, dann ist es dieses: Beim Flirten führt die Frau.[67]

Wenn wir die Dynamik von Führen und Folgen durchschauen, fallen manche Konflikte in Sekundenbruchteilen in sich zusammen, vor allem dann, wenn es um Täterschaft und Verantwortung geht. Weil wir glauben, unser Leben nur auf aktive Weise gestalten zu können, übersehen wir gern, in welchem Ausmaß wir es bereits passiv gestalten, ohne es zu merken. Wir tun das, indem wir die Führungsrolle delegieren. Solange dies unbewusst geschieht, entledigen wir uns auch gern der Verantwortung. Diese Erkenntnis ist nicht nur für Paare bedeutsam, sondern auch, wenn wir Führungspositionen einnehmen oder Gruppen leiten.

Mir ist wichtig, Teilnehmerinnen und Teilnehmer meiner Kurse dazu einzuladen, die Verantwortung für sich zu übernehmen. Das ist leichter gesagt als getan. Paradoxerweise können sie das am besten, wenn sie die Verantwortung zu Beginn zunächst abgeben dürfen, aber innerhalb von Grenzen, die sie selbst setzen. Für meine Haltung als Leiter bedeutet das: Ich leite so viel wie nötig, aber so wenig wie möglich.

Am Anfang braucht eine neue Gruppe viel Halt. Daher gebe ich einiges an Orientierung. Je länger eine Gruppe zusammen ist, desto eher lasse ich los und überlasse es der Selbstregulation der Gruppe und der Spontaneität des Augenblicks, was geschieht. An der Oberfläche sieht es immer noch so aus, als führte ich die Gruppe. In der Tiefe ist es aber oft so, dass ich folge. Das Spannende daran ist, dass auf diese Weise die Teilnehmerinnen und Teilnehmer bereits viel früher ihren eigenen Prozess steuern, als sie sich selbst bewusst dazu in der Lage sehen würden. Ab einer bestimmten Phase des Gruppenprozesses wird transparent, dass jeder die Verantwortung bereits für sich trägt und dass es gar nicht anders sein kann. Alles was es dann noch braucht, ist, bewusst ja dazu zu sagen.

Dies lässt sich gut auf Paarbeziehungen übertragen. Uns selbst einzugestehen, wie groß unser indirekter Einfluss auf die Partnerschaft gerade auch da ist, wo wir glauben uns anzupassen, kann uns zu unserer schöpferischen Kraft zurückführen.

Wenn Führen und Folgen nicht in ihrer jeweiligen Eigenart gewürdigt werden und nicht zwischen beidem gewechselt werden kann, dann gibt es oft einen Kampf um die Verantwortung, der sich in Vorwürfen und Schuldzuweisungen ausdrückt. Dann werden wir zu Opfern und Tätern. Diese Rollenverteilung ist so verhärtet, dass wir selten allein aus ihr herausfinden. Also erfinden wir eine dritte Rolle: Der Retter ist der Dritte im Bunde dieser Dynamik. Er muss nicht mal eine reale Person sein, es kann auch eine Wunschvorstellung sein: wenn doch nur ... Paradoxerweise stabilisiert aber gerade die Rolle des Retters oft die Situation, und zwischen Opfer und Täter muss sich nichts wirklich bewegen. Hanna hat das so erlebt:

Ich war mit Karla und Fred sehr eng befreundet, ich mochte sie beide. Aber sie hatten enorme Probleme damit, wenn er trank. Dann wurde er übergriffig und Karla fühlte sich bedroht, auch wenn er noch nie handgreiflich geworden war. Nach jedem solchen Vorfall klagten mir beide ihr Leid. Sie waren sehr dankbar, sich bei mir ausheulen zu können. Fred versprach, mit dem Trinken aufzuhören und eine Therapie anzufangen. Karla holte sich von mir Unterstützung darin, Fred klarer Grenzen zu setzen. Ich fühlte mich jeweils sehr wichtig und von beiden gebraucht und gemocht. Aber das Frustrierende war: Es änderte sich nichts. Es war wie ein Kampf gegen Windmühlenflügel. Bis ich eines Tages zu beiden sagte: „Wisst ihr, ich mag euch gern, sehr gern sogar. Aber ich will von euren Problemen nichts mehr hören! Sucht euch einen anderen, der sich das immer alles anhört!" Ich hatte tiefe Schuldgefühle, die beiden mit ihrem Problem so allein zu lassen.

Aber etwas Erstaunliches geschah: Zwei Wochen später zog Karla aus der gemeinsamen Wohnung aus. Fred begab sich eine Woche später tatsächlich in eine Entzugsklinik. Und jetzt versuchen die beiden einen Neuanfang. Ausgang ungewiss, aber es hat sich was getan!

Mit jeder der drei Rollen gehen typische Empfindungen einher. Das Opfer fühlt sich meist ohnmächtig und dabei wütend oder resigniert. Der Täter fühlt sich schuldig. Die Retterin fühlt sich in der Pose des Helfers zwar kraftvoll, ist aber oft am weitesten von ihren eigenen Bedürfnissen entfernt.

Der Kampf gegen den Täter ist aussichtslos, denn er stärkt den Täter in seiner machtvollen Rolle selbst dann, wenn dieser selbst seine Rolle ablegen will. Rettung aus dieser Dynamik finden wir, wenn wir als Erstes die Hoffnung auf eine Rettung von außen loslassen, denn genau diese Hoffnung stabilisiert oft das System.

Ohne Hoffnung können Opfer und Täter eine tiefe, oft existenzielle Verbundenheit erkennen, aus der es keinen Ausweg zu geben scheint. Genau dieses Erkennen, wenn es mit dem Herzen geschieht, löst sie aus ihrer unheilvollen Verstrickung und macht den Weg für neue Verhaltensweisen und für Vergebung frei.

Die radikale Vergebung[68] besteht darin zu erkennen, dass Opfer, Täter und Retter nicht nur Rollen, sondern auch verschiedene Bewusstseinszustände sind, die sich gegenseitig bedingen, brauchen und anziehen. Wir können uns also bei unseren Mitspielern bedanken, die uns Erkenntnisse über unseren eigenen Bewusstseinszustand ermöglichen.

Unser Bewusstsein wird entscheidend durch Glaubenssätze geprägt. Gewöhnlich gehen wir davon aus, dass wir das glauben, was wir wiederholt erfahren haben. Es spricht aber Vieles dafür, dass das ab einem bestimmten Lebensalter genau umgekehrt ist: Wir erfahren immer wieder das, woran wir bereits glauben.[69]

Unsere Glaubenssätze wirken oft wie sich selbst erfüllende Prophezeiungen und liefern endlosen Stoff für fruchtlose Paarkonflikte, weil wir nicht sehen können, wie wir selbst die Regie führen. Oft instruieren wir unbewusst unseren eigenen Partner als den notwendigen Gegenspieler unserer Halbwahrheiten:

Jaya und Cliff sind seit drei Jahren ein Paar. Jaya ist von Bestellungen beim Universum[70] begeistert. Cliff ist eher ein Skeptiker. Bislang waren ihre unterschiedlichen Haltungen kein Problem, im Gegenteil, sie konnten sich gut gegenseitig respektieren und auch inspirieren.

Jetzt wollen sie zusammenziehen und suchen eine Wohnung. Seit sechs Monaten haben sie sich einiges angeschaut, aber das Richtige war noch nicht dabei. Sie beginnen sich gegenseitig Vorwürfe zu machen.

Jaya: „Ich bin sicher, wenn du dich etwas mehr mit mir darauf eingestimmt hättest, was wir suchen und wir es dann an den Kosmos klar abgeschickt hätten, dann wäre die Wohnung bereits da. Mit meiner Arbeitsstelle hat das bestens funktioniert. Aber die Wohnung betrifft uns ja beide, und ich fühle, dass du da nicht mitziehst."

Cliff wird etwas sauer: „Willst du damit sagen, dass wir wegen mir noch nichts gefunden haben? Obwohl ich viel Zeit investiere, Zeitungen und Internet zu durchforsten, Anzeigen aufzugeben, Besichtigungstermine zu vereinbaren usw.? Das finde ich ganz schön unfair!"

Jaya: „Das ist eine ganz andere Ebene. Du verstehst nicht, was ich meine ..."

Cliff: „Doch, ich verstehe ganz gut. Ich verstehe nur nicht, warum du bei deiner Bestellung deines Liebespartners vor drei Jahren nicht, bitte keinen Skeptiker!' mit angegeben hast?'"

Die beiden haben ihren Humor noch nicht ganz verloren, was bei solchen Konflikten durchaus nicht selbstverständlich ist. Cliff spiegelt Jaya genau die Seite, wo sie die Verantwortung für den Misserfolg ihrer Bestellung noch nicht übernimmt. Jaya spiegelt Cliff eine Wirklichkeitsebene, zu der er noch wenig Zugang hat. Es kann höchst bedrohlich sein, wenn der andere das eigene Weltbild nicht teilt oder infrage stellt. Wie wir darüber fruchtbar und weniger furchtbar kommunizieren können, darauf kommen wir im nächsten Kapitel zurück. Der erste Schritt besteht darin, die Differenz anzuerkennen und den gemeinsamen Raum dadurch wachsen zu lassen. Dann können Cliff und Jaya eine Neugier aufeinander entwickeln: „Aha, so siehst und erlebst du das!", ohne dadurch gleich die eigene Perspektive aufgeben zu müssen.

Den Aha-Effekt zu erreichen, ist besonders schwierig, wenn sich eine weitere beliebte Rollenverteilung zwischen Frauen und Männern etabliert: „Denk du für mich, ich fühl für dich!" Der Ausgangspunkt ist der: Er sucht rationale Lösungsansätze, Sie möchte emotionale Einfühlung. Die geläufige Erklärung dafür, dass Frauen von der Venus, Männer hingegen vom Mars[71] kommen, würde ich persönlich gern zum Mond schießen. Sie fördert leider eher oberflächliche Toleranz als tiefere Einfühlung und echtes Verständnis.

Ich gehe davon aus, dass Männer wie Frauen sowohl Verstand als auch Gefühle haben. Diese beiden Ebenen sind sich allerdings in unserer Kultur nicht gerade grün, und dieser Konflikt wird oft zwischen Mann und Frau ausgetragen. Im Modell der verschiedenen Ebenen unserer Psyche (siehe Abbildung 1, Seite 157) haben wir einige der Verwicklungen zwischen Kopf und Bauch anschaulich gemacht. In der Identifizierung von Frau mit Gefühl und Mann mit Verstand amputieren wir beide und schweißen sie anschließend unheilvoll zusammen.

Barbara und Klaus haben ein spezifisches Streitmuster. Wenn sie sich uneins sind, dann wird er immer logischer, und sie wird immer emotionaler. Beide finden die Reaktionsweise des anderen total unangemessen und nennen sie gefühlskalt bzw. irrational.

Barbara konnte gegen ihren Vater mit Logik nur verlieren: Er war Mathematiker, und er konnte alles so begründen, dass keine Widerrede mehr möglich war. Aber Barbara hatte gelernt, dass sie sich mit Irrationalität dafür rächen konnte. Damit konnte ihr Vater nicht umgehen und ließ sie irgendwann in Ruhe. Oft konnte sie sich auf diese Weise sogar durchsetzen.

Ganz anders bei Klaus. Er wuchs ebenfalls in einem eher rationalen Klima auf. Wenn er versuchte, sich mit einem Wutanfall oder unter Einsatz von Tränen durchzusetzen, dann kam er damit nicht weit: „Geh auf dein Zimmer, bis du dich beruhigt hast!" hieß es dann. Wenn er jedoch, ohne sich irgendwelche Gefühle anmerken zu lassen, rational und plausibel sein Anliegen vortrug, dann waren seine Eltern ob seiner Klugheit so angetan, dass sie ihm so manchen Wunsch gern bewilligten.

In ihrer Partnerschaft prallen Barbara und Klaus mit ihren Strategien frontal zusammen. Das ist zunächst sehr unangenehm und schmerzhaft, gibt jedoch beiden die Gelegenheit, den jeweils unterbelichteten eigenen Aspekt zu entwickeln. Diese Gelegenheit machte von Anfang an einen großen Teil ihrer gegenseitigen Anziehung aus. Wenn sie nicht gerade streiten, dann findet Barbara Klaus' Cleverness nämlich richtig sexy, und Klaus erlebt Barbaras Gefühlsintensität durchaus als Lebenselixier. Gut, dass sie streiten, sonst würden sie in der gegenseitigen Funktionsübertragung stecken bleiben.[72]

Wir haben alle Gefühle und wir alle haben einen Verstand. Indem wir das – was eigentlich banal sein könnte – anerkennen, nimmt die Rollenfixierung und -zuschreibung ab. Bei Barbara und Klaus können wir erkennen, wie ihre Fixierungen aus der eigenen Geschichte herrühren. Mit dieser Perspektive können wir besser verstehen, dass das Verhalten unseres Partners nicht gegen uns gerichtet ist, sondern es als eine Einladung nehmen, den jeweils anderen Pol zu integrieren und lieben zu lernen.

Jede Rollenzuweisung, die wir in Liebesbeziehungen vornehmen, trägt den Konflikt zu ihrer Auflösung bereits in sich, vor allem dann, wenn sie unbewusst ist. Egal in welcher Rolle, etwas in uns wird früher oder später dagegen rebellieren, weil unsere Essenz immer weniger Luft zum Atmen bekommt. Bevor wir das begrüßen, gehen wir oft erst durchs Tal der Tränen. Wenn wir gelernt haben, durch dieses Tal hindurch zu gehen, bekommen Konflikte eine andere Qualität.

Die besten Voraussetzungen für eine harmonische Partnerschaft schaffen wir, wenn wir Konflikte nicht scheuen, uns aber auch nicht darin verlieren. Dafür brauchen wir die Fähigkeit, auch bei gegensätzlichen Positionen die Gemeinsamkeit noch zu spüren oder zu ahnen, und sei es auch nur als unsere eigene Sehnsucht. Wenn unser innerer Raum zu klein ist und wir Gegensätze nicht aushalten, neigen wir entweder zu eskalierenden Streits, die immer bis zum Äußersten gehen, zum Beispiel bis zur Trennungsdrohung, oder wir tendieren dazu, allzu viel unter den Teppich zu kehren. Was sich dort ansammelt, kann bekanntermaßen ebenfalls durchaus explosiv werden. Und auch die Konfliktstrategie selbst kann zum Konflikt werden, wie bei Petra und Bernd:

Petra mochte keinen Streit. Wenn Bernd etwas lauter wurde, zog sie sich sofort zurück und ließ ihn ins Leere laufen. Das machte ihn nur noch wütender, und es gab hässliche Szenen. Einmal brachte er die ganze Nachbarschaft nächtens auf die Beine. Dies war Bernd so peinlich, dass er sich schwor, nie wieder so auszurasten. Er hatte Petra nie geschlagen, aber es war schon mal etwas in der Wohnung zu Bruch gegangen. Bernd fand mithilfe eines Therapeuten eine Notmaßnahme, die er anwenden konnte, wenn er wieder in Rage kam. So wurden die Eskalationen immer seltener.
Eine gewisse Zeit war Petra sehr froh darüber, aber dann merkte sie,

dass ihr etwas fehlte. Sie hatte immer weniger Lust auf Bernd, und das schien ihr selbst mehr auszumachen als ihm. Wenn sie das Thema ansprach, dann wiegelte er ab und sagte, das sei doch ganz normal, dass die Leidenschaft mit der Zeit abnehme. Jetzt kam Petra in die für sie selbst schizophrene Situation, dass sie sich nach den alten Streits sehnte, denn danach hatten sie oft den besten Sex gehabt. War das anders nicht möglich? Es dauerte noch einige Zeit, bis sie realisierte, dass sie ihren Mann mit ihrem Verhalten quasi ungewollt kastriert hatte. Ihre scheinbare Friedfertigkeit war ihre Waffe gewesen, und sie hatte sogar „gewonnen". Aber es war ein bitterer Sieg. Diese Erkenntnis leitete einen neuen Prozess zwischen den beiden ein, in dessen Verlauf Petra sogar lernte zu schreien. Und das hätte sie sich nie träumen lassen: Es gefiel ihr sogar.

Der Paar-Teufel zieht seine Kreise

Konflikte sind notwendig, wenn wir in den Dilemmata zwischen Liebe und Beziehung, zwischen Essenz und Persönlichkeit nicht erstarren wollen. Manche Paare scheinen aber regelrecht konfliktsüchtig oder konfliktverliebt. Dann bilden die Konflikte sich selbst verstärkende Regelkreise, die sich zwar höchst lebendig und dynamisch anfühlen und auch so aussehen, aber im Kern ein gleich bleibendes Muster immerfort wiederholen. Auch hier kann es helfen, die paradoxe Dynamik solcher Teufelskreise zu durchschauen, damit sich in unserem Inneren wirklich etwas zu unserem Wesen hin bewegen kann. Aber wie geraten wir überhaupt da hinein?

Nach der Verliebtheitsphase, in der wir gern großzügig sind, kommt unweigerlich die Phase, in der wir uns fragen, ob wir nicht vielleicht zu kurz kommen. Vielleicht tragen wir diesen Konflikt heimlich aus, vielleicht offen. Aber es wäre ein Wunder, tauchte er in einer nahen Beziehung nicht irgendwann auf. Manchmal gerät er zu einem Teufelskreis, in dem wir immer mehr das fordern, was wir unbedingt brauchen, es aber immer weniger bekommen.

Unsere Kultur betrachtet Geben und Nehmen vor allem als ein Geschäft. Die Wirtschaft hat längst mehr gesellschaftlichen Einfluss als die Politik. Also machen wir auch im Kleinen unsere „Geschäfte": Ich koche heute Abend, und du spülst ab. Ich gehe mit dir essen, und du schläfst später mit mir. Besonders romantisch klingen diese Deals nicht, weswegen sie selten ausgesprochen, sondern unterschwellig ausgehandelt werden. Je mehr daraus ein Tauziehen wird, desto mehr verlieren beide. Keiner gibt mehr freiwillig, und beide übersehen die tiefere Dynamik: Im Kern des Egoisten wohnt ein Altruist, im Kern des Altruisten ein Egoist:

- Der radikale Egoist, der es wirklich gut mit sich meint und alles für sein eigenes Wohlergehen tut, wird irgendwann entdecken, dass einem anderen Menschen etwas zu schenken, ihm selbst gut tut, ihn selbst sogar mehr beglücken kann als alles, was er bekommen könnte. Hirnforscher[73] haben kürzlich entdeckt, was wir Menschen eigentlich immer schon wussten, aber oft vergessen: Es macht Freude, das Leben eines anderen Menschen zu bereichern, solange wir das nicht unter Missachtung unserer eigenen Bedürfnisse tun. Unser Organismus schüttet Glückshormone aus, wenn wir einem anderen etwas Gutes tun dürfen. Das Prinzip Kooperation scheint uns Menschen mindestens genauso stark zu motivieren wie der Kampf ums Überleben. Wirkliche Egoisten werden also nicht so dumm sein, alles nur für sich zu wollen, denn das macht einsam, unglücklich und starr.
- Der radikale Altruist hingegen, der „Du zuerst" zu seiner grundsätzlichen Maxime gemacht hat, ist im Innersten ein Egoist. Er hilft anderen Menschen, weil er damit sein eigenes Seelenheil erwerben, seine Schuldgefühle eindämmen oder Anerkennung verdienen will. Daran ist nichts Verwerfliches. Wenn der Altruist sich diese Motive jedoch nicht eingestehen kann, weil zum Beispiel eigennützige Motive für ihn tabu sind, dann wird er seine Ziele eben aus dem Unbewussten heraus verfolgen. Kein Wunder also, dass uns solche Menschheitsbeglücker spontan suspekt sind.

Es lohnt sich also nicht zu kämpfen, jeder Pol trägt sein Gegenteil bereits in sich. Unsere Bedürfnisse sind am besten dort aufgehoben, wo auch die Bedürfnisse anderer anerkannt werden. Egoistisch verhalten wir uns dann, wenn wir dem nicht vertrauen. Dann schotten wir uns ab und sorgen nur für uns. Wenn wir uns aber abhängig fühlen, werden wir versuchen, den anderen zu manipulieren. Wir können nicht glauben, dass unsere Bedürfnisse freiwillig erfüllt werden könnten. Also werden wir alles tun, aber niemals offen um das fragen, was wir uns zutiefst ersehnen. Eher werden wir darum kämpfen, auch wenn dies unseren Partner mehr und mehr in die Flucht schlägt.

Die entgegengesetzte Strategie bringt uns dazu, uns Bedürfnisse lieber ganz abzuschminken, anstatt zu riskieren, dass wir leer ausgehen. Mit ein bisschen spiritueller Vorbildung werden wir dazu tendieren, unsere Bedürftigkeit gleich ganz transzendieren zu wollen. Leider – oder zum Glück – ziehen wir dann eine Partnerin an, die diese Transzendenz partout nicht versteht und zum Beispiel immer weiter an uns klammert. In Reaktion darauf ziehen wir uns noch weiter zurück, und der Teufelskreis nimmt seinen Lauf.

Wo es ursprünglich um den Austausch von Geben und Nehmen ging, um den Umgang mit teilweise ähnlichen, teilweise ganz unterschiedlichen Bedürfnissen, geraten wir in ein Ungleichgewicht, bei dem es so aussieht, als wolle einer mehr als der andere. Besondere Brisanz bekommt diese Dynamik bei einem Ungleichgewicht an sexuellen Bedürfnissen. Ein solches Ungleichgewicht gilt als Unglück, ist aber nicht die Ausnahme, sondern die Regel. Indem wir dagegen kämpfen, setzen wir auch hier einen Teufelskreis in Gang, der da lautet: „Je mehr du mich begehrst, desto weniger begehre ich dich!". Einige Faktoren begünstigen seine Eskalation. Schauen wir uns eine typische Variante und die Struktur dieses Kreislaufes an:

Benno begehrt Anne. Anne übersetzt sein Begehren in einen Druck, selbst mehr begehren zu müssen. Um diesen inneren Druck loszuwer-

Paradoxes Begehren

Je mehr er begehrt, desto weniger begehrt sie.
Je weniger sie begehrt, desto mehr begehrt er.

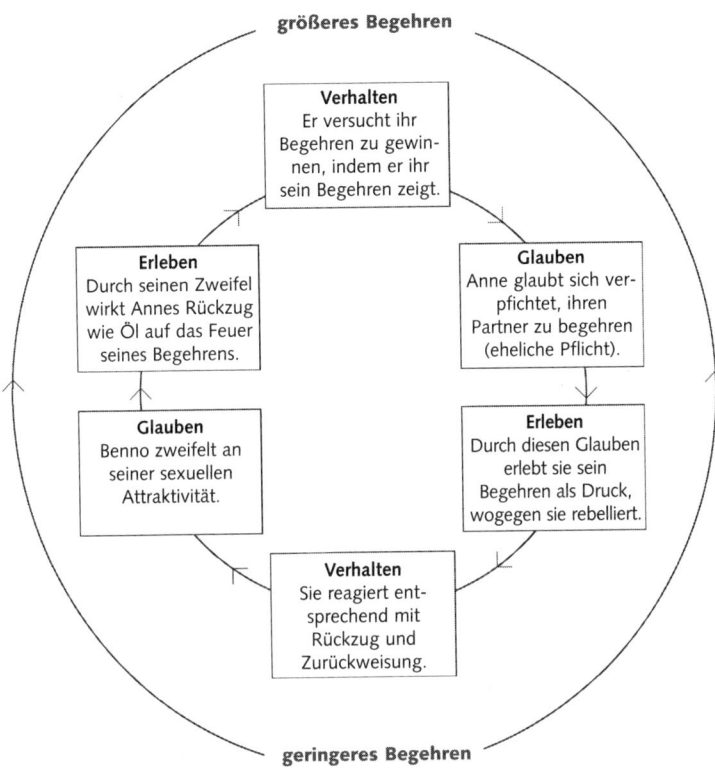

größeres Begehren

Verhalten
Er versucht ihr Begehren zu gewinnen, indem er ihr sein Begehren zeigt.

Erleben
Durch seinen Zweifel wirkt Annes Rückzug wie Öl auf das Feuer seines Begehrens.

Glauben
Anne glaubt sich verpfichtet, ihren Partner zu begehren (eheliche Pflicht).

Glauben
Benno zweifelt an seiner sexuellen Attraktivität.

Erleben
Durch diesen Glauben erlebt sie sein Begehren als Druck, wogegen sie rebelliert.

Verhalten
Sie reagiert entsprechend mit Rückzug und Zurückweisung.

geringeres Begehren

Abbildung 2

185

den, versucht sie, Benno dazu zu bringen, sein Begehren zu mindern oder zumindest zurückhaltender damit umzugehen. Sie tut das, indem sie Benno zurückweist oder indem sie sich selbst zurückzieht. Benno empfindet das geringere Begehren und die Zurückweisung von Anne als Entwertung seines Begehrens. Um die schmerzhaften Selbstzweifel an der eigenen sexuellen Attraktivität nicht spüren zu müssen, sucht Benno die Bestätigung seines Begehrens durch Anne. Bleibt diese aus, begehrt er Anne umso mehr. Letztlich begehrt er aber nicht nur Anne, sondern vor allem auch ihre Bestätigung.

Ein solcher Zirkel wird sich, wenn er nicht gestoppt wird, immer weiter aufschaukeln. Er kann unterbrochen werden, wenn wir den Fokus nicht länger auf das Verhalten des anderen, sondern auf unsere eigenen Glaubenssätze richten, mit denen wir Öl ins Feuer gießen. Hinter diesen alten Überzeugungen liegen unsere unerfüllten Bedürfnisse:

• Benno braucht es, als sexueller Mann gewürdigt zu werden.
• Anne braucht es, als Frau in ihrem Begehren frei zu sein.

Indem beide zu diesen inneren Bedürfnissen vordringen, können sie sich füreinander einfühlbar machen, ohne ihre Unterschiedlichkeit dafür aufgeben zu müssen. Das paradoxe Geheimnis besteht darin, dass wir in einem Bedürfnis, dem wir selbst unsere Anerkennung und Wertschätzung schenken, unabhängiger von seiner äußeren Erfüllung werden, und dass dies die äußere Erfüllung oft leichter macht. So kann unterschiedliches Begehren in der Paardynamik einen kreativen Platz finden und sogar eine für beide heilsame Wirkung entfalten.

Wenn es uns in der Liebe gelingt, unsere Bedürfnisse beim Geben und Nehmen von Moralvorstellungen und Mangelfixierungen zu lösen und dem jeweiligen Pol auf den Grund zu gehen, dann können wir differenzieren: Manche Dinge tauschen wir wie bei einem Geschäft, und andere Dinge schenken wir, ohne Bedingungen. Und manchmal bitten wir um etwas. Manche Bedürfnisse werden erfüllt, andere nicht. Wir lernen, mit all dem zu sein und jede Situation wird eine Gelegenheit, uns selbst und unserer Essenz näher zu kommen. So entwickelt sich aus dem Tauziehen um Geben und Nehmen zuweilen ein wunderbarer Tanz.

Dieser Tanz bezieht sich nicht nur auf den Tanz zwischen mir und dir, sondern auch auf das Wir. Viele Paare sehnen sich nach einem stabilen Wir-Gefühl. Zusammen durch dick und dünn zu gehen, in guten wie in schlechten Zeiten füreinander da zu sein, sich aufeinander verlassen zu können: Diese Sehnsucht ist weit verbreitet und geht tief. Manchmal wird allerdings gerade die Person enttäuscht, die sich am meisten für das Wir aufgeopfert hat:

Heike hat für ihre vierköpfige Familie ihren Beruf aufgegeben. Sie wollte ganz für Sandra und Carmen, ihre beiden Töchter, da sein. Später, als ihre Mutter pflegebedürftig wurde, hat sie auch diese noch in ihr Haus aufgenommen. Sie hatte jedes Verständnis dafür, dass Thomas oft erst spät von der Arbeit kam, und sie schätzte es sehr, dass sie durch seine gut gehende Firma ein Haus bauen konnten. Ihr Tag war ausgefüllt, und so merkte sie es gar nicht so recht, dass wirkliche Nähe zu Thomas nur noch selten stattfand.

Der Schock kam, als mit Carmen auch ihre zweite Tochter aus dem elterlichen Haus auszog und kurz darauf ihre Mutter starb. Sie hatte sich eigentlich sehr auf diese Zeit gefreut. Sie waren finanziell nicht drauf angewiesen, dass sie wieder Geld verdiente. Heike wollte sich deswegen in der Gemeinde engagieren. Aber sie wollte auch wieder mehr Zeit mit Thomas haben und hoffte, dass er jetzt in der Firma kürzer treten könne, wie sie es oft besprochen hatten.

Dann – sie sitzen beim Italiener, bei einer Pizza und einem guten Glas Wein – eröffnet ihr Thomas wie aus heiterem Himmel, dass er seit einem Jahr eine Affäre hat und sich mit dem Gedanken trägt, zu seiner Geliebten zu ziehen. Heike kann es erst nicht glauben, dann fängt sie an zu weinen, dann erstarrt sie. Es ist einfach zu schrecklich. Sie kann sich nicht anders schützen als zunächst alle Gefühle abzustellen.

Eine Freundin rät ihr, sich therapeutische Hilfe zu holen, was sie nach einigem Zögern dann auch tut. Sie geht innerlich durch die Hölle, aber durch die Unterstützung wird es ihr möglich, die ganze Bitterkeit, den Schmerz und die Trauer zu durchleben und langsam „wieder zum Leben zu erwachen", wie sie selbst sagt. Nach fast zwei Jahren ist sie an dem Punkt, dass sie ohne Bitterkeit sagen kann: „Ich finde es nach wie vor nicht okay, wie Thomas mich hat sitzen lassen. Aber ich kann jetzt auch meine Seite sehen: Meine Selbstaufgabe für die Familie war nicht gesund. Ich habe damit auch die Nähe zu Thomas vermieden, und er hat sich furchtbar gerächt. Wenn ich jetzt sehe, wie ich mich in den zwei Jahren entwickelt habe und was vorher alles in mir brachlag, dann kann ich Thomas fast dankbar sein."

Auch dies ist ein Teufelskreis: Ab einem bestimmten Punkt wird das Wir umso instabiler, je mehr wir in es investieren. Aus diesem Grund ist die Tragik von Heikes Geschichte typisch. Viele – mehrheitlich Frauen – stecken immer noch mehr Energie in die Partnerschaft oder in die Familie, obwohl „mehr Desselben"[74] schon lange nicht mehr den gewünschten Erfolg hat. Das „Heilmittel" ist auch hier der innere Raum für unsere Individualität und nicht zuletzt für die Unvereinbarkeiten. Ein stabiles Wir ruht auf dem stabilen Ich und Du, und alle drei ruhen auf der Akzeptanz der Instabilität. Alle drei Pole bedingen sich gegenseitig. Einen Pol zu schwächen, bedeutet alle zu schwächen.

Wir unterbrechen die paradoxe Dynamik von Teufelskreisen, indem wir genau da innehalten, wo es uns am schwersten fällt: Mitten im Konflikt, mitten im Widerspruch, mitten im unerfüllten Bedürfnis, mitten im nicht erwiderten Begehren, mitten in unserer Ratlosigkeit und im Nicht-Wissen hören wir auf, das zu tun, was wir sonst immer tun. Und bleiben da und lassen uns überraschen, was jetzt geschieht. Oft fallen wir dann in unsere innere Tiefe, und eine völlig neue Tür geht auf in einen Raum, den wir uns nie hätten ausdenken können.

Grenzen und ihre Auflösung

In Liebesbeziehungen begegnen wir nicht zuletzt auch dem Grundwiderspruch, der unsere menschliche Existenz zutiefst prägt: Wir sind autonome Wesen und zugleich Teil von etwas Größerem. Wir erleben dieses Thema in Beziehungen als den Tanz von (oder Kampf um) Nähe und Distanz. In unseren romantischen Vorstellungen träumen wir davon, dass wir wie in einem barocken Gesellschaftstanz immer gleichzeitig aufeinander zu und voneinander weg tanzen, sodass sich Nähe und Distanz zu einer perfekten Harmonie ergänzen. Es wird jetzt niemanden mehr überraschen zu lesen, dass gerade die Ungleichzeitigkeit ein weiterer typischer Widerspruch ist, der inneren Raum beansprucht und herausfordert.

Paare, die sich nach einer Phase großer Nähe nicht gut loslassen können, sondern aneinander kleben, haben oft Mühe, genau diese Nähe, die sie nicht loslassen, wieder herzustellen. Nähe und Distanz eignen sich auch hervorragend für Polarisierung[75] und für einen Teufelskreis: Je mehr du Nähe einforderst, desto mehr meide ich sie. Darüber hinaus begegnen wir hier jedoch einer Grenze, die aufzulösen wir uns sowohl zutiefst ersehnen als auch zutiefst befürchten: die Grenze zwischen dir und mir. Wir werden diese Grenze jedoch nicht überschreiten, solange wir einer anderen Grenze nicht begegnet sind. Es ist die Grenze der uneingeschränkten Intimität und Nähe zu uns selbst.

Hermann Hesse deutet poetisch an, was wir in Beziehungen finden können, wenn wir genau dort nicht danach suchen:

Ich lernte, ich lange Vereinsamter, die Gemeinschaft kennen, die zwischen Menschen möglich ist, die das völlige Alleinsein gekostet haben.[76]

Einsamkeit scheint das Gegenteil dessen, was wir in der Liebesbeziehung suchen. Die Fähigkeit zum Alleinsein und auch zur Einsamkeit ist eine der besten Voraussetzungen für wirkliche Nähe.

Sie gibt uns auch in großer Nähe die Fähigkeit, innerlich frei und uns selbst treu zu bleiben.

Uns mit einem Partner, den wir lieben, zu vereinigen, ohne uns dabei zu verlieren, ist ein großes Mysterium. Es hat zu tun mit der Polarität von Kontakt und Verschmelzung. Kontakt ist nur möglich an der Grenze, an der wir einem anderen Menschen begegnen. Für guten Kontakt brauchen wir also unsere klare Abgrenzung, die feine Linie zwischen Ich und Nicht-Ich. Unsere tiefste Sehnsucht im Kontakt ist jedoch – vor allem in der Liebe –, die Grenzen aufzulösen, eins zu werden und vollkommen zu verschmelzen. In diesem Paradox gehen viele Beziehungen verloren wie Schiffe im Bermudadreieck.

Manche Paare inszenieren regelmäßig – genau umgekehrt wie Petra und Bernd, die nach einem heftigen Streit intensiven Sex haben – nach einer tiefen sexuellen Verschmelzung einen Streit, weil sie anders ihr abgegrenztes Selbstgefühl nicht wieder aufbauen können. Andere entwickeln große Angst, klammern sich aneinander und projizieren die Bedrohung, sich wieder trennen zu müssen, nach außen. Wie können wir fruchtbar mit diesem Paradox umgehen, dass wir in der Erfüllung unserer tiefsten Sehnsucht uns selbst verlieren?

Auch hier hat die Hirnforschung mit der Entdeckung der Spiegelneuronen[77] interessante Neuigkeiten geliefert: In unserem Gehirn feuern die gleichen Hirnzellen ihre Informationen ab, egal ob wir eine Handlung selbst ausführen oder sie nur beobachten. Die Fähigkeit zur Empathie ist uns neurophysiologisch mitgegeben. Von der Gehirnfunktion her ist es völlig egal, wer von beiden etwas tut, denkt oder fühlt, und wer den anderen nur dabei wahrnimmt: Wir spiegeln uns, und neuronal geschieht bei beiden das Gleiche. Wer selbst handelt und wer sich in den Handelnden einfühlt, ist weitgehend irrelevant. Vieles spricht dafür, dass wir das als große Nähe oder gar als Einssein erleben.

Kein Wunder, dass uns das verwirrt, wenn wir unser Sein mit unserem Selbstbild verwechseln. Nur Letzteres können wir verlieren und am Ende viel dabei gewinnen. Wir können unser Selbstgefühl und unsere Grenze nach jedem Ausflug in das Du nämlich dann am besten wiederherstellen, wenn wir jedes Mal unser Selbstbild erweitern. Es gibt kein Zurück mehr zu dem, der wir waren. Ich bin nach einer Vereinigung mit dir nicht mehr der, der ich vorher war. Etwas von dir entsteht auch in mir. Wenn mein Selbstbild dies zulässt, wunderbar. Wenn nicht, dann habe ich ein Problem: Ich glaube, mich verloren zu haben, und habe doch nur einen Teil meiner Illusionen verloren.

In unserem Versuch, Liebe und Beziehung zu verbinden, werden wir immer wieder scheitern. Das bedeutet nicht, dass wir uns immer wieder von unserem Partner trennen müssen, um einen neuen zu suchen. Es bedeutet, dass wir dort, wo wir wirklich lieben, mit den Grenzen unserer Persönlichkeit konfrontiert werden, die uns von dem abschneiden, was wir im Innersten sind. Die Grenzen in unseren Partnerschaften sind Spiegel unserer inneren Widersprüche. Sie brechen auf, je mehr die Urkräfte von Sex und Herz zusammenkommen. Wir versuchen, diese Urkräfte zu bannen, indem wir Rollen verfestigen und Teufelskreise etablieren.

Unser Widerstand gegen diese Urkräfte ist stark. Aber etwas in dir ist wahrscheinlich mindestens ebenso stark und fordert dich heraus, dein Selbstbild zu riskieren, um herauszufinden, wer du wirklich bist. Wenn du bis hierher gelesen hast, dann ahnst du es oder spürst es sogar. Bist du bereit, dieses Risiko einzugehen?

An dieser Stelle stehen wir vor einer grundlegenden Wahl: Gehen wir Beziehungen ein, um an dem festzuhalten, was wir gern über uns selbst und die Welt, in der wir leben, glauben wollen? Oder gehen wir Beziehungen ein, um über unseren eigenen Tellerrand hinauszuschauen? Und wo finden wir die Liebe, nach der wir uns sehnen?

Schattenboxen oder ganz werden

In Abbildung 3 sehen wir drei Bereiche unserer Psyche:

- den bewussten Bereich. Darin hat alles Platz, was wir als zu uns gehörig betrachten.
- den verbotenen Bereich. Hierhin gehören die Aspekte, die wir an uns nicht wahrhaben wollen, mit denen wir aber durchaus schon in Berührung gekommen sind. Dieser Bereich wird besonders gern auf andere projiziert. (Tabuzone)
- den unbekannten Bereich. Mit diesen Seiten von uns sind wir noch kaum oder gar nicht in Kontakt gekommen. Hier sind wir sozusagen ein unbeschriebenes Blatt. (Neulandzone)

In jeder Begegnung und besonders in einer nahen Beziehung kommen diese drei Zonen mehr oder weniger in Kontakt mit den entsprechenden drei Zonen des Partners. Solange wir uns in den jeweils bewussten Zonen begegnen, kommen wir relativ gut miteinander klar oder können über Probleme leicht kommunizieren. Wenn ein Partner die Tabuzone des anderen berührt oder betritt, wird er damit entsprechende Abwehrreaktionen provozieren, manchmal aber auch eine große Anziehung oder gar beides. Hier kommen heftigere Gefühle ins Spiel, über deren Ursprung meist keine Klarheit besteht. Berührt eine Partnerin unsere Neuland-Zone, kann das mehr oder weniger Abwehr auslösen je nachdem, wie geschlossen oder offen unser Selbstbild ist und wie sehr wir es für unsere Identität brauchen. Dem einen kann es große Angst machen, wenn der Partner zum Beispiel in ein fernes Land reisen oder neue, unbekannte Sexualpraktiken einbringen will, der andere reagiert darauf begeistert und freut sich, Neues an sich selbst kennenlernen zu dürfen.

Aus den jeweils drei Zonen beider Partner ergeben sich neun verschiedene Kontaktzonen. Uns diese Zonen vor Augen zu führen, kann Klarheit darüber schaffen, was in unseren Beziehungen eigentlich vor sich geht, wenn wir uns verhaken.

Konstellationen des Kontaktes

Bewusst, unbekannt und verboten

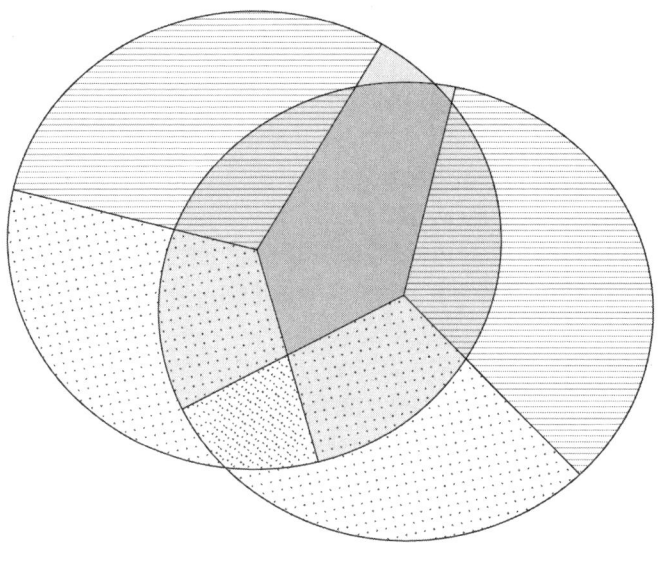

unbekannter Bereich = partnerabgewandtes Kuchenstück

verbotener Bereich = unteres Kuchenstück

bewusster Bereich = partnerzugewandtes Kuchenstück

Abbildung 3

193

Kommen wir noch mal zu Lisa und Manfred zurück, die wir bereits im Zusammenhang mit ihren Inneren Kritikern kennengelernt haben (siehe Seite 166). Lisa war mit ihren Kontrollfragen Manfred heftig auf die Füße getreten, und Manfred löste mit seiner Distanzierung ihre Angst vor Verlassenheit aus. Betrachten wir ihre Dynamik mithilfe dieser Landkarte:

Manfred ist sich

- bewusst, dass er Freiheit braucht und zu viel Nähe nicht erträgt.
- Er ist sich zunächst nicht bewusst, dass Lisas Verhalten ihn an seine Mutter erinnert und wie viel Wut und Schmerz er diesbezüglich noch in sich trägt: die Tabuzone.
- Er ist sich auch kaum bewusst, dass er ein noch viel größeres Liebespotenzial in sich trägt und dass er sich darin eigentlich selbst mehr Nähe wünscht, solange ihn diese nicht einengt. Diese Sehnsucht gehört in die Neulandzone.

Sowohl die Tabuzone (Mutterbild) als auch die Neulandzone (Sehnsucht) haben eine Affinität zu Lisa, die beides gut „bedient".

Lisa ist sich

- ihrerseits bewusst, dass sie sich Nähe wünscht und dass sie mit Zurückweisung nicht gut umgehen kann.
- Sie ist sich anfangs noch nicht bewusst, wie viel Schmerz aus der Erfahrung der emotionalen Unerreichbarkeit ihres Vaters noch in ihr steckt und wie die Abwehr dieses Schmerzes sie in ihr Kontrollverhalten treibt (Tabuzone).
- Sie ist sich auch noch nicht bewusst, an welchem Punkt sie selbst mehr Freiheit braucht. Da sie sich in Manfred verliebt hat, können wir vermuten, dass hier auch eine entsprechende unbewusste Sehnsucht nach etwas Ungelebtem in ihr schlummert, aber diese ist noch relativ Ich-fern (Neulandzone).

Wie kann nun das Modell uns helfen? Wir können es zur Selbstdiagnose für die Zonen nutzen, die sich uns nicht direkt erschließen:

- Wo das Verhalten des Partners uns provoziert, uns „die Knöpfe drückt" und heftige Reaktionen auslöst, handelt es sich um unsere eigene Tabuzone. Anstatt also viel Zeit darauf zu verwenden, den Partner von seinem „verletzenden Verhalten" abzubringen, können wir uns an diesem Punkt uns selbst zuwenden. Hier haben wir wahrscheinlich als Erstes mit unserem Inneren Kritiker zu tun, der uns genau davon abhalten will.
- Wo der Partner uns fremd ist, wir darauf aber nicht verletzt, sondern staunend oder neugierig bis sehnsüchtig reagieren, handelt es sich wahrscheinlich um unentdecktes Territorium in uns.
- Wenn wir uns vollständig miteinander verhaken, dann sind unser beider Tabuzonen im Spiel. Dies macht klar, dass es überhaupt keinen Sinn hat, in verfahrenen Situationen Appelle an den Partner zu richten, wie wir das alle gern tun. Dieser wehrt sich dagegen, mit seiner Tabuzone in Kontakt zu kommen – genauso wie wir selbst. Anstatt in unserem Partner stellvertretend unseren Schatten zu boxen, können wir uns unserem blinden Fleck jetzt direkt zuwenden. Wir wissen zumindest, dass es ihn gibt. Wir können Kontakt mit unseren liebevollen und bewussten Ressourcen herstellen, und die innere Arbeit kann beginnen.

Wir haben in jeder Beziehungskonstellation immer die Wahl: Wir können mit unserem Schatten boxen oder den Raum der eigenen Selbstwahrnehmung erweitern. Oft bevorzugen wir das Schattenboxen. David Schnarch nennt es den „ganz normalen Sadismus"[78], den wir alle mehr oder weniger an unseren Liebsten auslassen, um nicht unsere eigenen Tabubereiche betreten zu müssen. Wenn wir uns unseren Sadismus eingestehen und seinen Hintergrund verstehen, dann wird klar, dass wir ihm nicht durch Moral beikommen, sondern durch wachsende Empathie mit uns selbst. Es ist die ehrlich gemeinte Frage, nicht die Antwort, die den Unterschied macht:

„Was berührt dein Verhalten gerade in diesem Moment in mir? Bin ich bereit, mich jetzt mir selbst zuzuwenden und all dem, was jetzt in mir berührt ist?"

Partnerschaft als Prozess des Erwachsenwerdens

Liebe in konkreten menschlichen Beziehungen zu leben, ist eine lebenslange Herausforderung. Es ist das genaue Gegenteil dessen, was uns das romantische Ideal suggeriert, denn dabei gilt:

Der Fokus liegt immer auf dem Objekt der Liebe und nicht auf unserer Liebesfähigkeit.[79]

Wenn wir das umkehren und uns unserer eigenen Liebesfähigkeit zuwenden, dann kann es aber durchaus romantisch werden. Wo Hollywood-Filme ausblenden, weil die beiden sich endlich gekriegt haben, da steht das Hauptdrama noch bevor. Gleichzeitig brauchen wir die romantischen Ideale, um naiv genug zu sein, uns auf diesen tiefen und manchmal auch schmerzhaften Prozess überhaupt einzulassen. Insofern haben sie durchaus ihren Wert. Wenn wir ihnen allerdings derart auf den Leim gehen, dass wir bei jedem gravierenden Problem gleich die Beziehung infrage stellen nach dem Motto „Er (oder sie) war wohl doch nicht der (oder die) Richtige", dann werden wir in Liebesdingen nie erwachsen.

Erwachsen werden bedeutet im Kern, dass wir

- Verantwortung für unsere Liebe übernehmen und nicht für die des Partners.[80]
- Verantwortung für unsere Bedürfnisse übernehmen und dadurch frei werden, auf die Bedürfnisse des Partners unter Berücksichtigung unserer eigenen Bedürfnisse einzugehen.

- Verantwortung für unsere Wertvorstellungen übernehmen und sie dadurch nicht dem Partner überstülpen müssen.
- Verantwortung für die eigene Wahrheit übernehmen und realisieren, dass dies die Voraussetzung für Intimität ist.
- Verantwortung auch für die Intimität übernehmen. Das bedeutet erstens, dass wir unser inneres Risiko kennenlernen, uns mit unserer Wahrheit zu zeigen – auch wenn wir uns der Bestätigung durch den Partner nicht sicher sind. Und es bedeutet zweitens, dass wir der Wahrheit unseres Partners Raum geben können, auch wenn sie unsere Tabuzone berührt.

Alle Facetten des Erwachsenwerdens haben damit zu tun, dass wir unsere Unterschiedlichkeit und damit zuweilen auch Widersprüchlichkeit anerkennen oder sogar begrüßen können.

Wenn du nicht mit mir einverstanden bist, machst du mich reich. [81]

Differenzierung[82] nennt David Schnarch den Prozess, durch den wir alle in unseren Beziehungen gehen und in dem wir reifen. Wir wachsen aus der emotionalen Verschmelzung heraus, in der wir nur durch Harmonie und Einverständnis Liebe, Glück und Erfüllung zu finden glauben. Durch Dilemmata und Gegensätze mit unseren Liebsten werden wir herausgefordert, unser Bewusstsein zu weiten, sodass Gegensätze darin Platz finden. Wenn wir uns diesem Prozess verweigern, bleiben wir letztlich fixiert auf den kleinsten gemeinsamen Nenner, auf den wir uns noch einigen können. Diese Einigung vermittelt zwar vordergründig Sicherheit. Wir bleiben aber auf unsere Persönlichkeitsmuster fixiert. Und nicht zuletzt erstickt auch die sexuelle Anziehung, die Polarität braucht.

Ob wir in unserer Differenzierung vorangekommen sind, können wir besonders gut an unserer Antwort auf die folgende Frage ablesen: Darf es mir gut gehen, wenn es dir schlecht geht? Patrick berichtet:

Ich musste um nahe Beziehungen immer einen Bogen machen, weil ich es nicht aushielt, wenn es meiner Partnerin schlecht ging. Es zog mich immer mitten hinein in ihren Sumpf, und dann blieb mir nichts übrig als der radikale Schnitt: raus aus der Beziehung. Ich erklärte mir das gern damit, dass Frauen eben geschult sind, mit ihrem Opferstatus Männer zu manipulieren. Und ich wollte mich nicht manipulieren lassen. Mit Brigitte habe ich jetzt zum ersten Mal in meinem Leben den Mut, da zu bleiben, wenn sie jammert. Ich achte auf meinen Atem und spreche leise zu mir selbst: „Das ist Brigitte, der geht es schlecht, du musst gar nichts damit machen und du musst keine Lösung für sie haben und du bist auch nur dafür verantwortlich, wie es dir jetzt geht!" Ich bete das vor mich hin wie ein Mantra. Es klingt albern, ich weiß, aber es hilft. Mir geht es gut dabei, ich bleibe in meiner Kraft. Und ich bin dann ganz überrascht, dass Brigitte sich nicht darüber beschwert. Im Gegenteil, sie sagt, dass sie froh ist, mich nicht mehr in ihren Sumpf hineinziehen zu können. Darin war ich ihr zwar nah, aber ich fing an, genauso um mich zu schlagen wie sie. Damit war niemandem geholfen, außer dass ich mich nicht schuldig fühlen musste. Aber der Preis dafür war definitiv zu hoch!

Erwachsenwerden in der Liebe stellt uns vor ein schier unlösbares Dilemma. Wie wachsen wir heraus aus der „Du zuerst!"-Dynamik: „Liebe du mich, dann liebe ich dich!"? Wie können wir Liebe geben, die wir selbst nicht empfangen haben? Wie können wir alle die Wunden, die wir als verletzliche, liebesbegabte und liebeshungrige Wesen erlitten haben, in Katalysatoren unserer eigenen Liebesfähigkeit verwandeln? Zwei Schritte können uns hierbei entscheidend voranbringen:

• Wir erkennen das Grunddilemma der Liebe als eine *conditio humana*, als Merkmal unserer menschlichen Doppelnatur an: Wir sehnen uns einerseits nach der absoluten, bedingungslosen Liebe und werden diese Sehnsucht niemals aufgeben oder verraten. Und wir nehmen andererseits die Begrenzungen unserer Liebesfähigkeit an, ohne uns selbst oder jemand anderen deswegen zu verurteilen. Aus diesem Dilemma werden wir in unserem Liebenlernen gespeist, und zwar umso nahrhafter, je mehr wir es begrüßen. Esther Perel drückt es so aus:

Moderne Beziehungen sind Hexenkessel unversöhnlicher Sehnsüchte: nach Sicherheit und Nervenkitzel, Anerkennung und Transzendenz, behaglicher Liebe und wilder Leidenschaft. Wir wollen alles und wollen es mit ein und derselben Person[83]

• Wir entscheiden uns dafür, in unsere eigene Liebe zu investieren anstatt in die Liebe anderer. Als Kinder liebten wir hundertprozentig und bedingungslos. Dann lernten wir sehr schmerzhaft, dass wir uns zuweilen verstellen und verbiegen müssen, um die Zuwendung unserer Eltern und nächsten Bezugspersonen zu sichern. Wir lernten, die Aufmerksamkeit darauf zu richten, dass wir angenommen und geliebt werden, anstatt darauf, dass wir selbst lieben. Wir investierten in die Anerkennung anderer, selbst wenn das, was wir bekamen, nur ein dürftiger Ersatz für wirkliche Liebe war. Für Kinder ist diese Strategie sinnvoll, wenn nicht überlebensnotwendig. Als Erwachsene bleiben wir Kind, solange wir an dieser Strategie festhalten. Unsere Entscheidung für unsere eigene Liebe beinhaltet wesentlich, dem inneren Kind gegenüber die Liebe zu entwickeln, die es damals vermisst hat. So können wir auch noch in fortgeschrittenem Alter nachreifen, erwachsen werden und kindliche Freude dabei empfinden.

Das Paradox der idealen Liebe

Intime Partnerschaften konfrontieren uns wie kaum etwas anderes mit dem ganzen Spektrum innerer und äußerer Widersprüchlichkeit. Damit wir vor lauter Bäumen den Wald noch sehen: Es geht darum, jeden dieser Widersprüche an uns heranzulassen, damit er seine Wirkung auf uns entfalten kann und uns in einen Raum einlädt, der größer ist als alles, was wir uns vorstellen können.

Die ideale Liebe weiß darum, dass es ideale Liebe auf Erden nicht gibt. Die bedingungslose Liebe lässt auch die Bedingung der Bedingungslosigkeit fallen. Erfüllende Partnerschaft lässt Raum für die innere Leere. Wenn wir unseren Partner in seinem So-Sein annehmen und beglücken wollen, dann lassen wir ihn am besten auch unglücklich sein. Diese Paradoxien bekommen mit wachsendem Bewusstsein einen immer schöneren Klang. Sie werden in unserem Ohr von der dissonanten Missstimmung zur kosmischen Sinfonie, in der auch der gequälte, verängstigte Kleingeist in uns seinen Einsatz bekommt. Auf der Grundlage dieses paradoxen Verständnisses von Liebe und Beziehung können wir uns nun daran machen zu erkunden, wie wir dies konkret im Alltag umsetzen und wie wir es oft noch unbemerkt verhindern. Die Schlüssel dafür finden wir in unserer Kommunikation. Mit der Art und Weise unserer Kommunikation entscheiden wir, ob wir uns und unsere Umwelt wieder zurück in die Schubladen vermeintlicher Eindeutigkeit verstauen wollen oder ob wir uns für den alles einbeziehenden Raum des Seins öffnen.

Kommunikation – Brücken oder Gräben?

Wir sind eins und wir sind zwei

Im Prozess der Kommunikation erschaffen wir unsere Welt und werden gleichzeitig selbst erschaffen. Wir sind in diesem Geschehen sowohl Subjekt als auch Objekt, was für einige Verwirrung sorgen kann. Je nachdem wie wir kommunizieren, verbinden sich diese Dimensionen auf organische Weise und wir fühlen uns als eine Einheit, die beides umfasst. Oder wir fühlen uns gespalten oder verwirrt, weil wir uns nur mit einer der beiden Seiten identifizieren oder beide durcheinanderbringen.

Wenn wir von Kommunikation sprechen, denken wir gewöhnlich an mindestens zwei verschiedene Lebewesen, die miteinander in Verbindung treten. Ich und du. Allein können wir nicht kommunizieren, es gibt nur „Kom-munikation", keine „Munikation", genauso wenig wie es das Klatschen einer Hand gibt. Aber gibt es uns überhaupt als klar abgegrenzte Wesen? Zumindest Kommunikation gibt es erst dann, wenn wir zusammenkommen. Insoweit ich kommuniziere, gibt es mich gar nicht unabhängig von dir, und bekanntermaßen können wir gar nicht „nicht kommunizieren". Wir sind untrennbar verbunden und gleichzeitig treten wir als zwei verschiedene Subjekte miteinander in Beziehung.

Aus dieser grundlegenden Paradoxie gibt es kein Entkommen. Ihre Berücksichtigung kann unsere Beziehungen und unser Leben von Grund auf transformieren. In ihrer Ignoranz jedoch treibt Kommunikation die verrücktesten Blüten. Kaum jemand hat dies humorvoller und tiefgründiger beschrieben als Paul Watzlawick. Von ihm habe ich auch die folgende Geschichte[84:]

Frau: Ich fürchte, aus diesem Kuchen wird nichts, der Teig geht nicht auf.

Mann: Vielleicht nicht genug Backpulver – was steht im Rezept?

Frau: Das schaut dir wieder mal ähnlich.

Mann: Was schaut mir ähnlich?

Frau: Das mit dem Backpulver.

Mann: Was mit dem Backpulver?

Frau: Du weißt genau, was ich meine. Immer tust du das – und du weißt, dass es mir auf die Nerven geht.

Mann: Himmelkruzitürken – wovon redest du überhaupt? Du sagst, dass der Kuchen nicht aufgeht; ich sage, das einzige, was daran schuld sein könnte, wäre zu wenig Backpulver; und plötzlich hat das nichts mehr mit Backpulver zu tun, sondern ist ein Defekt meines Charakters oder was weiß ich ...

Frau: Natürlich – Backpulver ist dir wichtiger als ich. Dass es das Backpulver sein könnte, kann ich mir selber denken; dir aber ist es gleichgültig, dass ich dir mit dem Kuchen eine Freude machen will ...

Mann: Das bestreite ich auch gar nicht, und es freut mich. Ich redete ja auch nur vom Backpulver, nicht von dir.

Frau: Wie ihr Männer das nur so fertig bringt, alles so schön sachlich auseinander zu halten, dass es einer Frau dabei zu frösteln beginnt.

Mann: Nein, das Problem ist, wie ihr Frauen es fertig bringt, Backpulver zum Gradmesser der Liebe zu machen.

Watzlawick weist im Anschluss an diese Geschichte darauf hin, dass die Probleme zwischen Männern und Frauen weniger darauf beruhen, dass sie verschiedene Sprachen sprechen, sondern auf der Illusion der Gemeinsamkeit. Wir kommen normalerweise gar nicht auf die Idee, dass jemand etwas ganz anders meinen oder verstehen könnte, als es uns selbstverständlich erscheint. Diese ahnungslos vorausgesetzte vermeintliche Eindeutigkeit, aus der heraus wir uns gegenseitig interpretieren, ist das „Backpulver", das uns zuweilen zum Platzen bringen kann – oder in eine tiefe Resignation.

Übermittlungsfehler zwischen Sender und Empfänger

In der klassischen Kommunikationstheorie, die auch unser Alltagsverständnis prägt, gehen wir von zwei Subjekten aus, die bei einem Informationsaustausch entweder die Position des Senders oder die des Empfängers einnehmen. Indem ich etwas ausspreche, sende ich, indem du es hörst, empfängst du. Mit diesem einfachen Modell lassen sich bereits viele Missverständnisse erklären: Ich höre möglicherweise etwas anderes, als was du gesagt hast. Es scheint daher empfehlenswert, öfter mal zu überprüfen, was der andere gehört bzw. gesagt hat. Wirklich problematisch wird es jedoch dann, wenn wir den anderen zwar wortwörtlich wiedergeben können, jedoch etwas ganz anderes darunter verstehen, ohne dass uns das bewusst wird. Ein Beispiel von Watzlawick illustriert dies auf amüsante Weise:

In einer Studie zum Thema interkulturelles Paarungsverhalten in England nach dem zweiten Weltkrieg fiel auf, dass sowohl die zu dieser Zeit in England zahlreichen amerikanischen Soldaten als auch die englischen Mädchen sich gegenseitig des Mangels an sexuellem Feingefühl bezichtigten. Merkwürdig schien zunächst, dass beide das Gleiche vom anderen behaupteten: taktlos.

Nähere Untersuchungen brachten ans Licht: In den USA galt Küssen als relativ harmlos und geschah regelmäßig früher im Verlauf eines Rendezvous als in England, wo Küssen als viel intimer angesehen und erst später zugelassen wurde. Küsste der Amerikaner die Engländerin bald zu Beginn des Rendezvous, war sie empört. Wenn sie nicht gleich den Kontakt abbrach, erwartete sie jedoch bereits kurz danach direkten sexuellen Kontakt. Sie hatte sich auf einen großen Sprung auf eine viel spätere Stufe ihrer Flirt-Agenda eingelassen. Jetzt war der Amerikaner von ihrer Schamlosigkeit entsetzt. Er befand sich ja immer noch in der Frühphase ihrer Begegnung.[85]

Das eigentliche Problem liegt auch hier nicht in der Unterschiedlichkeit, sondern darin, dass diese – bevor sie als solche wahrgenommen werden könnte – bereits in etwas vermeintlich Vertrau-
tes übersetzt wird. Dieses Vertraute nennen dann ironischerweise
beide „taktlos" und ahnen nicht, dass sie etwas ganz anderes dabei
im Sinn haben. Ich glaube, wir alle würden staunen, wenn wir uns
darüber klar würden, wie oft wir auf diese Weise aneinander vorbei kommunizieren. Viel öfter bleiben wir jedoch dabei, uns über
den anderen zu wundern oder zu klagen. Patrizia und Lorenz kennen das gut:

> Patrizia: Mein Chef war heute wieder unmöglich. Ich komme einfach
> nicht damit klar!
> Lorenz: Warum sagst du ihm nicht einfach mal deine Meinung? Sag
> ihm, dass er so nicht mit dir umgehen darf!
> Patrizia: Du verstehst mich nicht. Der macht mich dann fertig.
> Lorenz: Doch, ich verstehe dich sehr gut. Deswegen sage ich doch:
> Wehre dich! Lass dich nicht fertig machen!
> Patrizia: Du hast gut reden. Du kennst meinen Chef schlecht.
> Lorenz: Ich kann ihn mir lebhaft vorstellen.
> Patrizia: Irgendwie fühlt sich das blöd an, was du mir sagst. Ich fühle
> mich von dir nicht respektiert. Stattdessen sagst du mir, was ich zu tun
> habe.
> Lorenz: Jetzt geht es also gegen mich? Brauchst du einen Kampfpart-
> ner? Kannst du haben!
> Patrizia: Ich fühle mich von dir nicht geachtet. Es ist immer das Gleiche.
> Ich erzähle von mir, und du kommst gleich mit Tipps. Ich spüre darin
> keine Achtung vor dem, was ich bin.
> Lorenz: Was glaubst du, was ich tue, wenn ich dir konkrete Hilfe an-
> biete? Dich verachten?
> Patrizia: Du verstehst mich nicht!
> Lorenz: Ich verstehe tatsächlich gar nichts mehr. Dein Chef macht dich
> fertig. Ich sage dir, wie du das ändern kannst, und du fühlst dich nicht
> geachtet. Frauen ...

Patrizia: Ich will es gar nicht ändern!

Lorenz: Warum jammerst du dann so rum? Dann ist ja alles in Butter!

Patrizia: Nein, ist es nicht. Aber du verstehst es einfach nicht!

Lorenz: Ich gebe auf. Lass uns mal eine Auszeit nehmen.

Dieser Dialog – ein Klassiker – wäre eigentlich sehr einfach zu entwirren, wenn beiden Beteiligten ihre Unterschiedlichkeit bewusst wäre. Dann würde die Frau sagen: „Ich brauche jetzt nur deine Empathie, keine Hilfestellung." Der Mann – vorausgesetzt er kann beides unterscheiden – könnte darauf eingehen oder auch nicht, aber es wäre klar, worum es geht. Weil aber der Mann das Jammern der Frau ganz selbstverständlich als Hilfsappell interpretiert, die Frau hingegen sein Hilfsangebot ganz selbstverständlich als die Verweigerung von Empathie aufnimmt, verhaken sie sich ohne Ende.

Die Selbstverständlichkeit, mit der wir das Verhalten eines anderen interpretieren, ist das größte Hindernis gelungener Kommunikation. Uns ist zum größten Teil unbewusst, was im Prozess der Wahrnehmung eigentlich geschieht. Die meisten Sinnesdaten, die unsere fünf Sinne aufnehmen, werden vom Gehirn der Einfachheit halber sofort herausgefiltert. Beim Sehen wird zum Beispiel aus dem, was das Auge rein physikalisch „sieht", das meiste als überflüssig herausgefiltert und ignoriert. Aus dem Rest rechnet das Gehirn dann aufgrund von bereits gespeicherten früheren Seherfahrungen ein inneres Bild aus, das wir dann zu sehen glauben. Wir können uns diesen Vorgang wie das extrem starke Komprimieren einer sehr großen Bilddatei vorstellen, die dann später wieder routinemäßig zu einem vollständigen Bild hochgerechnet wird. Was wir nachher dann tatsächlich „sehen", ist zu einem sehr großen Teil das, was wir erwarten, und zu einem eher kleinen Teil von den aktuellen Sinneseindrücken bestimmt. Das in gewissem Sinne Fatale daran ist, dass dieses Verfahren für den Alltagsgebrauch höchst tauglich ist und einen enorm effektiven Umgang mit den Ressourcen unseres Gehirns darstellt. Weil sie meistens „funktio-

niert", glauben wir so sehr an die Korrektheit unserer Wahrnehmung. Wirklich Neues oder Unerwartetes übersehen wir jedoch
regelmäßig:

> In einer entlegenen Gegend Kanadas landeten manchmal Kleinflug-
> zeuge mit Motorproblemen auf relativ leeren Autobahnen. Die örtliche
> Versicherungsgesellschaft untersuchte die Frage, warum es unverständ-
> lich häufig zu Zusammenstößen von Autos mit einem Flugzeug kam,
> obwohl dieses schon stand und die Autos gut hätten ausweichen kön-
> nen. Das Ergebnis war: Die Fahrer hatten das Flugzeug regelmäßig
> überhaupt nicht gesehen. Die Erklärung: Das Letzte, womit Autofah-
> rer auf einer Autobahn rechnen, ist ein Flugzeug. Das Gehirn eliminiert
> daher die entsprechenden Sinnesdaten als irrelevant, bevor diese ins
> Bewusstsein gelangen können und das Flugzeug gesehen würde.[86]

Für unser Thema der zwischenmenschlichen Kommunikation
haben solche Erkenntnisse weit reichende Folgen und könnten
endlosen „Wer hat recht"-Debatten den Boden entziehen. Wir
leben gewissermaßen jeder in einer eigenen Welt, die wir in jedem
Moment neu erschaffen. Wirkliches und vollständiges Verständnis
ist eigentlich nie möglich, immer nur eine mehr oder weniger gute
Annäherung daran. Dennoch scheint uns die Sehnsucht tief ein-
gegeben zu sein, wirklich gesehen zu werden, weshalb wir in unserem Bemühen nach Verständigung sehr ausdauernd sein können.
Die Berücksichtigung der engen Grenzen unserer Wahrnehmung
kann unsere Verständigungsfähigkeit wesentlich erhöhen. Wir neigen weniger zur Selbstüberschätzung und werden bescheidener,
was unsere vermeintliche Kenntnis des anderen angeht.

Natürlich kann es sein, dass wir beim anderen etwas wahrnehmen, was er selbst nicht sehen will. Na und? Wir können uns unserer Sichtweise nie sicher sein. Wenn wir das akzeptieren, werden
wir dem anderen unsere Interpretationen bestenfalls anbieten und
nur dann äußern, wenn der andere sie tatsächlich hören will. Ansonsten wählen wir eher Ich-Botschaften, das heißt, wir sprechen

von unserem eigenen Erleben. Ich-Botschaften werden bekanntlich viel besser angenommen als – vor allem ungebetene – Du-Botschaften. Letztere erwecken leicht den Eindruck, der andere meint, besser zu wissen, was mit uns los ist. Das mobilisiert üblicherweise unseren Widerstand.

Die grundsätzliche Fehleranfälligkeit von Kommunikation zwischen zwei Subjekten ist aber erst die eine Seite unserer Kommunikationsparadoxie.

Ohne dich kein Ich

Auf der anderen Seite kann es gar keine Missverständnisse geben, weil wir gar nicht zwei sind. Unsere Unterschiedlichkeit und Getrenntheit ist selbst nur ein Aspekt unserer Weltanschauung und der danach ausgerichteten Erwartung. „Erst am Du werden wir zum Ich"[87] bedeutet, dass es mich ohne dich gar nicht gibt. Genauso gut wie als zwei getrennte Wesen könnten wir uns als einen zusammenhängenden Organismus erleben, der wir in gewisser Hinsicht auch sind. Mein Verhalten, meine Wahrnehmung von dir, ja sogar mein Denken über dich haben unmittelbaren Einfluss auf dich. Wie in dem beliebten Sketch:

Sie: Warum bist du denn so wütend?
Er: Ich bin nicht wütend.
Sie: Aber ich spüre doch, dass etwas mit dir ist!
Er: Was soll denn mit mir sein?
Sie: Ich habe es doch gesagt: Du bist wütend!
Er: Ich mag es nicht, wenn du mich interpretierst, kümmere dich bitte um dich selbst!
Sie: Merkst du gar nicht, wie schroff du mit mir sprichst? Du BIST wütend!
Er (schreit): ICH BIN NICHT WÜTEND. ABER ICH WERDE JETZT LANGSAM WÜTEND.

Sie: Mach dir doch nichts vor! Ich habe deine Wut bereits vor Minuten gespürt, jetzt gibst du es jedenfalls langsam zu!

So offensichtlich läuft es nicht immer ab, aber wir würden wohl kaum darüber lachen, wenn uns dieses Muster nicht allzu bekannt vorkäme.

In den letzten Jahren wurde mir immer deutlicher, in welchem Umfang ich zu dem werde, als der ich gesehen werde. Wenn Teilnehmer meiner Kurse mir zum Beispiel zurückmelden, ich sei unnahbar, dann fühle ich mich in diesem Moment oft umso distanzierter, verhalte mich entsprechend und bestätige damit – ungewollt – deren Wahrnehmung. Der Prozess fängt aber bereits viel früher an, nämlich noch bevor er ausgesprochen ist. Je tiefer ich hineinspüre, desto schwieriger wird es auszumachen, was zuerst kommt: meine Distanziertheit oder deren Wahrnehmung durch andere.

Es kommt nämlich oft auch genau umgekehrt. Teilnehmer gehen offen auf mich zu und sagen mir, wie sehr sie es genießen, dass sie keinen Guru vor sich haben, dass ich mich als Mensch zeige und so spürbar und erreichbar wirke. In diesem Moment spüre ich, wie sich etwas in mir öffnet, und wieder bestätige ich das, was andere in mir sehen. Auch hier hat es schon viel früher begonnen, möglicherweise sogar, bevor der Workshop begann: mit den Erwartungen von beiden Seiten. Und sind diese nun reine Projektionen oder Vorahnungen?

Noch deutlicher erlebe ich es mit meiner Partnerin. Wenn sie in mir den Geizkragen sieht, dann passe ich auf meine Euro weit besser auf, als wenn sie gerade den Großzügigen in mir sieht. Wenn sie glaubt, ich wolle nur Sex, dann meldet sich in mir ein Teil der schreit: „Stimmt! Sie hat recht!!!" Oder es meldet sich eine Stimme: „Stimmt gar nicht! Nie und nimmer will ich nur Sex!" Komischerweise glaube ich mich dennoch rechtfertigen zu müssen, das heißt, eigentlich glaube ich selbst nicht ganz, was ich da sage. Sie fühlt sich in beiden Fällen gleichermaßen bestätigt. Obwohl es natürlich nicht stimmt. Das wissen wir beide und können zu einem anderen Zeitpunkt wieder darüber lachen.

Auch in diesen Beispielen ist es schwer auszumachen, was zuerst kommt: die Projektion oder die Resonanz darauf? Wenn wir uns als einen Organismus begreifen, dessen „Organe" miteinander kommunizieren, dann hat die Frage auch immer weniger Sinn. Zwischenmenschliche Botschaften haben nicht nur einen Inhalt, sie haben jeweils auch eine gewisse Schwingung. „Der Ton macht die Musik" heißt es im Volksmund. Wie bei Musikinstrumenten bringen Schwingungen ähnliche oder reziproke Schwingungen im anderen Klangkörper in Bewegung, und diese wirken entsprechend wieder zurück, sodass ein Schwingungsmuster entsteht. Auf der Ebene der pulsierenden Energie gibt es keine Trennung. Wenn du zum Beispiel mit einer Partnerin eng umschlungen zusammen im Bett liegst, könnte niemand klar definieren, wo dein Energiekörper (deine Aura) aufhört und ihrer beginnt. Auf dieser Ebene bildet ihr gemeinsam ein großes Energiefeld. Was immer einer in dieses Feld hineingibt, kommt in irgendeiner Weise zu ihm zurück. Die in Beziehungen so beliebte Frage „Wer hat angefangen?" taugt bestens als Stoff für unlösbare Konflikte, gerade weil sie nie entschieden werden kann.

Alles, was ich dir antue, fällt auf mich zurück

Wann immer wir ein Urteil über einen anderen Menschen fällen, richten wir indirekt immer uns selbst, denn wir sind nicht davon getrennt.

So sehr wir uns auch davon distanzieren mögen – alles steckt in jedem! Der Weg zur Humanität wird nicht in weißen Westen zurückgelegt, sondern verlangt die Selbsterkenntnis ungeliebter Anteile, deren Annahme und Integration. Andernfalls droht die Abspaltung dieser fiesen Teile aus dem eigenen Selbst und ihre mit großer moralischer Entrüstung vollzogene Wiedererkennung im anderen![88]

Sobald wir unser Bewusstsein dafür geöffnet und sensibilisiert haben und wir diesen Zusammenhang nicht nur theoretisch nachvollziehen, sondern unmittelbar erfahren, wird sich unsere Kommunikation dramatisch verändern. Ein tiefer Respekt für das Anderssein paart sich mit dem Gewahrsein von Verbundenheit. Marshall Rosenberg hat mit der „gewaltfreien Kommunikation" eine Praxis entwickelt, die genau diesem Phänomen unserer Verbundenheit miteinander alle Ehre erweist. Selten sonst habe ich ein Kommunikationsmodell gefunden, das uns so sehr in die Verantwortung für uns selbst einlädt und die Verantwortung für eine lebendige und einfühlsame Verbindung dabei vollständig mit einschließt. Die klassischen vier Schritte in der Gewaltfreien Kommunikation (GfK) lauten:

- Beobachtung. Anstatt davon auszugehen, dass wir uns auf die gleiche Wahrheit oder Wirklichkeit beziehen, machen wir transparent, auf welche unserer eigenen Beobachtungen wir uns gerade beziehen.
- Gefühl. Anstatt unsere Gefühle als durch das Verhalten anderer ausgelöst zu betrachten, verstehen wir sie als Ausdruck dessen, inwieweit unsere eigenen Bedürfnisse, Wünsche und Sehnsüchte erfüllt sind oder nicht.
- Bedürfnis. Anstatt über andere zu urteilen oder andere zu diagnostizieren, drücken wir aus, was wir brauchen. „Brauchen" bedeutet hier, dass es um ein menschliches Bedürfnis geht, und nicht, dass es unbedingt von jemandem erfüllt werden muss.
- Bitte. Wir teilen mit, was wir uns vom anderen (oder auch von uns selbst) wünschen, damit unsere Bedürfnisse erfüllt werden.

Die GfK bringt, wenn sie nicht nur formelhaft angewandt wird, einen Prozess in Gang, der nach Möglichkeit allen Beteiligten dient. Anstatt wie in einem typischen polarisierten Interessenkonflikt vom „du oder ich?" auszugehen, schauen wir nach dem „du und ich!", das heißt nach Lösungen, die sowohl deinen als auch meinen Bedürfnissen weitestmöglich gerecht werden. Wenn Bedürfnisse sich gegenseitig auszuschließen scheinen, dann schauen wir, welche tiefer liegenden Bedürfnisse darunter liegen und entdecken, dass wir Menschen unsere grundlegenden Bedürfnisse mit allen Kulturen und Gesellschaften und zu allen Zeiten – überall auf dem Planeten – miteinander teilen.

Steffi ist 38 Jahre alt und möchte unbedingt noch ein Kind. Ihr Partner Lutz, 40, ist grundsätzlich offen dafür, ein Kind zusammen mit Steffi zu bekommen, aber er hat große Angst, dass ihr Sexualleben, was jetzt schon weitgehend brachliegt, dann ganz hinten runter fällt. Seit Monaten streiten sie darüber. Steffi hat das Gefühl, die Zeit laufe ihr davon, Lutz erwartet zumindest Signale von Steffi, dass sie offen dafür ist, ihr Sexualleben wieder zu beleben. Stattdessen scheint sie aber nur nach Eisprung-Kalender Lust auf Sex zu haben, und das törnt Lutz total ab. Mithilfe der GfK gelingt es den beiden, ihre jeweils unter den offensichtlichen Bedürfnissen nach einem Kind bzw. nach Sex liegenden Bedürfnisse aufzudecken und einfühlbar zu machen:

Steffi: „Wenn ich ein Kind hätte, würde ich mich wieder mehr mit dem Leben verbunden fühlen. Ohne Kind komme ich mir manchmal so tot vor. Alles ist geplant. Nichts wirft einen aus der Bahn. Kinder lassen sich nicht kontrollieren. Das macht mir zwar auch Angst, aber ich möchte mich furchtbar gern dieser Aufgabe stellen. Ich möchte mehr Leben in der Bude haben!"

Lutz: „Na ja, unser Streit die letzten Wochen hat ja auch schon Leben in die Bude gebracht ..."

Steffi schaut ihn etwas pikiert an. Lutz fährt fort: „War nur ein Scherz. Nein, mich hat das sehr berührt, was du gesagt hast. Ich wünsche mir, glaube ich, etwas ganz Ähnliches, nur dass ich es mir eher mit mehr Sex vorstellen kann als mit einem Kind. Bei einem Kind befürchte ich, nicht mehr frei, ans Haus gebunden und eingeengt zu sein. Vom Sex erhoffe ich mir – und das habe ich auch schon so erlebt – mehr Lebensfreude, Spontaneität, Wildheit, ungezügelte Lust, Kontrolle loslassen, aber auch am Puls des Lebens zu sein. Unsere beiden nackten Körper vereinigt, da fühle ich mich mit dem Leben verbunden."

Saleem: „Es scheint, dass eure tiefer liegenden Bedürfnisse tatsächlich gar nicht so weit auseinander liegen. Eure Strategien und Vorstellungen, wie die Bedürfnisse zu erfüllen wären, allerdings schon."

Steffi: „Mir macht deine Lust auf Sex Angst. Ich höre, dass du dich dabei sehr lebendig und frei fühlst, aber ich denke immer noch, dass ich dir dabei etwas bieten muss, und das macht mich eng. Wenn ich das loslassen könnte, dann würde ich auch mehr Lust auf Sex haben. Ich weiß nur nicht wie. Immerhin bin ich schon 38."

Lutz: „Ein Kind würde wohl auch einiges Neues von uns abverlangen. So ist es auch beim Sex. Ich glaube, wir müssen uns weiterentwickeln."

Saleem: „Wir sind hier an einem sehr heiklen Punkt. Die Bedürfnisse sind ähnlich, die Ängste aber sehr unterschiedlich und sie machen sich an verschiedenen Dingen fest: bei dir, Lutz, am Eingeengtsein durch ein Kind. Bei dir, Steffi, am Leistungsdruck beim Sex. Entwicklung braucht ein Klima, in dem sich die Ängste in der Beziehung gut aufgehoben fühlen. Die meisten Paare versuchen es damit, gegenseitig Druck aufeinander auszuüben, aber das verstärkt die Ängste und macht aus ihnen Blockaden ..."

Lutz und Steffi: „Das kennen wir ja bereits ..."

Saleem: „Ich würde euch gern zum nächsten Mal eine Hausaufgabe aufgeben. Wollt ihr?"

Lutz: „Ja!"

Steffi: „Was denn?"

Saleem: „Ich sage es zuerst einmal, und dann könnt ihr schauen, ob ihr es machen wollt. Es geht so: Schreibe auf, was du glaubst, was deinem Partner bzw. deiner Partnerin Angst macht, wenn es um die Erfüllung deines Wunsches nach mehr Sex bzw. nach einem Kind geht. Schreibe auch auf, was du glaubst, was deine Partnerin, dein Partner, braucht, um in der Angst mehr loszulassen. Und dann spüre auch nach, was du bräuchtest, damit du in deiner Angst etwas mehr entspannen könntest. An diesem Punkt schauen wir beim nächsten Mal weiter."

Ich war sehr beeindruckt, wie Lutz und Steffi sich füreinander öffnen konnten. Für beide ging es darum, Vertrauen aufzubauen, dass das eigene Bedürfnis nicht ins Hintertreffen gerät, wenn sie sich auf das des anderen zubewegen. Fünf Monate später erzählten sie mir, wie sie ihre Tochter – soviel wussten sie schon über das Kind, mit dem Steffi schwanger war – gezeugt hatten. Beide waren „dem Leben so nahe gewesen, dass sie spüren konnten, dass ein Wesen zu ihnen kommen möchte". Und tatsächlich, die nächste Regel bei Steffi war ausgeblieben.

Was mich an ihrer Geschichte auch besonders berührt, ist die Tatsache, wie wenig selbstverständlich heute der Zusammenhang zwischen Sexualität und der Zeugung eines Kindes ist. Aber es gibt Wege, diesen Zusammenhang wieder zu spüren, weit jenseits der Fixierung von Sex auf Zwecke der Fortpflanzung, wie es die katholische Kirche immer noch propagiert und damit oft das Gegenteil bewirkt. Es ist ein gutes Beispiel dafür, wie Bedürfnisse, die gegensätzlich scheinen und um die deswegen heftig gestritten wird, sich wieder miteinander verbinden können, wenn wir bereit sind, tiefer zu gehen und unseren eigenen Ängsten zu begegnen.

Schutz vor Spiegelungen

Doch bis dahin ist es oft ein weiter Weg. Wir sind eins und erleben uns zuweilen als zwei. Der andere ist immer sowohl mein Gegenspieler als auch Spiegelung meiner selbst. Das ist manchmal verwirrend und nicht immer angenehm. Wir sehen uns gern in dem gespiegelt, was wir an uns mögen. Weniger gern werden wir mit unserer Sehnsucht gespiegelt. Mit dem größten Widerwillen schauen wir in den Spiegel, in dem uns gezeigt wird, was wir in uns selbst verleugnen oder ablehnen. Und wir verleugnen gern die Tatsache, dass es sich überhaupt um einen Spiegel handelt. Ich weiß, die Fortgeschrittenen unter uns wissen das alles schon lange. Aber schauen wir deshalb tatsächlich ohne Weiteres in den Spiegel?

Unser Widerstand gegen ungeliebte Spiegelungen zeigt sich in misslingender Kommunikation. Es ist ein Widerstand gegen Selbsterkenntnis. Wenn uns diese bedroht, dann lohnt es sich, unsere Kommunikation zu trüben. Es ist doch so viel bequemer, andere dafür verantwortlich zu machen, dass sie mich einfach nicht verstehen – oder noch besser: nicht verstehen wollen! –, als mich zu fragen, was ich da eigentlich aussende. Chuck Spezzano spitzt dies zu in seiner Frage:

Wusstest du, dass du derjenige bist, der missversteht, wenn du dich missverstanden fühlst?[89]

Welche Gefühle sind damit verbunden, wenn ich mich unverstanden fühle? Welche Gedanken und Glaubenssätze wirken im Hintergrund? Wofür bin ich vielleicht noch völlig blind? Gelingende Kommunikation würde mich auf meine blinden Flecken zurückwerfen. Gelingende Kommunikation fordert ständig unser Selbstbild heraus, denn wir merken: Wir sind alles! Alles ist auch in uns. Jede Trennung ist eine Illusion.

Dies ist auch eine Grunderfahrung im Tantra. Sie ist zugleich beseelend und bedrohlich. Um Bedrohlichkeit zu reduzieren, haben wir gelernt, uns effektiv vor den von uns ausgeworfenen Bumerangs zu schützen. Allen unseren Schutzstilen ist eines gemeinsam: Sie können Widersprüche nicht stehen lassen oder würdigen, ohne die Verbundenheit aufzugeben.

Hier folgen ein paar der klassischen Methoden, mit denen wir unser Selbstbild schützen, gezeichnet als wieder erkennbare Typen[90] mit ihren passenden Werkzeugen. Aber Vorsicht: Diese Spiegel sind wenig schmeichelhaft.

Unsere Schutzstile

- Der Besserwisser (der mit dem Schraubendreher): Er ist sich seiner Sache sehr sicher. Seine Erfahrung spricht für sich, er lässt sich kein X mehr für ein U vormachen. Wenn irgendwo etwas nicht stimmt, so riecht er das drei Meilen gegen den Wind. Er weiß genau, wo der Schraubendreher anzusetzen ist, wenn jemand eine Schraube locker hat. Er ist nur etwas frustriert, dass viele seinen hochkompetenten und kostenlosen Reparaturservice nicht zu schätzen wissen. Mangelnde Wertschätzung ist seine Schwachstelle, die er zugleich am besten zu verstecken weiß. Deswegen wirkt er eher souverän. Was er gar nicht mag, ist die Frage: Willst du lieber recht behalten oder glücklich sein?

- Der Einschüchterer (der mit dem Hammer): Er trifft meistens den Nagel auf den Kopf, wenn es darum geht, die Schwachstellen anderer herauszustellen. Er ist immer latent wütend, versucht das aber solange wie möglich vor sich selbst und vor anderen zu verstecken. Er ist großzügig, solange seine Vormachtstellung nicht bedroht wird. Er hat große Angst, offen um etwas zu bitten oder sich für seine Bedürfnisse direkt einzusetzen. Lieber stellt er in seinen nahen Beziehungen ein Gefälle her, in dem andere sich „freiwillig" seiner Bedürfnisse annehmen, ohne dass er darum kämpfen müsste. Er spielt subtil mit den Ängsten der anderen. Seinen Hammer behält er sich für Notfälle vor, wenn Zuckerbrot und Peitsche nicht mehr genügend wirken.

- Das Opfer (die mit dem Staubsauger): Niemand weiß so genau, ob sie selbst ganz dran glaubt, aber sie fühlt sich anscheinend grundsätzlich benachteiligt. Das Leben und sogar ihre Liebsten haben ihr immer wieder übel mitgespielt. Sie wirkt durchaus nahbar und verletzlich und erzeugt einen Sog, ihr etwas Gutes tun zu wollen. Mancher fühlt sich großartig in seiner Gönnergeste, die sie aus ihm herauslockt. Erst nach einiger Zeit merkt ein Partner oder Mitspieler, dass es ihr nie genug ist und er wird unwillig. Sie wiederum hat sich fest vorgenommen, sich nie mehr klein machen zu lassen. Deshalb beäugt sie ihn schon längst kritisch, ohne sich das gleich anmerken zu lassen. Jeder Schmutz, der ihr an ihm auffällt, wird zunächst weggesaugt, aber die Müllsäcke werden sorgfältig verwahrt. Wer auf ihre subtile

Manipulation hereinfällt, wird zuerst einmal reichlich belohnt: „Danke, dass du so gut zu mir bist!". Wenn er sich daraus befreien will, wird er an seinen Schuldgefühlen gepackt und kann sich dem Sog ihrer Bedürftigkeit nur schwer entziehen. Wer es dennoch wagt, muss sich jedoch auf eine geballte Ladung aufgestau(b)ter Vorwürfe gefasst machen. Jetzt werden die Müllsäcke hervorgeholt: „Du bist auch nicht anders ..."

- Die reine Unschuld (die mit der Nebelmaschine): Sie wirkt manchmal offen und herrlich spontan und ein anderes Mal vollkommen verschlossen. Niemand weiß, wo er bei ihr dran ist. Sie auf ihre Äußerungen von gestern anzusprechen oder auf die Einhaltung von Vereinbarungen zu pochen, findet sie absolut unmenschlich, kleinbürgerlich, rigide oder eben ganz und gar nicht im Hier und Jetzt. Sie ist begeisterte Anhängerin von Paradoxien, obwohl sie durchaus auch mal das Gegenteil behaupten kann. Wann immer ihr jemand zu nahe kommt, wird mit verrückter Kommunikation gnadenlos die Nebelmaschine angeworfen. Alles verliert seine Kontur. Es kann mit ihr eine Weile lang himmlisch verschmelzend sein. Wenn jedoch Unterschiede oder Konflikte auftreten, wird von ihr meisterhaft verhindert zu erkennen, worum es eigentlich geht und wer oder was dahinter steckt.

- Die Doppelagentin (die mit den Handschellen): „Wenn du mich lieben würdest ..." oder „Sei doch mal spontan!" oder „Ich hätte schon Lust auf Sex mit dir, aber ..." sind ihre Lieblingssätze, auch wenn sie diese nicht immer laut ausspricht. Sie kümmert sich um ihre eigenen Belange und um seine gleich mit. Sie ist die perfekte Verführerin, und Mann lässt sich gern die Handschellen von ihr anlegen. Wer sich länger in ihrer Nähe aufhält, verliert bald das Gefühl für die eigenen Bedürfnisse. Das ist für sie kein Problem, denn sie kann sich bestens in ihn einfühlen und ihm geben, was er braucht. Für ihn ist es meist auch kein Problem, solange er sich so tief gar nicht spürt. Wenn er anfängt, sich darüber zu ärgern, sich selbst verloren zu haben, und sich

Verständnis dafür erbittet, kann sie ihn mit paradoxen Botschaften wie „Du solltest mehr auf deine innere Stimme hören, das habe ich dir schon vor Jahren gesagt!" zum Wahnsinn treiben. Wenn er ausflippt und sofort losgebunden werden möchte, kann sie auch ungemütlich werden. Denn dankbar für ihren Service, das sollte er schon sein. Sonst kann sie ihn schon auch mal am ausgestreckten Arm verhungern lassen.

- Der Ignorant (der mit dem Radiergummi): Was ihn irritiert, wird von ihm einfach übersehen und überhört. Gespräche über Gefühle und Befindlichkeiten sind für ihn unnötig. Er favorisiert praktische Lösungen. Damit ist er immer gut gefahren. Er wacht erst auf, wenn er plötzlich die Wohnung leer geräumt sieht, mit einem Zettel auf dem Fußboden: „Falls du diesen Zettel lesen solltest: Ich verlasse dich!"

- Mit dem letzten Typus kommen wir zum Höhepunkt der Immunisierung: Die Selbsterfahrene (die mit Pinzette und Wattebausch). Sie hat auf alles die passende Replik und schaut voller Mitgefühl auf die tiefe Verzweiflung, die andere zuweilen in ihrer Gegenwart überfällt. Sie benutzt keine groben Werkzeuge wie die obigen Typen, sie hat ihre Techniken verfeinert. Hier ein paar Kostproben ihrer beliebtesten Redewendungen:

- „Das fühlt sich nicht stimmig an!" (Ihre Bewertung wird als ein Gefühl verkauft.)
- „Bleib bitte bei dir!" (Ihre Forderung wird von ihr selbst nicht erfüllt.)
- „Wie hast du dir das kreiert?" (Sie stellt ein Gefälle her.)
- „Ich habe das Gefühl, dass du ..." (Ihre Projektion wird als Gefühl ausgegeben.)
- „Ich fühle mich nicht gemeint!" (Eine – in diesem Fall fehlende – Aktivität des anderen wird als eigenes Gefühl ausgegeben.)
- „Übernimm bitte die Verantwortung für dich und lass mich da raus!" (Sie gibt damit selbst die Verantwortung für die eigene Freiheit ab.)
- „Du bist nicht präsent!" (Sie maßt sich an, das zu beurteilen.)

- „Ich habe in dir kein wirkliches Gegenüber!" (Sie kastriert ihn, indem sie sein Verhalten für irrelevant erklärt.)
- „Das hat nichts mit mir zu tun!" (Sie wäscht ihre Hände in Unschuld.)
- „Du bist so bedürftig! Damit treibst du mich in die Flucht!" (Sie diagnostiziert ihn ungefragt und schiebt ihm die Verantwortung für ihr Verhalten zu.)
- Du hast Angst vor Nähe. Jemanden, der dich wirklich liebt, hältst du gar nicht aus. (Wenn sonst nichts mehr hilft: Dies ist die Todesstoßdiagnose.)

Hast du dich irgendwo wieder erkannt? Nein? Dann siehst du mal, wie gut du dich vor Selbsterkenntnis schützen kannst. Und wie gemein ich mich aus der Affäre ziehen kann – mit Sätzen wie dem vorstehenden!

Ungestraft quälen?

Mit solchen äußerst wirkungsvollen Methoden schützen wir uns davor, uns unserer Verbundenheit und damit auch unserer Schattenseiten bewusst zu werden. Wir haben unseren Werkzeugkoffer. Der gibt uns das Gefühl, beim anderen etwas bewirken zu können, was wir dringend brauchen. Wir halten sogar dann daran fest, wenn es faktisch nicht funktioniert. Wir bekommen auf diesem Wege selten wirklich das, was wir selbst wirklich brauchen. Wenn es doch einmal gelingen sollte, dann bezahlen wir dafür einen hohen Preis. Es wurde uns nicht freiwillig gegeben. Irgendwann werden wir dafür zur Kasse gebeten. Theo und Sabine kennen das gut. Sie rutschen immer wieder in destruktive Dialoge hinein. Eines Tages haben sie davon genug und wagen etwas Neues:

Es ist Samstagmorgen, 11 Uhr. Theo und Sabine liegen zusammen im Bett. Ihre beiden Kinder sind bei ihren Freunden. Sie haben viel ungestörte Zeit vor sich.

Theo schmiegt sich an Sabine, diese lässt es zu, ohne jedoch klar zu erkennen zu geben, ob sie es mag. Theo wird in seinen Bewegungen eindeutiger. Er hat Lust, mit ihr zu schlafen. Sabine macht kleine, ausweichenden Bewegungen, gerade unterhalb der Schwelle, wo sie provozierend wirken würden.

Theo: „Was ist mit dir?"

Sabine: „Ich möchte gern ganz in Ruhe mit dir liegen, ohne etwas tun zu müssen!"

Theo: „Das kannst du doch!"

Sabine: „Ich habe irgendwie das Gefühl, ich müsste jetzt mit dir schlafen."

Theo: „Wieso?"

Sabine: „Ach, einfach so."

Beide liegen weiter schweigend zusammen im Bett. Theo fühlt sich immer unwohler. Er traut sich nicht mehr, sein Begehren zu zeigen. Er hofft, dass sie irgendwann die Initiative übernimmt. Aber nichts passiert.

Sabine: „Du bist so unruhig. Kannst du dich nicht einfach mal entspannen?"

Theo: „Ich habe Lust auf dich!"

Sabine: „Aha, habe ich doch gesagt. Warum hast du es denn abgestritten?"

Theo: „Weil ich nicht wollte, dass du dich unter Druck fühlst. Dann läuft ja eh nichts."

Sabine: „Ich spüre es ja doch. Du kannst es ruhig zeigen, wenn du Sex willst."

Theo schöpft Hoffnung: „Hast du auch Lust? Jetzt sind wir mal ganz ungestört!"

Sabine: „Das ist es, was mir Mühe macht! Wenn es unbedingt sein muss, dann verliere ich alle Lust! Dann komme ich mir so vor, als werde ich zum
Objekt gemacht."

Theo: „Aber das ist doch Quatsch. Ich will dich!"

Sabine: „Wirklich?"

Theo: „Ja! Ich habe bloß Probleme damit, dass ich nie weiß, wie ich dir Lust bereiten kann. Wenn ich nichts tue, passiert nichts. Wenn ich versuche, dich anzumachen, fühlst du dich unter Druck."

Sabine: „Genau das nervt mich so! Dass es permanent um mich geht. Kannst du dich nicht mal um dich kümmern?"

Theo: „Mach ich ja schon des Öfteren. Sex mit mir selbst ist echt einfach im Vergleich ..."

Sabine: „Also geht es doch nur um Sex. Nicht um mich!"

Theo wird etwas lauter: „Du machst mich wahnsinnig!"

Sabine: „Komm, dann vögeln wir halt. Sonst streiten wir uns wieder das ganze Wochenende."

Theo: „Jetzt habe ich aber keine Lust mehr. Ich fühle mich wie ein Tanzbär, den man am Nasenband herumführt."

Sabine legt sich aufreizend auf ihn und zieht sein T-Shirt aus. Theo ergibt sich seufzend in sein Schicksal. Obwohl er noch sauer ist, schluckt er es herunter, denn er will die Situation nicht vollends verderben. Die beiden haben Sex miteinander, aber weder Theo noch Sabine sind glücklich dabei. Als es vorbei ist, fängt Theo plötzlich an zu weinen. Sabine schaut ihn fragend an: „Was ist los mit dir?

Theo: „Ich kann es nicht fassen, wie gemein wir zueinander sind. Wir schlafen zusammen, aber ich fühle mich Lichtjahre von dir entfernt. Es tut unglaublich weh." Eine Weile liegen die beiden schweigend nebeneinander. Dann sagt Sabine: „Es berührt mich, das von dir zu hören. Ich dachte wirklich, du merkst das gar nicht. Ich war gemein zu dir, damit du es endlich spürst! Es tut mir auch weh. Aber ich weiß nicht weiter. Ich fühle mich total hilflos!" Sie fängt an zu weinen.

Theo umarmt sie liebevoll, beide weinen zusammen. Dann macht er behutsam, aber eindeutig Anstalten, noch mal in sie einzudringen. Sabine schaut ihn überrascht an, will sich erst zurückziehen, lässt sich aber dann drauf ein. Das Liebesspiel das jetzt folgt, wechselt zwischen ganz zarter Umarmung und einem wilden Stoßen, in dem sich auch viel Wut entlädt.

Nachdem beide etwas erschöpft aneinander geruht haben, fragt Theo gelöst: „Das war göttlich. Warum ging das jetzt plötzlich?"

Sabine antwortet nachdenklich: „Keine Ahnung. Ich weiß nur, dass etwas dran ist an dem ganz normalem Sadismus in Beziehungen. Und ich habe gerade erlebt, dass ich den nicht weg machen muss, um meine

Liebe für dich wieder zu spüren. Aber ich muss ihn mir eingestehen. Sonst lass ich dich und letztlich auch mich ganz brutal verhungern."

Sabine bezieht sich mit der Formulierung „ganz normaler Sadismus" auf das Buch von David Schnarch[91], das ich schon mehrfach erwähnt habe. Dessen Botschaft ist bei ihr angekommen:

Wir alle quälen die, die wir lieben, während wir gleichzeitig so tun, als merkten wir es nicht. Die Partnerschaft ist vielleicht der Ort, an dem wir das am häufigsten – und ungestraft – tun.

Ungestraft bleiben wir allerdings nur so lange, wie wir gefühllos sind. Sobald wir uns für das öffnen, was wir fühlen, spüren wir den immensen Schmerz, den wir in Beziehungen durch unsere zuweilen perverse Kommunikation hin und her schieben wie einen Schwarzen Peter. Wenn wir uns wirklich füreinander öffnen, dann kommt manchmal der pure Hass zum Vorschein. Mir hilft der Gedanke von David Schnarch enorm, dass dies ganz normal ist. Denn den größten Schaden richten wir an, indem wir unseren Hass und alle die ungeliebten Seiten in uns verleugnen. Gute Kommunikation kommt oft an Grenzen, nicht weil wir nicht wüssten, wie wir anders miteinander sprechen könnten, sondern weil wir es gar nicht wollen. Wie wir unseren Partner ganz subtil mit Worten malträtieren und dabei zuweilen noch freundlich lächeln, das würden wir niemals mit einem anderen Menschen tun. Wir können das beklagen, aber das wäre schade. Viel lieber möchte ich anregen, dass wir das Erkennen zum Anlass nehmen, die ganze Wahrheit über uns zu erfahren und an uns heranzulassen. Wenn unsere Liebe auch unseren Hass mit einschließt, unser Begehren, unseren Ekel, unsere Treue, unsere Freiheit, unsere Wahrheit und unsere Lüge, dann kann Kommunikation ganz werden.

Anders zusammen sein

Gelungene Kommunikation lässt Raum für Widersprüche. Aus dem Gewahrsein dessen, dass wir uns als getrennte Subjekte erleben und zugleich untrennbar verbunden sind, entsteht ein offener Raum: Wer sind wir? Und wer sind wir noch? Und was noch? Hier wird tiefer Kontakt möglich. Wir schauen uns an mit einem Staunen. Wenn wir merken, wie verschieden wir sind und doch auch wieder ähnlich, entwickeln wir Neugier: Wer bist du? Wer bist du noch? Was sind deine tieferen Beweggründe für dein Denken, Fühlen und Verhalten? In diesen Fragen kommt mühelos Respekt zum Ausdruck. Wenn wir wissen, dass Trennung eine Illusion ist, dann erwächst daraus natürlicherweise ein Gefühl von Verantwortung. Wenn ich weiß, dass das, was ich aussende, irgendwann zu mir zurückkommt, werde ich dich allein schon aus purem Eigennutz anders behandeln. Wenn ich weiß, dass dein Verhalten auch eine Resonanz auf mein Verhalten ist, werde ich dich vielleicht nicht mehr so leichtfertig beschuldigen. Ich werde neugieriger auf meine blinden Flecken.

Kommunikation beginnt nicht erst, wenn ich den Mund aufmache. Sie beginnt bereits mit dem, was ich denke. Wenn ich denke, dass du nur deine Interessen im Kopf hast, dass du mich nicht liebst oder dass du unbewusster bist als ich, dann teilt sich dir das auch ohne Worte mit. Du wirst es nicht immer bewusst wahrnehmen, aber du wirst es irgendwie spüren und auch darauf antworten. Wenn ich mir meiner eigenen Botschaften nicht bewusst bin – was uns allen oft so geht –, werde ich deine Reaktionen nur schwer auf mich beziehen können. Aber ich kann mich immer wieder öffnen, um Neues über mich zu erfahren.

All das ist leicht gesagt, aber weniger leicht umzusetzen. Warum? Der Innere Kritiker mag das überhaupt nicht. Er will uns die ungeliebten Seiten am liebsten vollständig vom Hals halten. „Du willst alles an dich heranlassen?", fragt er uns. „Spinnst du restlos? Gut, dass du mich hast! Ich werde es zu verhindern wissen!" Solange er in unserem psychischen System die dominierende Rolle spielt, werden wir uns vor allem schützen, was uns in schlechtem Licht dastehen lässt. Es ist ein durchaus steiniger Weg, den Inneren Kritiker zu entmachten. Es wird manchmal wehtun. Er wird manchmal nicht kampflos seinen Thron räumen. Je mehr wir das aushalten und unseren Schmerz zulassen, desto mehr können wir jede – wirklich jede – Kommunikation willkommen heißen: als eine Gelegenheit, ganz zu werden, Verborgenes ans Licht zu bringen und unsere Schattenseiten zu integrieren. Je widersprüchlicher wir uns selbst sein lassen, desto mehr Raum entsteht für die widersprüchliche Vielfalt im wahrhaftigen Kontakt. Kommunikation lebt durch unsere Bereitschaft, uns im Kontakt verändern zu lassen – und uns dabei treu zu sein:

- Kommunikation mit anderen Menschen löst Gefühle aus. Es liegt vollständig in unserer Verantwortung, wie wir diese Gefühle interpretieren, wie wir mit ihnen umgehen und was wir aus ihnen lernen. Was teilen uns unsere Gefühle mit? Wie helfen sie uns, mit unseren eigenen Bedürfnissen in Kontakt zu kommen und entsprechend zu handeln?
- Wenn eine Bitte nicht erfüllt wird, so wird das manchmal wehtun. Wenn wir das nicht vermeiden müssen, dann können wir die Freiheit anderer respektieren und zugleich nach neuen Wegen suchen, unsere eigenen Bedürfnisse und Wünsche erfüllt zu bekommen. Wir wollen keine Macht über andere, weil wir sie damit als Gegenüber verlieren:

  Stellen Sie sich einmal vor, Sie würden alle Auseinandersetzungen „gewinnen". Irgendwann hätten Sie nur noch Verlierer um sich.[92]

- Wenn wir uns nicht verstehen oder aneinander vorbeireden, so können wir das offen anerkennen und mit Respekt stehen lassen. Wir müssen nicht alles ausdiskutieren. Wirkliche Verbundenheit verträgt auch Uneinigkeit.

- Wenn jemand nach unserem Empfinden etwas Falsches über uns sagt, brauchen wir uns nicht zu verteidigen. So verrennen wir uns weniger in Rechthaberei. Wir können stattdessen fragen: „Habe ich das so gesagt? Habe ich das getan?" Durch Offenheit und unsere Bereitschaft, nicht zu wissen, was war, kommen wir leichter zum Hier und Jetzt zurück: „Was immer ich damals gesagt habe: Jetzt meine ich es so ..."

Aus gelingender Kommunikation, die auch widersprüchliche Wahrheiten widerspiegelt, wächst eine differenzierte Verbundenheit. Aus dieser wächst unser Bedürfnis, zum Wohlbefinden aller beizutragen – uns selbst immer mit eingeschlossen. Dies ist dann kein hohler, moralischer Anspruch, sondern ein Anliegen unserer menschlichen Seele. Diese Hypothese begegnete mir zuerst bei Marshall Rosenberg. Ich war begeistert und wollte seine Methode der GfK sogleich mit meiner Liebsten anwenden. Doch die Ernüchterung ließ nicht lange auf sich warten:

Wir hatten uns Übungen aus dem Buch über gewaltfreie Kommunikation vorgenommen und waren dabei, diese auszuwerten. Mein Anliegen war es, ganz genau bis in sprachliche Feinheiten ein ehrliches Feedback zu bekommen. Meiner Partnerin kam es mehr auf die große Linie und eine eher großzügige Grundhaltung an, in der nicht alles „richtig" sein muss. Heute kann ich diesen Unterschied leicht sehen und ganz in Ruhe formulieren. Damals gerieten wir so aneinander, dass ich vor lauter Wut das Buch über gewaltfreie Kommunikation zerriss. Das war dann ein kostbares Signal. Es dauerte nicht lange, bis ich die Ironie meiner Gewaltaktion begriff, und so bewahre ich dieses zerfetzte Buch wie einen Schatz auf, der mich daran erinnert, wie provozierend und herausfordernd es sein kann, auf Gewalt, auch auf ihre subtilen Formen, ganz zu verzichten.

Wir können nur wirklich frei kommunizieren, wenn wir bereit sind, uns darin verändern zu lassen. Genau das fällt den meisten

Menschen enorm schwer. Ich selbst merke das so richtig klar beim Improvisationstheater.

Beim Improtheater kommt es wesentlich drauf an, möglichst schnell eine Szene zu definieren. Da nichts abgesprochen ist, entsteht alles aus dem Moment. Damit aber eine Szene sich gut entwickeln kann, muss bald für alle Beteiligten deutlich werden, wer sie sind und wo und wie sie sind. Wenn ich also auf die Bühne gehe und zu einer Mitspielerin sage „Hallo Mama!", dann ist definiert: Mutter und Sohn. Wenn meine Mitspielerin aber bereits eine andere Idee hatte, diese aber noch nicht ausgesprochen hat, steht sie vor der Herausforderung, ihre eigene Idee fallen zu lassen und eine andere zu werden. Sonst käme nämlich so etwas dabei heraus: „Wieso Mama? Ich bin doch deine Kollegin." Das wäre ein- oder zweimal ganz lustig, aber auf Dauer ätzend.

Die Verwandlung beim Improvisieren geht aber noch viel tiefer. Szenen werden dann besonders spannend, wenn die Protagonisten nicht auf ihren Gefühlen und Positionen beharren, sondern sich durch das, was vom anderen kommt, verändern lassen.

Ich springe zum Beispiel freudig auf die Bühne und rufe: „Hallo Mama! Ist das Mittagessen fertig?" Wenn jetzt Mama in strengem Ton antwortet: „Wie siehst du den aus? Zieh zuerst mal deine Drecksklamotten aus und wasch dir die Hände! Vorher gibt es nichts zu essen!", dann fordert mich das heraus, mich sofort zu verändern. Ich werde entweder kleinlaut und beschämt oder rebellisch. Wenn ich aber einfach der freudige Junge bleibe, dann blockiere ich den Input meiner Mitspielerin, weil ich mich nicht verändern lasse.

Was soweit ganz einleuchtend klingt, fällt mir in der Praxis zuweilen enorm schwer. Ich kann bei mir und auch bei anderen immer wieder beobachten, wie stark der Drang in uns ist, uns zu behaupten, anstatt zuzulassen, dass andere eine starke Wirkung auf uns haben. Wir haben ein Leben lang gelernt, diesen Einfluss von außen zu minimieren, und es fällt verdammt schwer, das auf der Bühne plötzlich abzulegen.

Was ich am Beispiel des Theaters illustriert habe, gilt im Leben genauso. Berührender Kontakt entsteht, wo wir bereit sind, uns verändern zu lassen – und zugleich wir selbst zu bleiben. Sich verändern zu lassen, heißt nicht, zur Marionette zu werden. Es heißt, Impulse aufnehmen zu können und mit unseren eigenen Impulsen darauf zu antworten. Es ist ein Tanz, der desto mehr Spaß macht, je mehr wir realisieren, dass wir eigentlich nichts zu verlieren haben. Wir sind, wer wir sind, und was immer Neues aus uns zum Vorschein kommt, sind wir auch. Darf das sein? Dürfen wir wirklich alles sein? Wo hast du deine Grenze?

Jenseits von Worten

Wahrhaftige Kommunikation aus dem inneren Raum, in dem alles – auch das Widersprüchliche – Platz hat, ist keine Technik. Sie fordert und fördert unser Vertrauen zu uns selbst und zum Leben. Vertrauen ist das Gegenteil von Müssen.

Marshall Rosenberg hält das Handeln aus einem Müssen heraus für eine der tiefen Wurzeln allen menschlichen Übels. In einem seiner Seminare[93] erzählt er, wie er eines Tages zu der grundlegenden Entscheidung kam, nie wieder etwas tun zu müssen. Er entschloss sich zum Beispiel, keine psychologischen Gutachten mehr über Klienten zu schreiben und auf die Finanzierung durch Krankenkassen zu verzichten. Lieber würde er Taxi fahren.

In der nächsten Nacht wachte er vom Schreien seines kleinen Sohnes auf. Er wollte gerade mit der Haltung „Ich muss" aus dem Bett springen, als er sich an seinen Entscheid erinnerte. Er blieb liegen und im Zeitraffertempo sah er bereits vor seinem inneren Auge die Schlagzeile in der Boulevardzeitung: „Psychotherapeut und Friedensforscher lässt eigenes Kind verhungern!" Er blieb weiter liegen. Das Geschrei ging weiter. Plötzlich – als er innerlich wusste, er würde nicht aus einem Müssen heraus handeln – erreichte ihn das flehentliche Schreien des Kindes in seinem Herzen. Es waren kaum 20 Sekunden vergangen, aber es kam ihm vor wie eine Ewigkeit. Ohne zu überlegen stand er auf und nahm seinen Sohn auf und in die Arme und gab ihm, was er brauchte. Er tat es gern. Er tat es aus seinem eigenen inneren Bedürfnis, für seinen Sohn da zu sein, nicht aus Pflichtgefühl.

Mich hat dieses Beispiel zu Tränen gerührt, als ich es zum ersten Mal hörte. Eine tiefe Sehnsucht klang in mir an, dass Handeln aus einem Muss heraus überflüssig sein könnte. Müssen ist der unzureichende Ersatz für misslungene Kommunikation, in der wir uns nicht mehr ineinander einfühlen können. Kommunikation braucht nicht immer Worte. Viel eher braucht sie unsere Herzen. Kommunikation ist der permanente Prozess, in dem wir uns vom Leben selbst berühren lassen und von daher spüren, was unsere wahrhaftige Antwort ist. Wir kommen darin nach Hause, und dieses Zuhause stellt sich mehr und mehr als die Existenz selbst heraus.

Der erste Abend eines Workshops steht immer unter dem Vorzeichen „Ankommen" und „Kontakt aufnehmen". Oft lasse ich die Teilnehmerinnen und Teilnehmer durch den Raum gehen, dabei den eigenen Körper spüren und sich mit der Umgebung vertraut machen. Ich schlage bewusst vor, den anderen Menschen im Raum zuerst einmal keine Beachtung zu schenken, sondern zunächst bei sich selbst anzukommen.

Nach einer Weile schlage ich dann vor, anzufangen sich gegenseitig mit einer kleinen Geste, einem Wort oder einer kleinen Berührung zu begrüßen. Es ist erstaunlich, wie dann regelmäßig fast alle Mundwinkel im Raum langsam aber sicher nach oben gehen. Es ist nicht viel passiert, hier und da ein Nicken, ein Händeschütteln, ein Lächeln oder ein Satz. Vielleicht auch mal eine Umarmung, aber nicht mehr. Die Atmosphäre im Raum hat sich grundlegend gewandelt. Es ist das Bewusstsein unserer Verbundenheit, das einen Raum zu einem angenehmeren Ort macht.

Verbundenheit kann natürlich auch Angst machen, und die damit zusammenhängenden Themen melden sich auch früher oder später. Aber dieser spontane Effekt, den die Begrüßung ausmacht, verwandelt viel. Verbundenheit ist ein menschliches Grundbedürfnis. Unverbundenheit ist die Illusion, wir stünden nicht permanent in Kontakt. Sie ist die Verleugnung dessen, was ist.

Wir sind in Verbindung, lange bevor wir es bewusst wahrnehmen. Mit Körperausdruck, Mimik und Gestik sprechen wir andauernd miteinander und tauschen Botschaften aus. Das weiter oben zitierte Beispiel aus der Flirtforschung (siehe Seite 175) zeigt, dass der Tanz von Mann und Frau bereits beginnt, wenn Frauen Signale aussenden, die die Männer bewusst gar nicht mitkriegen. Aber sie antworten darauf.

Je mehr wir unsere Wahrnehmung verfeinern, desto mehr nehmen wir diese Prozesse bereits auf einer feinstofflichen, energetischen Ebene wahr, bevor sie offen-sichtlich werden. Auf dieser Ebene können wir unmittelbar erleben, dass wir alle Teil eines größeren Geschehens sind, zu dem wir wohl etwas beisteuern, von dem wir uns aber nie wirklich abtrennen und das wir auch nicht kontrollieren können.

In einer Paarsitzung lade ich Alexander und Isabel ein, jeweils ohne Worte, aber in Form einer Körperskulptur zum Ausdruck zu bringen, wie sie sich in der Beziehung zueinander fühlen. Alexander nimmt mit einer weit ausholenden Geste einen großen Raum ein, Isabel hockt halb unter ihm am Boden. Ich schlage beiden vor, eine Weile in dieser Haltung zu bleiben und zu beschreiben, wie sich dies anfühlt. Alexander berichtet, dass er sich kraftvoll fühlt, aber so nicht an sie herankommt und sich auch irgendwie schuldig fühlt. Isabel fühlt sich einerseits klein und schwach, spürt aber gleichzeitig eine gewisse Macht und Dominanz, die sie auf die ganze Szene ausübt. Davon sind beide überrascht, denn bislang sah es immer so aus, als ob Alexanders Dominanz und Isabels Schwierigkeit, ihren Raum zu behaupten, ihr Problem sei.

Ich schlage weiter vor, dass jeweils einer in der Skulptur bleibt, während der andere sich daraus löst, sich frei im Raum bewegt und seinen spontanen Impulsen folgt. Zuerst löst sich Alexander. Er läuft im Raum umher und fühlt sich etwas verloren. Es ist ihm unangenehm, dass Isabel da unten hockt. Er probiert kurz aus, wie es ist, zu ihr runter zu gehen, aber er hält das nicht lange aus. Er sagt, es fühle sich irgendwie verboten an. Dann geht Alexander in seine ursprüngliche Skulptur zurück und Isabel löst sich. Sie stellt sich provozierend vor Alexander hin, bleibt da aber nicht lange. Dann legt sie sich auf den Boden und fühlt sich so, als wenn sie ihn zu sich hinunterziehen wolle.

In der dritten Phase – Ausgangspunkt sind wieder die ursprünglichen Körperhaltungen – dürfen sich beide ihren Impulsen folgend im Raum bewegen. Dabei wird deutlich, dass Alexander sie gern zu sich hochholen und Isabel ihn gern zu sich hinunter ziehen möchte. Aus den Bewegungen wird langsam eine Art freier Tanz, in dem die beiden umeinander werben. Als dieses Werben in beider Bewusstsein dringt, kommt plötzlich eine Nähe auf, die vorher nicht spürbar war. Die beiden fangen an, an ihrem Tanz Spaß zu haben, und es ist überhaupt nicht mehr klar, wo eigentlich das Problem lag.

Kommunikation geschieht sehr subtil. Wir sind meist wenig darin geübt, die Subtilität bewusst wahrzunehmen. Wenn wir ein solches Geschehen anschauen, ohne es zu bewerten, dann erleben wir bei aller Verstrickung, die zunächst da sein mag, auch eine tiefe Verbundenheit. Uns davor zu verneigen, macht den Weg frei, uns aus ungewollter Verstrickung zu lösen. Wir sind immer verbunden, aber wir nehmen es nicht wahr, wenn wir zu dicht daran kleben. Wir sind, oft ohne es zu merken, jederzeit frei, für uns angenehmere Arten des Kontaktes zu finden. Hier geht es nicht mehr um „Wer hat recht?", „Wer hat Schuld?", „Wer macht es besser?" oder ähnliches, sondern um die Fragen „Wie kann ich zu dem beitragen, was ich mir für mich und für uns wünsche?" und „Was ist deine Antwort darauf?"

Wahrheiten brauchen Lügner

Eine solche innere Haltung geht davon aus, dass es keine objektive Wahrheit gibt, die wir als Menschen für uns reklamieren könnten. Die „Wahrheit ist die Erfindung eines Lügners"[94] heißt es so schön in einem Buchtitel. Ohne Lüge gibt es keine Wahrheit, und in der Reklamation der Wahrheit erschaffen wir die Lüge. Lassen wir die Wahrheit als Kriterium in unserer Kommunikation fallen, so fallen wir nicht ins Beliebige, wie mancher befürchten mag, sondern wir fallen in die Tiefe unserer Subjektivität. Nicht seine Wahrheit macht einen Gedanken relevant, sondern seine Existenz, seine Quelle und seine Wirkung. Zu denken, meine Überlegung sei wahr, wenn du zugleich anderer Meinung bist, das hat eine Wirkung. Ist diese Wirkung das, was ich mir wünsche? Im Namen der Wahrheit werden Kriege geführt, die niemand will, aber Viele für notwendig halten – um der Wahrheit willen.

Die Geschichte der Menschheit zeigt, dass es kaum eine mörderischere, despotischere Idee gibt als den Wahn einer „wirklichen" Wirklichkeit (womit natürlich die eigene Sicht gemeint ist), mit all den schrecklichen Folgen, die sich aus dieser wahnhaften Grundannahme dann streng logisch ableiten lassen. Die Fähigkeit, mit relativen Wahrheiten zu leben, mit Fragen, auf die es keine Antwort gibt, mit dem Wissen, nichts zu wissen, und mit den paradoxen Ungewissheiten der Existenz, dürfte dagegen das Wesen menschlicher Reife und der daraus folgenden Toleranz für andere sein.[95]

Wenn es eine objektive Wahrheit geben sollte, erfahren wir sie am besten dann, wenn wir jedes Wahrheitskonzept fallen lassen und uns ganz unserer Subjektivität, Relativität und Interaktivität bewusst werden. In der objektiven Wahrheit erfahre ich die Verbindung mit dir, auch wenn wir vollkommen anderer Ansicht sind, gegensätzliche Interessen vertreten oder gar nichts miteinander zu tun haben wollen. Die objektive Wahrheit ist für den Verstand unbegreifbar. Sie ist die Brücke, die niemals gebaut werden muss, weil sie schon da ist.

Vielleicht kann unser Verstand die intelligente Demut entwickeln, sich aus der Frage der Wahrheitsfindung herauszuhalten und sich ganz auf seine Stärken zu besinnen: Er wird zum Unternehmensberater des Ich, ein nondirektiver Coach, der seine Analyse vergangener Erfahrungen anbietet, ohne sie als Wahrheit verkaufen oder verbindlich machen zu müssen. Der Verstand wird vom Chef zum Dienstleister. Damit kann unser unmittelbares Sein an den Platz fallen, wo es hin gehört: ins Zentrum unseres Bewusstseins. Einheitsbewusstsein, Respekt für Anderssein und Mitgefühl für unsere Individualität und die daraus resultierenden Herausforderungen: Dies sind Dimensionen einer das Paradoxe ehrenden Spiritualität.

Spiritualität – vom Dogma zum Paradox

Viele können die Wahrheit nicht ertragen. Ihr Feuer, das uns erwärmt, deuten andere als Brandstiftung. Und du weißt ja, was mit Brandstiftern geschieht, falls man sie erwischt.

Frieder Lauxmann[96]

Wir befinden uns mit unserem Schiff auf hoher See. Wir haben Stürme und Flauten durchlebt, verschiedene Küsten angelaufen und wieder verlassen. Unser Navigationssystem ist auf den neuesten Stand gebracht. Wir fangen an, uns mitten auf dem Ozean sicher und geborgen zu fühlen. Und jetzt spüren wir, dass wir brennen – wir spüren es mitten im Herzen. Wird unser Schiff Feuer fangen? Können wir es löschen, wo doch so viel Wasser um uns herum ist? Wollen wir es löschen?

In diesem Kapitel nähern wir uns dem Höhepunkt aller unserer Widersprüche. An der spirituellen Thematik wird unser linearer Verstand sich die Zähne ausbeißen. Er kann darüber verzweifeln, dagegen ankämpfen oder tatsächlich zahm werden. Wie können wir damit leben, dass es „mehr Dinge zwischen Himmel und Erde (gibt), als ... (unsere) Schulweisheit sich träumen lässt".[97]

Das Heilige und das Profane sind heute extrem gespalten. Die Orientierung, die die Führer der großen Religionen unserer Gesellschaft gern noch geben würden, werden weitgehend als Sonntagsreden abgenickt, als Folklore bestaunt, manchmal auch heftig kritisiert, aber insgesamt kaum ernst genommen. Im krassen Gegensatz dazu gibt es Gesellschaften, die sich als Gottesstaat definieren und in denen religiöse Führer die höchste Autorität darstellen. Die Kommunikation zwischen diesen „gottlosen" und

„gottesfürchtigen" Gesellschaften könnte kaum problematischer sein. Sie mündet immer wieder in Krieg und Gewalt. Dieses Dilemma, das den Frieden unseres ganzen Planeten bedroht, spiegelt sich in unserer individuellen Psyche. Oder ist es gar Ausdruck davon? Viele Menschen, die sich auf einem spirituellen Weg befinden, erleben eine enorme Kluft zwischen ihren spirituellen Erfahrungen und Einsichten einerseits und ihrem Alltagsbewusstsein und den damit verbundenen Erfahrungen andererseits. Was die eine Seite erleuchtet, versucht die andere Seite schnell wieder unter die Kontrolle unserer Gewohnheiten zu bringen. Wir sind sozusagen Brandstifter und Löschzug in einer Person. Wer diese Kluft bei sich selbst nicht sieht, bei dem sieht ein Außenstehender sie oft umso deutlicher.

Religion und Spiritualität sind in unserer Psyche tief mit der Sehnsucht nach der „Erlösung von allen Übeln" assoziiert. Da Widersprüchlichkeit für den Verstand eines der größten und am schwersten zu ertragenen Übel ist, sehnt er sich nach Eindeutigkeit. Er bekommt glänzende Augen bei der Vorstellung, dass im Himmel alles wohl geordnet und gerecht zugeht.

Jemand, der sein ganzes Leben lang gute Taten vollbracht hatte, starb und kam wie erwartet in den Himmel. Weil er Hunger hatte, fragte er einen der Himmelsdiener, ob er etwas zu essen haben könnte.

„Alles was du möchtest. Du musst es dir nur wünschen", wurde ihm gesagt.

Wunderbar! Aber nachdem er sich an allem, was er sich zu essen gewünscht hatte, ausreichend gelabt hatte, überkam ihn das Gefühl des Alleinseins.

„Ich möchte eine Frau an meiner Seite haben", meinte er zu dem Himmelspagen.

Wieder wurde ihm gesagt, er brauche sie sich nur herbeizuwünschen.

Sein Wunsch ging in Erfüllung, und mit seiner hübschen Begleiterin war er dann eine Weile zufrieden.

Aber bald wurde ihm wieder langweilig. Nun wollte er sich beim Himmelsdiener beschweren: „Ich dachte, man wäre nur in der Hölle gelangweilt und unzufrieden."

Der Himmelsdiener sah ihn an und fragte: „Was denkst du denn, wo du bist?"[98]

Die einfache Befriedigung jedes einzelnen unserer Bedürfnisse: Was uns der Verstand empfiehlt und uns als Himmel vorgaukelt, das kann sich in Wahrheit als Hölle entpuppen. Der Verstand stellt sich unter einem gerechten Gott einen genialen Logistikmanager vor: Für alles ist gesorgt, an alles ist gedacht. Jetzt endlich kann der Verstand sich zur ewigen Ruhe begeben. Eine solche Ruhe kann es auf Dauer – wenn überhaupt – nur im Jenseits geben. Dort scheint es eine Abteilung der Hölle zu sein! Im Diesseits werden wir eine derartige Eindeutigkeit nicht finden, weshalb der Verstand – konsequent wie er ist – kaum je Ruhe gibt. Wenn er es doch einmal tut – in tiefer Meditation oder in selbstvergessenem Tun –, dann erleben wir das als großes Glück. Sobald es vorbei ist, wird sich der Verstand an die Arbeit machen, es wieder herzustellen, und ihm damit effektiv im Weg stehen.

Die Schwelle – die Widersprüchlichkeit anerkennen

An diesem Punkt stehen wir vor einer entscheidenden Schwelle, auf die alles bisher in diesem Buch Gesagte vorbereitet: Sind wir bereit, das Leben, die Existenz, das Menschsein als ein einziges großes Paradox, als ein Feld voller Widersprüchlichkeiten, als Lustspiel und Drama der Gegensätze anzuerkennen? Können wir unsere tiefe Sehnsucht nach Einssein mit allem, was ist, in Ehren halten und uns zugleich an der Verschiedenheit, die sich oft als Unvereinbarkeit darstellt, erfreuen? Wie viel Frustration müssen wir erleben, bis wir den Versuch aufgeben, die Welt nach unseren Regeln erklären und verstehen zu wollen? Wie viel Einsicht und Weisheit ist nötig, bis wir unserem Nicht-Wissen vertrauen und uns darin einer höheren Intelligenz – was immer das sein mag – anvertrauen mögen? Wenn der Verstand dies hört, macht er sich bereits daran, Abkürzungen zu finden: Warum erst so viel Frust erleben, warum erst so viel Weisheit sammeln? Warum nicht gleich an einen – meinetwegen auch widersprüchlichen und unergründbaren – Gott glauben und auf ihn vertrauen?

Eine auf – oft blindem – Glauben gegründete Spiritualität ist in unserer Kultur noch immer die Norm. „Glaubet, dann werdet ihr errettet werden!" Aber bei einer Welt voller Priester, Gurus und Propheten, in der einer oft das glatte Gegenteil des anderen behauptet, wem sollen wir da noch Glauben schenken? Es scheint kein Weg daran vorbei zu führen, dass wir unsere eigenen Entscheidungen treffen. Wir sind auch darin frei, ob wir uns dabei an äußeren Autoritäten, an kulturellen Normen oder an unseren eigenen Erfahrungen orientieren. Von der Hingabe an einen spirituellen Meister bis zum Skeptizismus gegenüber allem und jedem steht uns alles offen.

Für immer mehr Menschen scheint die Zeit reif zu sein, ihre Spiritualität auf innere Erfahrung zu gründen und die Verantwortung dafür zu übernehmen, auch wenn sie sich damit auf Glatteis bewegen. Die scheinbar stabile Basis fester Glaubenssätze und Überzeugungen ist in Wirklichkeit dünn, auch wenn sie sich als Erfahrung ausgeben. Sie gründet sich auf Vergangenem. Wir können jederzeit einbrechen, wenn wir das ganze Gewicht unseres gegenwärtigen Lebens darauf aufbauen, oder – was vielleicht noch schlimmer ist – darin gefangen bleiben. Der Schlüssel für eine auf uns selbst gegründete Spiritualität ist das Gewahrsein von Widersprüchen:

- Ich kann und will nur mir selbst vertrauen. Aber niemand kann mir besser etwas vormachen als ich mir selbst.
- Gott ist größer als ich, ich werde ihn nie ganz erfassen können. Aber ich finde Gott nur in mir, indem ich mich vorbehaltlos meiner eigenen Erfahrung überlasse.

- Mein Alltag ist Ausdruck meiner mangelnden Verbundenheit mit der Existenz und zugleich ihr vollkommener Ausdruck.

Das Gewahrsein der Widersprüche gibt uns Selbst-Bewusstsein und Demut zugleich. Es macht uns Mut, unsere Wahrheit selbstbewusst in der Welt zu leben und uns jederzeit nicht eines Besseren, aber eines Anderen, eines Weiteren belehren zu lassen und darin zu wachsen und heil zu werden .

Der Grundwiderspruch:
Wir sind autonomer Teil eines größeren Ganzen

Im Alltagsbewusstsein erleben wir uns als ein autonomes Individuum, das seine eigenen Entscheidungen trifft. Wir überlegen beispielsweise, ob wir lieber zuhause kochen oder in ein Restaurant essen gehen wollen. Wir nehmen dabei durchaus Einflüsse von außen auf, die sich manchmal wie ein Zwang anfühlen können. Wenn beispielsweise meine Partnerin unbedingt essen gehen will, kann ich mich ganz und gar unfrei fühlen. Das ändert aber nichts auf der grundlegenden Ebene: Wir gehen davon aus, dass wir frei sind. Würden wir nicht davon ausgehen, würden wir bestimmt nicht darüber nachdenken, was zu tun ist. Aber wie frei sind wir wirklich? Können wir überhaupt frei sein, wenn wir gleichzeitig Teil von etwas Größerem sind?

Es könnte ja sein, dass unsere subjektiv wahrgenommene Wahlfreiheit eigentlich nur Illusion ist.

Als kleiner Junge schaute ich gern gebannt dem Kasperle-Theater zu. Ich sah, wie der Räuber die arme Gretel überfiel und fieberte der Rettung durch den Kasper entgegen. Meine älteren Geschwister achteten peinlich genau darauf, dass ich niemals hinter die Bühne geriet. Wie groß wäre die Enttäuschung gewesen, wenn ich gesehen hätte, dass hinter den Figuren nur ein Mensch stand, der lediglich die Handpuppen austauschte, seine Stimme verstellte und so ein Vielerlei von Figuren mitsamt deren Geschichten vortäuschte?

So oder ähnlich könnten wir uns die Welt vorstellen. Gott, die Existenz oder ein großer Zauberer ließe uns die Dramen spielen, die er sich für uns ausgedacht hat, und wir spielen sie voller Inbrunst mit, weil wir gar nicht merken, dass wir nur Marionetten eines größeren Geschehens sind, auf das wir selbst gar keinen Einfluss haben. Wenn dem so wäre, könnten wir uns leicht aller Widersprüche entledigen: Wir bräuchten nicht mehr als Gottvertrauen. Gott handelt durch mich. Es gibt für mich nichts zu entscheiden! Ist es wirklich so einfach?

Ken Wilber[99] geht davon aus, dass der Kosmos „holarchisch" aufgebaut, das heißt, aus „Holons" zusammengesetzt ist. Holons agieren einerseits immer als eigene Ganzheit (wie eine Körperzelle, die sich um ihren eigenen Stoffwechsel kümmert) und befinden sich andererseits als Teilheit mit einer größeren Ganzheit in Kommunion (wie die Leberzelle, die der Leber dient). Gleichzeitig können sie zu höheren Holons „emergieren", (die Leber bildet mit anderen Organen und Geweben einen Körper als komplexere Einheit) und sich in ihre Subholons auflösen (zum Beispiel wenn die Zelle entartet und damit die Funktionseinheit mit der Leber verlässt). Holons mit diesen paradoxen Eigenschaften, das sind wir! In unseren individuellen, vermeintlich autonomen Entwicklungsprozessen spiegelt und entfaltet sich der Kosmos. Oder anders gesagt: Gott denkt und handelt durch uns und bringt sich damit zunehmend selbst ins Bewusstsein. Sobald wir eine Seite in uns verleugnen – sei es unsere Autonomie, sei es unsere Verbundenheit –, blockieren wir unsere Entfaltung.

Wie real ist das Ego?

In dieser Polarität spannt sich unsere Existenz auf, und wir bekommen auf die Frage, wer wir sind, unterschiedliche Antworten, je nachdem, wie wir auf uns schauen und uns erleben. Von welcher Realität ist diese Instanz namens Ego, mit der wir uns gewöhnlich identifizieren, tatsächlich? Die meisten Menschen kennen gar nichts anderes, wenn sie von „Ich" sprechen, und werden jemanden entgeistert anschauen, der das Ego als Illusion bezeichnet. „Ich bin eine Illusion? Bitte kneife mich! Aua! Also der Schmerz ist real. So ein Eso-Quatsch!", wäre die normale Antwort. Viele Menschen haben aber zumindest kurzzeitig schon einmal die Erfahrung gemacht, dass sich ihr Gewahrsein ausweitet. Sie fühlen sich eins mit etwas Größerem als ihrem gewohnten Ich. Sie erleben beim Sex Einssein mit einem anderen Menschen, sie erleben in der Meditation universelle Liebe, sie verlassen in einer Nahtod-Erfahrung die Begrenzung von Raum und Zeit. Auf die klassische Frage spiritueller Selbsterforschung „Wer bin ich?" öffnet sich für viele Menschen früher oder später ein innerer Raum, der sich sowohl vollkommen leer als auch total erfüllend anfühlt. Diese Erfahrung wird oft als Kontakt mit der absoluten Wahrheit unseres Bewusstseins interpretiert. Wir sind grenzenloses Bewusstsein. Die Grenzen unseres Alltagsbewusstseins erscheinen von dort aus als Illusion: Es gibt keine Trennung. Alles ist eins.

Wenn wir jedoch in unser Alltagsbewusstsein zurückkehren, verbinden wir uns wieder mit unserem Ego. Es gibt wieder meinen Körper und deinen Körper und meine Gedanken und deine Gedanken. Vielleicht erinnern wir uns sogar noch an die All-Einheitserfahrung, vielleicht ist sie sogar kontinuierlich als Hintergrund präsent, der durch den Vordergrund hindurchscheint. Die Hoffnung, dass nach einem solchen spirituellen Erwachen die Reise zu Ende ist und wir mit unseren Alltagsproblemen und persönlichen Macken nicht mehr behelligt werden, erweist sich immer mehr als weitere Illusion. Manche Autoren behaupten sogar, die eigentliche Reise beginne erst mit dem Erwachen.[100] Jetzt erst beginne die Arbeit, das alltägliche Leben zu transformieren.

Das Ego annehmen

Auch aus dieser Perspektive sieht es so aus, als sei das Ego eine Krankheit, ein Missverständnis, eine Illusion oder sonst irgendetwas, auf das wir gut und gern verzichten können. Ich bin hier grundlegend anderer Ansicht. Ich oute mich jetzt hier als Egofreund. Das Ego ist die psychische Instanz, die uns ein Leben als autonomes Individuum überhaupt ermöglicht. Wenn ich nicht zwischen dir und mir unterscheiden kann, kann ich mich in der menschlichen Gesellschaft nicht orientieren und nicht sinnvoll daran teilnehmen. Das Ego kann unterschiedlich stark ausgebildet sein, und es kann in unterschiedlichem Maße die Herrschaft über das Bewusstsein übernehmen, bis hin zu der Überzeugung, dass es nichts weiter gibt als das Ego. Durch spirituelle Erfahrungen kann sich diese Überzeugung relativieren, insoweit ich offen für Widersprüche bin. Falls nicht, beginnt der Kampf zwischen Ego und Liebe, den das Ego nie gewinnen kann, und den die Liebe nur gewinnen kann, wenn wir aufhören, gegen das Ego zu kämpfen, und es in seiner Eigenart, Funktion und Bedeutung würdigen und anerkennen. In diesem Prozess liegt für mich der Kern der spirituellen Arbeit: das Ego mit allen seinen Eigenheiten verstehen und liebevoll annehmen lernen. Für diese Arbeit brauchen wir einen Bezugspunkt außerhalb des Ego, den wir zum Beispiel durch Meditation erfahren können. Ohne einen solchen Bezugspunkt wäre der spirituelle Prozess vergleichbar einer Operation, die wir an uns selbst unter Vollnarkose und am offenen Herzen durchführen. Wir brauchen dafür ein Gewahrsein, dass wir mehr sind als unser Ego, sodass dieses Gewahrsein in unseren Alltag einfließen kann. Folgende Analogie hilft mir dabei:

Wer jemals auf einem arabischen Markt war, kennt dessen hektische und laute Betriebsamkeit. Jeder versucht jeden mit noch lauterem Schreien zu übertönen, und es hat den Anschein, als ginge es immer darum, ein möglichst gutes Geschäft zu machen. Mir hat das anfangs

immer etwas Angst gemacht, bis ich mich sozusagen „akklimatisiert"
habe. Ich hatte Angst, übers Ohr gehauen zu werden und unterstellte den Händlern, dass sie nichts anderes im Sinn haben. Die Tatsache,
dass sie mir ihre Artikel zuerst immer um 50 bis 500 Prozent überteu-
ert anboten, schien dies zu beweisen. Dann kam ich einmal in eine
etwas entlegenere Gegend. Dort war die Unerfahrenheit der Touristen
noch nicht so bekannt. Ich war gerade angekommen und hatte noch
keine Lust zu handeln. Ich akzeptierte also den erstbesten Preis für
etwas Obst. Dann kam die Überraschung: Der Händler war beleidigt!
Er interpretierte mein Einverständnis mit seinem Preis als Demütigung,
als Verweigerung, mich auf das überall gespielte Spiel des Feilschens
einzulassen.
Wenn mir das niemand später erklärt hätte, ich wäre nie auf diese Idee
gekommen. In Gegenden, wo häufiger Touristen den angegebenen
Preis einfach schlucken, schützten sich die Händler inzwischen vor der
Demütigung, indem sie ihrerseits die Touristen einfach für dumm und
verrückt erklären – und sie dafür umso mehr übers Ohr hauen.
Um diese Erkenntnis reicher, habe ich dann später meinen Spaß am
Handeln entwickelt, und ich konnte den tiefen Respekt und die Dank-
barkeit eines Händlers spüren, wenn ich ihm wirklich etwas für den
tiefstmöglichen Preis abgehandelt hatte. Seine gespielte Verzweiflung
konnte ein zufriedenes Funkeln in den Augen nicht verbergen.

Nehmen wir das am Markt durchaus vorhandene Geschäftsinteres-
se als Bild für das Ego, dann wird in dieser Analogie deutlich, dass
etwas noch wichtiger ist als das Ego: das Bedürfnis nach Spiel, der
Sinn für Kontakt, der Wunsch nach Begegnung. Diese Bedürfnisse stehen nicht gegen das Ego, sondern sie bedienen sich seiner –
obwohl es an der Oberfläche ganz anders aussehen mag, wenn zwei
Geschäftspartner gnadenlos um den besten Preis feilschen.

Der Tanz unseres Lebens beinhaltet beides: unseren Eigennutz
und die Verbundenheit mit dem größeren Ganzen. Unsere persönliche Freiheit zugunsten eines höheren Zwecks voll und ganz hin-
zugeben, das gilt als einer der Königswege spiritueller Reifung.

Wenn wir uns jedoch dazu entschließen, ohne überhaupt in der Lage zu sein, uns für unsere persönlichen Belange einzusetzen, dann blenden wir wieder eine Seite der Medaille aus. Es ist die Flucht, die manche Nonnen und Mönche erst dann als solche bemerken, wenn sie nochmal ins säkulare Leben zurückkehren. Alle die längst überwunden geglaubten Egoismen sind wieder da. Umgekehrt – und das ist heute eher die Regel – bleiben wir in unserem Freiheitsstreben gefangen, wenn wir unsere persönlichen Wünsche nicht auch loslassen können. Erst mit wachsender Weisheit werden wir anerkennen und erleben, dass wir keine Erfüllung finden, ohne auch etwas Größerem zu dienen. Mein Wille geschehe? Dein Wille geschehe? Spirituelle Wachheit tanzt auf des Messers Schneide zwischen diesen beiden Welten.

Dieser Tanz verläuft manchmal, aber durchaus nicht immer, harmonisch. Er zeigt sich uns oft als unlösbares Dilemma. Wie erleben wir dieses Dilemma in unserem Alltag? Wann und wie stehen wir für unsere individuellen Belange ein und wann ist der Kontakt zum Ganzen wichtiger? Kann innere Arbeit und Transformation diese Ebenen je miteinander versöhnen? Vor diesem Dilemma stehen wir jeden Tag, in jedem Moment. Wir erleben es als Glück, wenn beides zusammenfällt und unser Eigeninteresse gleichzeitig auch dem Größeren dient. Hier schließt sich der Kreis zum Beginn unserer Reise im Alltag. Was macht unser Leben erfüllend? Ich finde Spiritualität umso ergreifender und auch relevanter, je mehr sie unseren Alltag erreicht. Und hier tanzt sie inmitten der Polarität.

Körper und Geist

Unser Körper ist treuer Begleiter unseres Alltags, auch wenn viele ihn erst bemerken, wenn er schmerzt oder erkrankt. Ohne Körperbewusstsein bleibt unser Erleben flach und unsere Spiritualität blutleer. Die reine Identifikation mit dem Körper ohne eine innere Präsenz im Körper – wie sie zum Beispiel im Körperkult der Fitnessstudios zum Ausdruck kommt – macht unser Leben sinnlos. Unser Körper ist eine mögliche Brücke zwischen Individualität und Verbundenheit. Mittels unseres Körpers erleben wir sowohl unsere Getrenntheit als auch Kontakt. An unseren Körpergrenzen können wir uns verschließen oder öffnen, können uns berühren lassen oder schützen.

In der Möglichkeit, sich körperlich und mit vollem Gewahrsein zu berühren und sich berühren zu lassen, liegt eine hohe Attraktivität und zugleich auch Brisanz in den Tantra-Seminaren, die ich leite. Hier treffen sich oft große Sehnsucht und zugleich große Angst. Wen möchte ich wie berühren? Wie weiß ich das, bevor ich es ausprobiert habe? Wie kann ich es ausprobieren, ohne mich zu verletzlich zu machen? Darf ich zeigen, was ich mag? Darf ich berühren, wie ich es mag? Darf ich nein sagen? Was ist, wenn ich dir zu nahe komme oder du mir zu nahe kommst? Was ist, wenn ich dir zu wenig nahe komme oder du mir zu wenig nahe kommst?

Inmitten dieser Fragen, ohne dass sie ausgesprochen werden müssten, entsteht in Gruppen eine höchst spannende Dynamik, in der vieles gelernt werden kann, wozu wir in unserer Kultur sonst kaum Gelegenheit haben. Angelika berichtet:

Mein Körper ist mir heilig. Ich liebe meinen Körper inzwischen sehr. Da habe ich im Tantra vieles geheilt, was früher nur wund oder taub war. Aber ein Thema bleibt für mich spannend und immer neu: Wie berühre ich einen anderen Menschen? Wie lasse ich mich berühren? Das beginnt nicht erst, wenn ich mich ausziehe, obwohl es in erotischer oder sexueller Begegnung natürlich noch mal viel heikler wird.

Jedes Mal, vor jeder Übung, die Berührungen mit einbezieht, erlebe ich dieses innere Prickeln, das manchmal eher lustvoll, manchmal eher ängstlich bis unangenehm wird. Ich kann es aber immer besser annehmen, weil ich es als ein Signal verstehe. Das Signal sagt mir „Angelika, sei ganz da! Vertraue voll und ganz auf deine Präsenz in diesem Augenblick. Du musst nichts vorher entscheiden, nichts wissen. Alles ergibt sich aus dem Moment, wenn du ganz da bist."

Diese Stimme ist mein Engel. Sie hilft mir, dass körperliche Begegnungen spirituelle Erfahrungen werden können. Ich erlebe es ganz unmittelbar, dass Hautkontakt nicht nur physischer Kontakt ist, sondern dass ich hier das Wunder von Begegnung buchstäblich hautnah erleben kann. Wenn es mir gelingt, präsent zu sein, dann werde ich davon ganz high.

Die Kontaktgrenze unseres Körpers, die Haut, ist empfänglich für größte Lust, für großen Schmerz und kann auch taub werden. Wir sind hier sehr verletzlich. Vielleicht ist das einer der Gründe, dass unsere Kultur Körper und Geist gespalten hat. So sind wir an den wirklichen Kontaktgrenzen seelisch nicht mehr so leicht verletzbar. Wir haben unser Bewusstsein von dort abgezogen. Die meisten Religionen zeichnen sich durch Körperfeindlichkeit aus. Die Anziehungskraft des Tantra beruht nicht zuletzt auf dem Ja zu unserem Körper, das tiefe Heilung ermöglicht.

Je mehr wir uns auf unseren Körper einlassen, desto mehr spüren wir seine tiefe Weisheit. Diese Weisheit führt uns weit über den Körper hinaus. Auch hier begegnen wir einem Paradox: Wer sich ganz auf die Erfahrung einlässt „Du bist dein Körper!", der erlebt eine tiefe Verbundenheit mit der Natur und dem Leben und findet darin nicht selten Zugang zur spirituellen, geistigen Dimension des Lebens. Wer sich hingegen ganz vom Körper abwendet, um sich „Höherem" zu widmen, wird oft gerade vom Körper wieder auf den Boden der Tatsachen zurückgeholt. Es mag sein, dass manche Yogis in der Lage sind, die körperlichen Bedürfnisse vollkommen zu transzendieren. Mein Weg ist es zumindest nicht, spirituelle Weisheit durch körperliche Kasteiung zu erreichen.

Es kann aber sein, dass wir körperlich so krank werden, dass wir auf diese Weise herausgefordert werden, unsere Identifikation mit dem Körper zu lösen. Dieser Prozess steht uns allen irgendwann bevor, wenn wir sterben. In seinem Buch „Mut und Gnade"[101] beschreibt Ken Wilber, wie seine Frau im Prozess des körperlichen Zerfalls durch Krebs geistig und spirituell immer weiter erwacht und erblüht. Dieses Buch hat mich sehr tief berührt und deutet auf einen Abschnitt unserer Reise, der in unserer Kultur verdrängt wird und daher sehr selten Blüten trägt.

Den Körper voll und ganz annehmen und genießen und ihn auch loslassen: Auch hier erleben wir die Weite unseres Seins im Zulassen der ganzen Polarität.

Jenseits von Gut und Böse?

Die Polarität von Gut und Böse ist einer der härtesten Brocken für unser spirituelles Wachstum. Nicht ohne Grund gilt ihre Erkenntnis als Ursache für die Vertreibung aus dem Paradies. Dieser Polarität innerlich wirklich Raum zu geben, ist schwer zu ertragen: Können wir unserer eigenen Bosheit ins Auge sehen, ohne zynisch zu werden? Können wir das Gute in jemandem sehen, der ein schweres Verbrechen begangen hat oder uns feindlich gesonnen ist? Tantra eröffnet den Raum jenseits aller Bewertungen, und manche suchen gern dort ihr Heil. Oft genug befinden sich die tiefen Bewertungen dann jedoch nur in einer Art Winterschlaf und können jederzeit plötzlich wach werden.

Von spirituell wachen Menschen erwarten wir, dass sie Gutes tun oder zumindest integer sind in dem Sinne, dass sie zu ihren Schwächen stehen. Die Frage, ob Erleuchtung sich auch in einem moralisch oder ethisch höher stehenden Verhalten ausdrückt, wird kontrovers diskutiert.

Im Sommer 2006 überraschte der als erleuchtet geltende spirituelle Lehrer Eli Jackson Bear die spirituelle Szene mit seinem Geständnis, dass er jahrelang eine Affäre mit einer seiner Schülerinnen unterhalten und diesbezüglich lange Zeit gelogen habe. Dieses Bekenntnis schlug hohe Wellen, erschütterte manche Schülerinnen und Schüler und war Wasser auf die Mühlen spiritueller Skeptiker.

Skandale um sexuelle Affären von Gurus sind nicht ungewöhnlich. Auch Machtmissbrauch gehört zu den regelmäßig erhobenen Vorwürfen, mit denen Gurus konfrontiert werden. Worin liegt hier eigentlich das Problem?

- Liegt es darin, dass manche spirituelle Führer ihren eigenen Ansprüchen nicht gerecht werden? Warum sollten sie? Welcher Mensch wird allen seinen Ansprüchen gerecht?
- Liegt das Problem darin, dass sie aus ihren moralischen Ansprüchen ihre Autorität ableiten und deswegen an sie andere Maßstäbe angelegt werden als an Normalbürger? Wer oder was gibt ihnen die Autorität?
- Oder liegt das Problem darin, dass es Menschen gibt, die anderen Menschen gern glauben wollen, dass sie ihre menschliche Widersprüchlichkeit und Fehlbarkeit transzendiert haben? Und dann umso mehr enttäuscht werden?

Sobald wir ideale Ansprüche an uns selbst oder an andere Menschen stellen, erschaffen wir zugleich deren Schatten mit. Ideale erscheinen besonders gut geeignet, Licht in eine Richtung zu bündeln und so in der anderen Richtung einen Schatten zu kreieren. Aber was ist der Schatten in seinem Wesen? Er ist der Bereich unseres Seins, der nicht im Licht unseres Bewusstseins erscheint.

Ist das Böse also gleichbedeutend mit Unbewusst-Sein? Sowohl die buddhistische Lehre als auch Jesu Ausruf „Herr, vergib ihnen, denn sie wissen nicht, was sie tun!" deuten in diese Richtung. Wenn wir uns jedoch ganz wahrhaftig nach innen wenden, dann finden wir zuweilen auch ganz bewusste böse Absichten. Wir finden Schadenfreude, Rachsucht oder gar sadistische Züge, die wir nur zu gern verleugnen. Werden sich alle diese Bereiche unserer Psyche auflösen, sobald wir zu höherem Bewusstsein aufgestiegen sind? Diese Hoffnung ist genauso menschlich wie auf verführerische Weise irreführend. Sie beinhaltet die Gefahr der Selbstüberschätzung, in der wir das Gute für uns reklamieren, oder der Idealisierung anderer, denen wir alles nachbeten. Können wir in einer Welt leben, in der das Böse Platz hat? Wie begegnen wir dem Bösen? Wie begegnen wir dem Bösen in uns? Wem geben wir die Autorität, über gut und böse zu befinden?

Im Vergleich mit meinem Zwillingsbruder war ich „der Gute". Wenn es zum Streit kam, wer den Abwasch macht oder sonst welche Aufgaben erledigt, dann wurde ich erfolgreich mit Aussagen wie „der Klügere gibt nach!" geködert. Indem mir kaum etwas Böses zugetraut wurde, lernte ich, mich mehr und mehr mit dem „Guten" zu identifizieren und „Böses" zu unterdrücken. Die Folge waren jähzornige Wutausbrüche, die weder ich selbst noch sonst jemand verstand. Mit der Zeit lernte ich, diese auch noch zu unterdrücken, und so wurde ich ein ruhiges, besonnenes Kind, um das man sich keine Sorgen machen musste.

Ich musste mir – Jahrzehnte später – innerlich die bewusste Erlaubnis geben, böse zu sein, um diese abgespaltenen Gefühle wieder ans Licht zu holen. Es gelang mir mit „Hilfe" meiner Partnerin, die mir immer wieder böse Absichten unterstellte. In meiner Empörung darüber kam ich erst wieder an meine Wut heran und dann dahinter, welches Gefängnis darin liegt, immer gut sein zu wollen.

Es ist zutiefst paradox. Es ist der Gutmensch, der zu besonders bösen Taten in der Lage ist. Es ist kaum zu glauben, aber auch Hitler dachte von sich selbst, ein Segen für die Menschheit zu sein. Das Böse nicht vernichten, sondern verstehen zu wollen, scheint der „bessere" Weg. Können wir jemals anerkennen, dass gut und böse immer nur eine Frage der Perspektive ist? Können wir gleichzeitig unseren Standpunkt einnehmen und leidenschaftlich vertreten, ohne den anderen vernichten oder besiegen zu wollen, sondern um wahrhaftig in Kontakt miteinander zu treten? Und was tun wir in Situationen, wo uns genau das als Schwäche ausgelegt und von der Gegenseite gegen uns benutzt wird? Inwieweit verachten wir das Böse, wenn wir uns selbst niemals die Hände schmutzig machen wollen? Und inwieweit ist das Böse nichts weiter als unsere eigene Kreation, die dadurch entsteht, dass wir etwas nicht mit Liebe betrachten können? Gibt es das Böse ohne jemanden, der es als solches wahrnimmt?

Leben ohne Sicherheiten – Paradigmenwechsel

Vom Bösen spricht heute kaum noch jemand. Aber von der Wahrheit. Wer sie im Munde führt, hat einen besonderen Anhänger:

> Gott und der Teufel gingen miteinander spazieren. Unterwegs hob Gott ein Stück Papier auf. „Was steht denn da drauf?", wollte der Teufel wissen. „Wahrheit", sagte Gott feierlich. „Gib's mir", sagte der Teufel eifrig, „ich organisier das für dich."

Wahrheit liegt nicht weit vom Bösen entfernt. Nur zu leicht kann sich der Teufel ihrer bemächtigen. Welche Alternative haben wir? Wenn wahr und falsch oder gut und böse keine festen Bezugspunkte mehr sind, woran sollen wir uns dann noch halten? Es kommt noch schlimmer, wenn wir merken, dass der Boden, auf dem wir stehen, niemals so fest war, wie wir immer geglaubt haben. Alle Gewissheiten lösen sich auf, je mehr wir in unserem spirituellen Bewusstsein voranschreiten. Im Bewusstsein der Paradoxien kommen unsere Koordinatensysteme immer mehr ins Wanken:

- Raum und Zeit sind keine fixen Größen, sie sind relativ. Wir wissen es aus der modernen Physik, wir wissen es auch aus unserer subjektiven Erfahrung. Jeder Mensch weiß, dass sich manche Momente wie eine Ewigkeit anfühlen und andere wie im Fluge vergehen. Auch das räumliche Erleben kann stark variieren, sodass wir uns mal beengt und mal weit fühlen können, obwohl die zur Verfügung stehenden Quadratmeter gleich bleiben. In unserem mechanistischen Weltbild halten wir die vermeintlich objektive, physikalische Realität für wahr und unsere subjektive Wahrnehmung für die Illusion. Was wäre, wenn es sich genau umgekehrt verhielte? Die moderne Quantenphysik legt solche Vermutungen durchaus nahe. Amit Goswami zeigt in seinem Buch *Das bewusste Universum* auf, dass es viele Parallelen zwischen Phänomenen auf der Quantenebene der Physik und den mystischen Weisheitslehren vieler Kulturen gibt. Dazu gehören viele Paradoxien, die von unserem traditionellen Verständnis her unhaltbar sind, unter anderem die, dass ein Teilchen durchaus an zwei Orten gleichzeitig sein kann. Die Konsequenzen solcher Forschungsergebnisse für unser Alltagsbewusstsein sind höchst irritierend. Woran sollen wir noch glauben, wenn Raum und Zeit transzendiert werden können? Wer sich raumzeitlich nicht orientieren kann, gilt normalerweise als Fall für die Psychiatrie und ist wohl kaum Vorbild für unser spirituelles Erwachen. Sich aber an Raum und Zeit als objektiven Maßstäben zu orientieren, scheint allenfalls in einem bestimmten Spektrum der Realität funktional, aber durchaus nicht wahr zu sein.

- Es gibt keine von uns unabhängige, objektive Realität. Auch das ist erschütternd und befreiend zugleich. Wie soll noch ein Richter Recht sprechen, wie sollen wissenschaftliche Beweise geführt werden, wenn Objektivität eine Illusion ist? Andererseits: Wir sind niemals allein, auch wenn wir uns so fühlen. Das neue Weltbild legt nahe: Wir wissen zwar noch nicht wie, aber es hängt alles mit allem zusammen. Die Quantenphysik ist recht unfreiwillig auf das Dilemma gestoßen, dass Beobachter und Beobachtetes untrennbar verbunden sind. Das mag banal klingen, aber verhalten wir uns entsprechend? Was denkst du darüber, wenn dir das nächste Mal Vogelscheiße auf dem Kopf landet, als du gerade anfangen wolltest, dich über „die da oben zu beklagen"? Nun, so einfach macht uns das Leben die Deutung nicht immer.

- „Das einzig Konstante ist der Wandel" gilt als Binsenweisheit. Sie hindert uns aber nicht daran, an allem möglichen festhalten zu wollen. Festhalten und Loslassen sind wiederum zwei Pole, die beide unsere menschliche Natur beflügeln. Wer alles immer gleich loslassen will, kommt über Sandkastenspiele kaum hinaus. Wer alles für die Ewigkeit erschafft, wird sich eines Tages darin gefangen sehen. Am intensivsten erleben wir das Dilemma in der Liebe, die wir doch so gern festhalten wollen und die wir erst durch unser Loslassen der Ewigkeit überantworten können.

- Sind wir frei, wenn wir uns frei fühlen? Sind wir gefangen, wo wir uns gefangen wähnen? Es gibt Studien, nach denen eine bewusste Wahl – zum Beispiel einen Arm zu heben – zeitlich nach dem neuronalen Impuls erfolgt, der den entsprechenden Muskeln bereits den Befehl gibt, den Arm zu heben. Der freie Wille wäre demnach eine nachträglich hineininterpretierte Illusion. Allerdings kann die Wahl in dem Moment, in dem sie bewusst wird, noch gestoppt werden, bevor der Arm sich tatsächlich hebt.[102] Besteht unsere einzige Freiheit darin, nein zu sagen? Oder ist freier Wille dann möglich, wenn wir zu dem Gewohnten und Vorprogrammierten nein gesagt haben und ein offener, unbestimmter, freier Raum entsteht? Das würde heißen: Eine bewusste Wahl haben wir nur im Nicht-Wissen, denn Wissen ist immer bereits von Vergangenem geprägt!

- Je mehr wir über die Einheit des Lebens erfahren, desto mehr Raum haben wir für seine Vielfalt. Die Katze frisst die Maus, und dann ist diese mausetot. Und doch sind beide Teil eines Ökosystems, in dem sie zusammengehören. Vielfalt ist nicht immer so harmlos, wie es sich die Multikulti-Szene gern vorstellt; sie beinhaltet auch gegensätzliche Interessen und teilweise Kämpfe um Leben und Tod. Wenn wir unseren Raum als Individuum voll und ganz einnehmen, dann treten wir manchmal anderen auf die Füße. Können wir uns dennoch mit dem verbunden fühlen, der gerade als unser Gegner auftritt? Können wir dann noch gegen ihn sein, wenn er doch Teil desselben größeren Ganzen ist wie wir selbst?

- Fülle und Leere ist ein weiteres Begriffspaar, das wir in unserem Alltagsbewusstsein als unvereinbar entgegengesetzt erfahren. Ein voller oder ein leerer Geldbeutel, das macht wohl einen Unterschied. Im Buddhismus gilt „Leere" als Synonym für erleuchtetes Bewusstsein und Glückseligkeit. Diese Leere scheint Welten entfernt von der Depressivität, die in unserer Kultur mit Leere assoziiert wird. Die verbreitete Angst vor dem Nichts treibt unsere Konsum- und Unterhaltungsbedürfnisse und mit ihr eine Konsumindustrie an, die womöglich bald unseren Planeten zerstört. Doch die Angst sitzt tief, und ohne sie zu würdigen, gehen wir in unseren Bemühungen nach Leere am Ende leer aus.

- Früher oder später wartet auf jeden von uns das vielleicht größte Mysterium des Lebens: der Tod. In unserem Verhältnis zum Tod spiegelt sich unser Verhältnis zum Leben in seiner grundlegendsten Paradoxie: Wir leben diesen Augenblick nur voll und ganz, indem wir ihn in jedem Moment auch sterben lassen. Eine uralte spirituelle Praxis spiegelt das: Atme jeden Atemzug so aus, als wäre es dein letzter – und atme so ein, als wäre es dein erster.

Der Tod gilt als das größte Unglück, das einem im Leben passieren kann und das wir mit allen Mitteln zu verhindern suchen – mit in der modernen Medizin oft bereits völlig unwürdigen Methoden. Wovor haben wir wirklich Angst, wenn wir vor dem Tod Angst haben?

In Einzelsitzungen frage ich manchmal nach dem „Worst-case-Szenario": Was würde passieren, wenn deine schlimmste Befürchtung einträfe? Oft kommt die Antwort relativ bald, wie bei Josephine. Sie hat Angst, dass sie von ihrem Partner verlassen wird, nachdem sie schon zweimal von einem Mann plötzlich sitzen gelassen wurde.
„Das würde ich nicht überleben!", sagt sie.
An dieser Stelle frage ich weiter: „Was würde passieren, wenn du es nicht überlebst?"
„Ich würde sterben!"

„Wie würdest du sterben?"

„Ich würde ersticken. Keine Luft mehr kriegen!"

„Wie wäre es, zu ersticken?"

„Es wäre schrecklich. Ich würde strampeln und schreien."

„Und dann?"

„Würde ich irgendwann leiser werden und alles würde ruhig."

„Und dann?"

„Würde ich nicht mehr sein!"

„Und wie wäre das?"

„Schrecklich. Leer. Einsam!"

„Da wäre also noch etwas, nämlich Einsamkeit. Stirbt die auch?"

„Nein, die wäre ewig."

„Aha."

„Wie ewige Verdammnis!"

„Kannst du dir vorstellen, wie das ist?"

„Ja, manchmal fühle ich mich so einsam. Nur hört es dann irgendwann wieder auf."

„Dann stellst du dir den Tod also so vor wie etwas, was du schon kennst, nur eben ewig?"

„Ja, genau!"

„Könnte es sein, dass du eher vor dem Angst hast, was du schon kennst, als vor dem Tod?"

„Nein, ich habe Angst, dass es ewig dauert. Das kenne ich noch nicht."

„Die Angst vor dem Tod ist die Angst, dass das, was im Leben am schrecklichsten ist, ewig dauern könnte?"

„Ja, so fühlt es sich an."

Die Angst vor dem Tod ist eigentlich eine projizierte Angst vor den Aspekten des Lebens, mit denen wir bislang nicht fertig geworden sind. Solange wir das nicht durchschauen, hält es uns davon ab, uns wirklich dem Tod als einem Lehrmeister des Lebens zuzuwenden, und dies nicht erst auf dem Sterbebett. Im Angesicht des Todes verliert manches an Gewicht, was uns unendlich wichtig zu sein scheint. Er lehrt uns loszulassen.

Die Vorstellung, den Prozess des Alterns und des Sterbens in Würde in unser Bewusstsein zu integrieren, erfüllt mich mit tiefem Frieden. Hier zeigt sich in letzter Instanz, inwieweit wir dem Nicht-Wissen vertrauen, denn trotz aller Berichte von Nahtod-Erfahrungen und Astralreisen bleibt es für jeden von uns ein großes Geheimnis, was mit unserem Tod wirklich geschieht. Wolfgang berichtet von seinem Erlebnis, als seine Frau starb:

Ich war dabei, als sie ihren letzten Atemzug tat. Sie hatte lange gekämpft, aber in den letzten zwei Tagen wurde sie immer friedlicher. Sie konnte nicht mehr sprechen, aber ich glaube, sie konnte mich hören. Als sie nicht mehr atmete, erfüllte mich nicht die riesige Trauer, die ich erwartet hatte, sondern ein unglaublicher Frieden strömte in mich ein. Ich rief nicht sofort den Arzt, sondern ich blieb noch Stunden bei ihr und – es hört sich komisch an, ich weiß – ich spürte ihre Seele. Sie war noch im Raum. Ihre Anwesenheit noch zu spüren, war das größte Geschenk, das sie mir jemals hätte machen können. Es war eine Gnade. Ich habe die Angst vor dem Tod verloren. Ich habe immer noch Angst vor Schmerz und Krankheit. Aber vor dem Tod? Nein. Er erfüllt mich einfach mit großer Ehrfurcht.

Nach diesem Erlebnis kam auch noch die Trauer. Wolfgangs Frau war erst 38 gewesen, als sie an einem Gehirntumor starb. Nach der Trauer kam die Phase, als er sich neu dem Leben zuwandte. Er verstand ihren Tod als Auftrag, niemals zu vergessen, dass das Leben – so wie wir es kennen – endlich ist. Und dass wir dennoch unsterblich sind. Den Tod zu akzeptieren, kann Kraft geben, das Leben in vollen Zügen zu genießen. Manche Todkranke erleben eine ungeahnte Lebensqualität, nachdem sie ihre Diagnose erfahren haben. Jeder Moment wird kostbar, und in jedem Moment wohnt die Ewigkeit.

Unser volles Potenzial als Mensch leben

Das Leben ist das Geschenk, mit dem wir auf die Welt gekommen sind. Eine Gebrauchsanweisung war nicht dabei. Wir haben nur uns selbst, unsere Erfahrungen und das, was andere uns mehr oder weniger freundlich aufdrängen wollen. Woran sollen wir uns orientieren? An welche Wahrheit sollen wir uns halten, wenn nicht an unsere subjektiven Irrtümer? Voll und ganz uns selbst zu vertrauen, auch und gerade dann, wenn wir Fehler machen und unseren eigenen und den Ansprüchen anderer nicht gerecht werden: Das ist das große Tor zum Leben – und es ist ein reiches Leben inmitten von Widersprüchen.

Wir sind auf dieser Welt mit einem ganzen Bündel von Bedürfnissen, Wünschen und Sehnsüchten, und wir sind nicht allein. Da sind alle die anderen Menschen, und darüber hinaus noch die Tiere und Pflanzen – und was weiß ich wer noch – mit all ihren Bedürfnissen und ihren Trieben, sich im Leben zu verwirklichen. Mein Bewusstsein kann sich ganz konkret auf mich fokussieren: Hier bin ich, was will ich, was brauche ich, was tue ich? Und es kann weit werden: Da bist du, da seid ihr, hier sind wir, und wir tanzen zusammen den Tanz des Lebens. Je vollständiger wir das Leben in seinen widersprüchlichen Dimensionen annehmen, desto weniger – so scheint es – fragen wir nach seinem Sinn. Das Leben ist sich genug. Es ist alles. Es ist heilig und profan. Es ist materiell und spirituell. Es ist.

Spiritualität gilt als das Bewusstsein der Verbundenheit, der Einheit allen Seins. Wir sind eingeladen, am Leben teilzunehmen. Und wie wir daran teilnehmen, ist ganz allein unser Ding. Wir tanzen in der Welt der Gegensätze, der Widersprüche, der Paradoxien. Wir geben uns ganz unseren eigenen Tanzschritten hin, und fügen damit dem Leben unseren Beitrag, unser Geschenk hinzu, auch wenn wir alles selbst vom Leben empfangen haben. Das Ganze ist dabei größer als die Summe seiner Teile.

In Workshops sitzen wir immer wieder auch im Kreis. Der Kreis ist so etwas wie die Urform von *The Art of Being*, so wie sie Alan Lowen[103] seinerzeit kreiert hat. Es ist ein offener Raum, in dem geschehen kann, was geschehen möchte. Im Kreis spiegelt sich unsere menschlich-spirituelle Polarität: Wir sind verbunden und frei. Harald erlebt das so:

Ich habe es lange gehasst, im Kreis zu sitzen. Viel lieber war es mir, irgendwelche Übungen zu machen. Da wusste ich, was zu tun ist. Oder auch nicht. Aber im Kreis war ich permanent mit der Frage beschäftigt: Bringe ich mich nun ein oder nicht? Wenn jemand ellenlang ausholte, dann wurde ich schnell ungeduldig. Aber ich wollte auch nicht der sein, der unterbricht. Ich dachte dann, das stünde mir nicht zu. Sollen doch die Leiter dafür sorgen, dass es weitergeht.

Eines Tages habe ich es plötzlich begriffen. Es war ein unglaubliches AHA! Obwohl es eigentlich total banal ist. Von einem auf den anderen Moment wurde mir klar, dass ich nichts falsch machen kann. Wenn ich mich einbringe, habe ich eine Wirkung. Wenn ich mich nicht einbringe, habe ich auch eine Wirkung. Was ist besser? Was andere von mir wollen? Aber weiß ich das überhaupt? Und ist das der Maßstab? Mir wurde klar, dass alles, wirklich ALLES aufeinander bezogen ist und dass ich niemals da heraus komme. Aber wenn dem schon so ist, dann kann ich mich auch einbringen! Ich kann ganz bewusst ja sagen zum Tanz des Lebens, und die einzige Möglichkeit, die ich dazu habe, ist, mich mit dem einbringen, was in mir eben gerade ist. Das hat nichts mit Egoismus zu tun. Es macht mir durchaus etwas aus, welchen Effekt ich auf andere habe. Ich möchte auch geliebt werden, na klar. Aber werde ich geliebt, wenn ich mich in meinen Lebensäußerungen zurückhalte? Mindestens einen gibt es dann, der mich nicht liebt. Das bin ich selbst. Und das ist meine ganz freie Wahl, in jedem Moment. Ich kann mich auch verweigern. Alles liegt an mir. Und ich bin immer noch Teil von allem, es kann gar nicht anders sein. Am deutlichsten wird mir das, wenn wir im Kreis sitzen. Ich liebe es.

Wünschen und Loslassen

Wenn wir am Leben teilnehmen und uns einbringen wollen, dann werden unsere Wünsche wichtig. Sie sind die Zutaten, die wir in der Suppe des Lebens garen. Wir können uns das Blaue vom Himmel herunter wünschen und gleichzeitig genießen, dass der Himmel himmelblau und da oben bleibt. In der Dynamik von Wünschen und Loslassen ist die exquisite menschliche Dramatik angelegt, ihre Tragödie und ihre Komödie. Sie begleitet uns vom ersten bis zum letzten Atemzug. In der Tiefe dieser Dynamik finden wir die Stille unseres Seins. Unsere Selbstwerdung, unser Engagement im Leben, unser Beitrag münden in jedem Fall in unserer Auflösung, im Geschehenlassen, im Abschied und damit in der Transzendenz unserer selbst.

Mich berührt dieser Tanz zutiefst, und ich bin glücklich, ihn auch im tiefsten Unglück zu ahnen. Er ist immer da, und etwas darin lächelt mir zu. Und ich kann mich in diesem Gewahrsein mit jedem anderen Menschen verbinden, der diesen Tanz des Wünschens und Loslassens gerade in diesem Augenblick auf seine Weise tanzt. Ich kann mir wünschen, dass er seine Tanzschritte ändert, vielleicht meinen Schritten anpassen möge. Und ich kann loslassen. Franz, der uns schon im Kapitel „Aufbruch aus dem Alltag" begegnet ist (siehe Seite 18), hat seine Reise bis hierher fortgesetzt:

Es ist nur drei Jahre her, dass ich mit diesem Weg begonnen habe. Es kommt mir vor wie Jahrzehnte. Ich war damals voller Misstrauen und ziemlich einsam. Aber immerhin habe ich mich zu dem Workshop getraut und es war eine der besten Entscheidungen, die ich je getroffen habe.

Es gab Zeiten, da habe ich das alles verflucht. Als ich zum dritten Mal unglücklich verliebt war und mir immer wieder gesagt wurde, ich sei nicht männlich genug, da hätte ich am liebsten alles hingeschmissen. Heute weiß ich, dass ich es den Frauen recht machen wollte. Ich habe mir einfach meine eigenen Wünsche nicht zugestanden. Ich kannte es nicht anders. Ich hätte mir nicht träumen lassen, dass Frauen mich attraktiv finden, wenn ich mich mit dem zeige, worauf ich Bock habe. Ich hatte Kreide gefressen. Ich wollte lieb sein. Ich dachte, das sei Liebe! Ich habe die Kreide Stück für Stück ausgespuckt. Und mit jedem Stück ausgespuckter Kreide kam nicht nur Wut, es kam auch Lust. Ich habe getobt über die Frauen, die mich erst kastriert und dann bemitleidet haben, weil ich so schwach sei.

Ich könnte viel erzählen, es war ein langer Weg. Er ist noch lange nicht zu Ende. Aber ich genieße ihn, und deswegen ist es nicht mehr so wichtig, zu bekommen, was ich gern hätte. Seit einem halben Jahr bin ich mit Gina zusammen. Wir sind eigentlich überhaupt nicht unser Typ. Sie nicht für mich, und ich nicht für sie. Aber es passt. Vielleicht passt es deswegen so gut, weil wir keine so fixen Ideen im Kopf haben, wie der andere sein sollte.

Wenn wir uns etwas voneinander wünschen, dann fühlt sich das frei an. Für mich ist das immer noch total neu. Ich ertappe mich immer wieder mal in meinem alten Programm: „Wie soll ich jetzt sein?" Gina merkt das meistens sehr schnell und spielt dann die Königin. Dann merke ich es auch und spiele den Diener. Wir haben viel Spaß zusammen.

Was Franz hier beschreibt, hört sich nicht sehr spirituell an. Er würde es auch nicht so nennen. Spielt das eine Rolle? Ist Spiritualität ein Ziel außerhalb von uns, das es zu erreichen gälte? Oder geht es einfach darum, unsere Reise zu reisen, unseren Weg zu gehen, und im Loslassen aller Ziele anzukommen?

Zeitgemäße Spiritualität leben

Die Zeiten, da uns der Pastor sagte, wie wir ein gottgefälliges Leben führen können, scheinen für viele Menschen vorbei. Selbst für die meisten Katholiken ist das Wort des Papstes schon lange kein Gesetz mehr. Und in seinem Buch über Jesus[104] lädt der Papst sogar selbst dazu ein, ihm zu widersprechen. Die Sehnsucht nach einer Autorität, die uns auf die Grundfragen des Menschseins Antworten gibt, existiert dennoch weiter und lässt uns mitunter in anderen Kulturen fündig werden. Doch obwohl manche Gurus diese Sehnsucht weiter bedienen und ihre Klientel finden, wird der Kreis von Menschen größer, die – durchaus auch mithilfe zum Beispiel einer spirituellen Lehrerin – die Antworten in ihrem Inneren suchen.

Wenn du bis hierher mitgelesen hast, gehörst du wahrscheinlich auch zu denen, die kein Dogma mehr befolgen mögen, die keinen Vermittler zu Gott suchen, sondern die ihre eigenen Erfahrungen machen wollen und ihr Weltbild und ihre Spiritualität darauf aufbauen, was sie selbst erleben.

Für euch, für uns, denn ich sitze mit in diesem Boot, habe ich dieses Buch geschrieben, denn wenn wir uns nach innen wenden, finden wir dort nicht nur eine Antwort, sondern in der Regel ein ganzes Konzert von Stimmen, die oft in beeindruckender Disharmonie ihre Ansicht zum Besten geben. Darunter sind auch viele Besserwisser, die sich ohne zu zögern als die Hüter der einzig gültigen Wahrheit ausgeben. Wem sollen wir also da vertrauen?

Genau an diesem Punkt ist unsere Fähigkeit gefragt, inmitten von Widersprüchen innezuhalten, zu entspannen und aufzuwachen. Wir spüren das Feuer in unserem Herzen, und das Meer um uns herum ist vollkommen still geworden. Oder ist es gerade umgekehrt? Im Inneren vollkommene Stille – und draußen tobt der Orkan? Gibt es überhaupt noch einen Unterschied? Brauchen wir überhaupt noch ein Schiff? Wahrscheinlich schon, immer wieder. Aber wir sind nicht das Schiff.

Das Göttliche manifestiert sich in der Dualität, auch wenn es selbst non-dual ist. Das Leben und die Existenz als die große Einheit allen Seins offenbart sich uns in Antagonismen, in Widersprüchen, in Polaritäten, in Gegensätzen, in Dichotomien, in Paradoxien, es offenbart sich uns im Sowohl-als-auch des Entweder-Oder. Was für den Verstand der schiere Wahnsinn ist, wird ab einer bestimmten Stufe unseres Bewusstseins zu großer Weisheit. Sie liegt jenseits aller Worte, aber sie kann erfahren werden. Worte können Hinweise sein in den Raum jenseits aller Hinweise.

Zeitgemäße spirituelle Praxis ist die Bereitschaft, in diesem ganzen Chaos aufzuwachen. Wie kann diese Praxis aussehen? „Sei mit dem, was ist!" könnte die Aufforderung für die Praxis lauten, aber was heißt das konkret? Kann ich verweigern, mit dem zu sein, was ist? Das Entscheidende scheint mir die innere Absicht, die Ausrichtung zu sein. Begegne ich dem Leben mit der Haltung, das, was jetzt ist, so jetzt sein zu lassen, oder bin ich absorbiert von meinen Gedanken und Vorstellungen, wie es jetzt sein sollte oder müsste? Wenn solche Gedanken auftauchen, kann ich dann auch mit diesen Gedanken sein – als Teil meiner momentanen Realität? Es ist in der Praxis ganz genauso wie in der Theorie: Wie wir uns auch drehen und wenden, wir landen in Widersprüchen.

Wir brauchen keine Zen-Meister, die uns Koans aufgeben. Das Leben ist ein einziger Koan. Mithilfe des Rabbis (siehe Seite 14) können wir alles in seinem eigenen Recht sehen. Manchmal durchfluten mich Glücksgefühle, wenn ich das wirklich an mich heranlasse. Ein Lächeln oder gar Lachen steigen auf, weil es wirklich nichts gibt, was ich falsch machen könnte. Das Innehalten inmitten von Widersprüchen ist eine Vorübung für Wunder. Anstatt uns von den Kämpfen der Pole absorbieren zu lassen, können wir unsere Aufmerksamkeit dem Raum schenken, in dem sich alles abspielt. Ist der Raum, in dem wir allen Phänomenen des Lebens erlauben, in unser Bewusstsein zu treten, groß genug? Müssen wir nichts ausschließen? Können wir alles willkommen heißen, inklusive unserer speziellen Vorlieben? Wie kann dieser Raum weiter und weiter werden? Wie kann unser Herz dafür brennen?

Die Praxis

Wir haben in diesem Buch eine weite Reise zurückgelegt. Wir haben ein breites Spektrum an Themen berührt. Was fangen wir jetzt mit all dem an? Welche Konsequenzen ergeben sich für unseren Alltag? Vielleicht leuchtet es dir ein, wie wegweisend Widersprüche sein können und wie lohnend es ist, sie lieben zu lernen.

Wenn es hier ein Rezept gäbe, so lautete dessen erste Anweisung: Lerne akzeptieren, dass es hier kein Rezept geben kann.

Die zweite: Ehre deinen Wunsch nach einem Rezept mit ganz konkreten Anleitungen, was zu tun ist.

Die dritte: Schaffe dir selbst ein Übungsfeld, in dem du den Widersprüchen deines Lebens bewusst Raum gibst, um sie in ihrer Tiefe zu erforschen.

In meiner Erfahrung ist es die sich vertiefende Bereitschaft, inmitten von Widersprüchen innezuhalten, die den Unterschied macht. Die Fragen, die darin auftauchen, münden nicht in Antworten, sondern in die täglich wachsende Freude daran, die Frage selbst zu leben. Blicken wir noch einmal zurück, welchen wesentlichen Fragen wir begegnet sind:

* Wie lassen wir uns aus der Routine unseres Alltags aufwecken? Wie lesen wir die Botschaften, die sich in Krisen und Konflikten, in Wünschen und Sehnsüchten ihren Ausdruck verschaffen?
* Was lernen wir aus den Hamsterrädern kultureller, politischer und wirtschaftlicher Prozesse? Wie vollziehen sich tief greifende Veränderungen, die sich nicht nur im Kreis drehen? Und welche Aufgabe haben wir darin?

- Wie kommen wir in Kontakt mit den widersprüchlichen Botschaften unseres Körpers und unserer Gefühle? Wer sind wir, wenn wir das ganze Spektrum an Impulsen und Gedanken in uns zulassen? Wie bekommen wir Abstand zu unseren Gedankenmustern, die uns immer wieder an Eindeutigkeiten festkrallen lassen?
- Im Sex können wir entdecken, wie lustvoll Widersprüche sein können. Wie ertragen – oder genießen – wir die Anarchie und die Schönheit dessen, was im Tanz der Gegensätze von Yin und Yang zum Ausdruck kommt?
- Unser Liebes- und Beziehungsleben ist immer wieder eine Feuerprobe. Wie lernen wir, die Vollkommenheit der Unvollkommenheit zu lieben, unsere eigene und die unserer Partner? Wie lassen wir im nahen Kontakt – anstatt uns gegenseitig aufzureiben – unsere Diamanten schleifen, auf dass unsere Vielseitigkeit klar werde?
- Wie finden wir durch die Nebel der Kommunikation? Wir sind alle anders und zugleich Spiegel für einander. Wir sind getrennt und doch verbunden. Wie ehren wir diese Paradoxie in der Art und Weise, wie wir miteinander sprechen – und schweigen?
- Wie heilen wir die tiefe Spaltung zwischen unseren individuellen Bedürfnissen und dem Gewahrsein universeller Verbundenheit? Wie leben wir ein spirituelles Leben, das auch unsere menschliche Begrenzung annimmt und ehrt?
- Es gibt nichts zu tun. Womit fangen wir also an?

Eigentlich bin ich ganz anders, aber ich komme so selten dazu.[105]

Unsere konkrete spirituelle Praxis, mit der wir das Tor zum Leben immer weiter öffnen, ist unsere in jedem Moment neue Zustimmung zur Paradoxie der Existenz. Wir stimmen auch dem zu, dass wir gerade nicht zustimmen. Diese Praxis vollzieht sich wie eine Spirale.

Wir bewegen uns immer tiefer hinein in den gegenwärtigen

Moment. Was nehme ich in diesem Moment wahr? Mit was bin ich in Resonanz, jenseits meiner Gedanken? Was ist meine subjektive Reaktion oder Antwort darauf? Wie teile ich dies einem anderen Subjekt mit, und wie empfange ich dessen Antworten und Reaktionen? Wie wird die „unmögliche" Begegnung vollständigen Andersseins und gleichzeitigen Einsseins möglich? Das wirkliche Sein ist eine gelebte Frage. Gott fragt sich durch uns: Wer bin ich? Und die Antwort findet sie durch jeden von uns.

Im Rahmen der *Being with People*-Ausbildung[106] haben Teilnehmerinnen und Teilnehmer Texte darüber verfasst, wie sie den „Raum des Seins", der im Zentrum dieser Ausbildung steht, erleben und was er für sie bedeutet. Es sind Kostproben einer paradoxen spirituellen Praxis. Manche formulieren eher nüchtern, manche sehr poetisch, wie sie die Paradoxien des Lebens erfahren und wie sie damit umgehen. Die folgenden Passagen geben einen kleinen Einblick, wie vielfältig wir Menschen unser Sein erleben, in dem wir dennoch immer auch eins sind:

Ich bin damit einverstanden

Einen Text soll ich schreiben. (...) Ich erfahre mich im Raum des Seins, in dem ich mich mit dieser Aufgabe genau so sein lasse wie ich bin. Ich verurteile mich nicht für meine ‚viel zu hohen' Ansprüche (...) Ich bin damit einverstanden.

Und wenn mich doch verurteilen würde, was ich vielleicht hin und wieder tue, ist es dann keine Kunst des Seins mehr? Doch, auch dann kann (sie) es sein, indem ich ‚Ja' sage zu meinem mich Verurteilen.

Wenn ich aber nicht ‚Ja' sage, sondern starr werde und rigide und eben verurteilend, dann ist es sicher keine Kunst des Seins mehr. Vielleicht, doch sobald ich dazu ‚Ja' sage, ist es die Kunst des Seins. (...) Einverstanden sein mit dem, was unmittelbar ist. (Sven)

Gott muss verliebt gewesen sein

Durch das Gehalten-Sein in den Seminaren und Strukturen habe ich mich getraut, mich zu öffnen, mir und anderen tief zu begegnen, ohne gleich sämtliche Sicherungsvorkehrungen gegen Verletzungen zu treffen. Aber noch viel wichtiger ist, dass ich mich getraut habe, mich auch wieder zurückzuziehen, wenn ich genug hatte, mich abzugrenzen und mich wichtig zu nehmen. Ich habe nach langen Jahren, in denen ich mir vorwarf, ich sei sexuell unfähig, einen absolut erfüllenden Zugang zum Raum meiner Weiblichkeit, Lust und sexuellen Energie gewonnen. Das hätte ich nie zuvor zu träumen gewagt... hier eine Kostprobe:

Gedicht von der Entstehung der Welt

Gott muss verliebt gewesen sein, als er die Welt erschuf.

Wenn er, wie viele meinen, männlich wäre,

muss eine Frau mit im Spiel der urgewaltigen Geburt gewesen sein.

Da bin ich mir ganz sicher.

Ein Mann und eine Frau, die aus nichts alles gemacht haben.

die ihre Wesen, eingetaucht in ihre Gegenseitigkeit,

erblühen ließen zu unendlichen Gewalten,

durchtrieben von Wasserbergen, Feuerströmen,

Luftbrünsten und Erdstürmen –

vorsintflutliche Energien, die anfangs keine andere Bestimmung hatten

als frei und rein das Herz des Universums zu sein,

um sich dann im immer wiederkehrenden Wechsel des Ganzen

zu neuen Lebensdimensionen zu verwandeln.

Ein Mann und eine Frau in himmlisch-höllischer Ekstase –

der kein menschliches Wesen hätte standhalten können

außer

seiend in einem Raum, der ausschließlich aus der Essenz des Lebens,

aus der Hingabe an das, was sich zeigen will,

aus purer Liebeslust sich offenbart. (Mareike)

Die Suche nach dem Kern, dem Schatz, der Essenz

Für mich selber kommt in diesem Prozess klar heraus, dass das Thema, das bei mir immer wieder (...) auftaucht, das Thema Grenzen ist, und zwar taucht es als Paradox auf, das im Endeffekt gar keines ist, weil es in eine Richtung geht. (...) Die Grenze unterstützt mich also auf der Suche nach diesem Kern, dem Schatz, der Essenz, dem Ich. Andererseits habe ich ein grenzöffnendes Denken, das heißt, etwas in mir wehrt sich sehr gegen Grenzen, Abgrenzungen, Ausgrenzungen (...). Und während dem Schreiben wird mir einmal mehr klar: Ja, so ist es. Das Kleine im Großen und das Große im Kleinen, systemisch, spirituell, wie auch immer ich es nennen mag, nicht entweder oder, sondern beides hat seine Berechtigung auf meinem Lebensweg. (Manuela)

Ich erfahre Heilung

Was passiert mit mir und mit dir und mit uns, wenn wir uns erlauben, das, was da ist, da sein zu lassen, und das, was nicht da ist, in unser Gewahrsein mit einzuschließen? Was passiert mit dem Leben hier und jetzt, wenn wir mit all dem, was ist, bewusst atmen und uns zu fühlen erlauben? Was ist, wenn wir uns sein lassen? Was brauche ich, was brauchen wir, um uns dergestalt auf das Experiment namens „bewusst Leben und Lieben" einzulassen? Wovor möchte ich mich (noch) schützen?

Ich habe heilend erfahren, dass ich anderen Menschen tatsächlich und wahrhaftig und nährend begegnen kann, ohne ein anderer sein zu müssen. Ich erfahre Heilung, weil ich meinen Begrenzungen und neurotischen Seiten begegnen kann, manchmal gar liebevoll. Ich lerne, auch damit zu sein. Ich heile, weil ich mir erlaube, ein (geiles) sexuelles Wesen zu sein. Ich erfahre Heilung, weil ich meinen alten Dämonen von Schuld und Scham begegnen kann. Ich erfahre Heilung, weil ich erkenne, dass ich in meiner Einsamkeit nicht allein bin. Ich erfahre Heilung, weil ich lerne, mich selbst zu lieben. Und ich erkenne den spirituellen Weg für mich (...)

Im Raum des Seins muss ich nichts, weder tun noch können noch wissen. Ich lerne zu sein, einfach zu sein, mit dem was ist (und nicht ist), und darin zu entspannen, oder mich damit aufzuregen. Ich lerne, mir die Erlaubnis zu geben, liebevoll und unschuldig zu spielen, Ja zu sagen und Nein zu sagen. Ja, ich entspanne in meiner tiefen Sehnsucht nach Aufmerksamkeit, Liebe und Abgrenzung. (Stefan)

Mich selbst in der ART eines Kunstwerkes betrachten

Mit dieser Freiheit des Zulassens, was ist – ohne etwas verändern zu müssen, drängten sich die unbequemen, schambesetzten, tabuisierten Empfindungen, zur Zeit in den Vordergrund. Wie unter einer Lupe sehe ich wie vielen anstrengenden Verbiegungen, mein Leben unterworfen war. Mit dem allem einverstanden sein, mich dahinein entspannen und mit mir SEIN. Mich selbst in der ART eines Kunstwerkes zu betrachten, das irgendwie zauberhaft geworden ist, eben mit und durch die speziellen Umstände, in die ich geworfen wurde und daraus eine spezielle Art zu sein entwickelt habe.

Diese schöne schreckliche Paradoxie: Die Kunst des Seins hat mir den Boden weggezogen, und dieser nicht existente Boden bietet mir neuen Halt, der ungreifbar ist. Da in meinem Erleben nichts mehr „verboten" ist, kann mein Kind endlich mit seinen Monstern spielen, (...), muss sich nicht mehr verstecken und will gleichzeitig wieder weglaufen. Ja, mit beiden Impulsen einverstanden sein, Ja und Nein, sogar im gleichen Moment, ist auch meine Wahrheit.

Art of Being ist für mich, wenn ich es recht bedenke, so im Schreiben, eine Paradoxie an sich: Es hat durch die Schlichtheit des einfachen Seins für mich alles komplizierter gemacht!? (...) Auch dazu wieder mein JA und mein Ja, zu den Tränen – die zurzeit im Überfluss fließen. Ja, zu den vielen Bewertungen, Entwertungen, die ich über mich in mir trage, um tief vergraben auch ein Ja zu mir zu finden, für das ich nichts tun muss. (Tine)

Alle verbindet das Ringen um die Liebe

Für mich ist dies der wichtigste und schönste Aspekt an der Kunst des Seins: die vielen Menschen! In den Seminaren (...) bin ich Menschen begegnet, denen ich wahrscheinlich sonst nicht begegnet wäre. Mit Ihnen habe ich vieles erlebt, an sie habe ich mich in meiner schweren depressiven Phase anlehnen und Hoffnung schöpfen können, mit ihnen habe ich gelacht und gekämpft, und viele habe ich als Freunde für eine Weile und einige für länger dazu gewonnen. Alle verbindet das (bewusste) Ringen um die Liebe. (...)

Das gelebte Ringen um und Leben der Liebe, Gnade und Güte; des Glückes, der Tränen und Freude von all den unterschiedlichen Menschen, mit denen ich in den Jahren im Kontakt war und bin, ist für mich Malte und meine persönliche Entwicklung die Perlen- und Goldkiste (...) (Malte)

Eine Reise zu mir selbst

Eine Reise zu mir selbst
zu der, die ich wirklich bin
außerhalb der Begrenzungen meines Körpers
reiner Geist
reines Bewusstsein
ungeahnte Weite und unermessliche Größe.
Der direkte Weg in die spirituelle Verbindung,
hinein in meine Engelswelten und Seelenbilder
in tiefem Gefühl und wissender Wahrheit empfangen.
Durch Öffnen des Herzens sehen, hören und fühlen,
wer oder was ich wirklich bin.
Mein Körper als Vehikel für meine spirituelle Erdenreise.
Dadurch, dass die Kunst des Seins ALLES einlädt,
habe ich hier meinen Platz gefunden,
meine Wahrheit mit meinem inneren Erleben,
meinem Tanz in den Dimensionen.
Das Erkennen meiner inneren Weite, meinem Licht,

indem ich der Sehnsucht folgend
mutig jeden Raum durchschreite –
jenen des unerträglichen Schmerzes,
der bodenlosen Angst,
der tiefsten Trauer,
jenen der unaufhaltsamen Freude,
der sprudelnden Lebendigkeit,
des seligen Lachens
und
jenen der erleuchtenden Momente und tief empfundener Gnade Gottes.
Indem ich mich SEIN lasse,
kommen all diese Geschenke zu mir.
Ich kann und darf sie empfangen –
wenn der Raum dazu die seelische Weite einlädt. (Sara)

Nackt wie ein unbeschriebenes Blatt

Ich begreife, dass der Schutz seinen Sinn hatte (...) Gleichzeitig lerne ich auch meine ungeliebten Anteile näher kennen und mehr und mehr in den Arm zu nehmen (...) Es ist so wohltuend, nicht mehr dagegen anzukämpfen. (...) Das Mitgefühl zu mir selbst wächst auf leisen Sohlen. (...)
Nur in der Präsenz des Jetzt und in dieser wertfreien Haltung zu mir und allem, was ist, kann Heilung und Verwandlung geschehen. Ich kann sie nicht machen. Das macht mich bescheiden und demütig. Da ist eine größere Macht im Spiel. Vielleicht die Magie der Liebe, wie sie im eigentlichen Sinne gemeint war? (...)
(...) Auf all das bin ich auch durch die Widersprüche des Lebens, das Leid und die Grenzen in mir und im Außen, die religiösen Dogmen und gesellschaftlichen Tabus gestoßen. Und ich gestehe mir ein, dass ich vielen esoterischen Heilsversprechen, Ideologien aufgesessen bin, in der Hoffnung, dass sie mich heilen. Diese Einsicht, wie viel ich projiziert, idealisiert und mich damit klein gemacht habe (...)

Nun fühle ich mich nackt wie ein unbeschriebenes Blatt. Und ich weiß noch nicht, was in Zukunft darauf stehen wird. (Erika)

Meine Erfahrung

Wenn ich mir radikal erlaube, total in diese paradoxe Welt und mein widersprüchliches Leben hineinzufallen, stürze ich zunächst geradewegs in die Hölle und dann durch sie hindurch in die unendliche Freiheit.

An diesem Ort, der keiner ist, erfahre ich reines Sein. Jede Dualität ist plötzlich weg.

Alles ist eins.

Kein Ich und keine Welt.

Kein Vorher und kein Nachher.

Nicht einmal ein Hier und ein Jetzt.

Nur Stille.

Nur Licht.

Nur Sein ...

... und das Leben geht weiter. Aber etwas ist anders. Ich lebe das Leben nicht mehr – es lebt sich von allein und ich erlebe es.

Ich bin weiter eine Handpuppe, aber nicht mehr nur das. Ich bin auch der Puppenspieler und die Bühne ...

... und auch der Zuschauer, der mitfiebert und mitleidet und sich wunderbar amüsiert! (Urs)

Die wesentlichen Fragen unseres Menschseins beantworten wir jeden Tag neu, ob wir wollen oder nicht. Unsere Lebensweise ist unsere Antwort auf das Geschenk unseres Daseins.

Dieses Geschenk dankbar anzunehmen ist nicht immer leicht. Wie verkraften wir Angst, Neid und Hass? Wie stehen wir zu Hunger, Krieg und Umweltzerstörung, zu Besserwisserei, Egoismus und

Ignoranz? Für mich gibt es auf diese Fragen nur eine Antwort, und die heißt Liebe. Liebe ist die Kraft, die alle Klüfte überbrückt, die Gegensätze verbindet und die zwischen den Polen fließt. Liebe ist das feurige Zentrum und die Stille, um die herum auch alle die Worte und Gedanken dieses Buches tosen. Liebe umfließt unendlich großzügig die Felsen unserer Überzeugungen, bis wir sie bereitwillig loslassen und uns dem Strom der Liebe überlassen.

Liebe kommt manchmal daher wie ein sanfter Frühlingswind, manchmal wie ein Orkan, der zerstört, oder wie ein gewaltiger Meeresstrom, der uns einfach mitnimmt. Sie kommt aus der Stille und ist permanent in Bewegung.

Unsere spirituelle Praxis ist die Schulung unserer Liebesfähigkeit, die vor nichts halt macht und alles umarmt. Diese Liebesschule ist das Leben, so wie es ist. Sie steht uns immer offen, auch wenn wir mal einen Tag blau machen und den Unterricht schwänzen wollen. Aber geht das überhaupt?

Nachwort

Ich verbinde mit diesem Buch die Hoffnung, einen kollektiven Quantensprung in unserem Bewusstsein mit anzuregen. Niemand kann diesen Schritt allein vollziehen. Niemand kann ihn „machen". Aber er liegt in der Luft.

Der Begriff der Widersprüchlichkeit bekommt in den letzten Jahren einen wärmeren Klang. Ich begegne immer mehr Menschen, die von der Paradoxie des Lebens begeistert sind. Heilslehren jedweder Art, die vorgeben, das allein selig machende Rezept zum Erfolg, zum Glück oder zur Erleuchtung gefunden zu haben, verlieren an Glanz und an Anziehungskraft. Die Sehnsucht, möglichst schnell im Hafen ewiger Glückseligkeit anzukommen, macht einer Entwicklung Platz, die das Leben in seinem ganzen Spektrum ehrt und sich immer wieder neu für das Unbekannte öffnet. Vielleicht ist genau dies der ewige Hafen? Die Antwort fällt ganz eindeutig aus: Ja und Nein!

Der Prozess, den ich in diesem Buch skizziert und vielleicht auch hier und da initiiert oder ermutigt habe, dieser Prozess braucht Widersprüchlichkeit wie einen natürlichen Dünger. Vielleicht mögen wir – bequem wie wir heute sind – hoffen, dass uns die Erleuchtung mühelos in den Schoß fällt, und damit das Ende aller Fragen, aller Widersprüche und allen Leidens. Von der Vertreibung aus dem Paradies möchten wir lieber nichts wissen. Wir möchten erfüllenden Sex, bedingungslose Liebe und kosmisches Bewusstsein. Jetzt, sofort! Wir möchten so gern glauben, dass alles schon da und in uns ist. Wir spüren die Wahrheit in dieser Aussage. Und die Lüge.

Wenn wir über diese Widersprüche herzlich lachen können und sie bei aller Ernsthaftigkeit nicht mehr so ernst nehmen müssen, wenn wir sie genießen, obwohl wir sie manchmal hassen, dann kann die Saat umso leichter in uns aufgehen. Wir lieben das Leben so wie es ist und können uns zugleich darüber empören, wie viel Schreckliches auf Erden geschieht. Wir engagieren uns für alles, was uns am Herzen liegt, und müssen nichts und niemanden dafür schlecht machen.

Ich glaube, dass dieser Quantensprung in der Luft liegt. Ich kann seine Vibration fast körperlich spüren. Belege dafür finde ich sogar in Tageszeitungen und Zeitschriften, die jeder Esoterik unverdächtig sind. Wir befinden uns an der Schwelle, manches nicht mehr so eng zu sehen, nicht aus Gleichgültigkeit, sondern aus Leidenschaft für das, was uns wesentlich ist.

Die Verwandlung der Welt, in der wir leben, und die innere Verwandlung – sie sind nicht getrennt. Sie sind zwei Seiten derselben Medaille. Du kannst an jeder Seite anfangen. Solange wir uns bewusst sind, dass es immer auch eine andere, ganz entgegesetzte Seite gibt, wird Liebe mit uns sein.

Dieser Satz wäre ein schönes Ende, aber es geht weiter. Dieses Buch ist eine Einladung zum Dialog. Ich freue mich über dein Feedback und ich würde gerne auch Leserinnen und Lesern den Kontakt und Austausch untereinander ermöglichen. Auf der Website www.herzensfeuer.info sind weitere Anregungen zu finden, Übungen für die Praxis, Kommentare und Feedbacks zu den Gedanken dieses Buches. Und wer weiß, was noch? Lassen wir uns überraschen.

Dank

Viele und Vieles haben mich zum Schreiben dieses Buches angeregt.
Ich danke all den Menschen, denen ich bislang auf meinem Lebensweg begegnen durfte und die mich inspiriert haben. Sie alle aufzuzählen, würde zu weit gehen.
Besonderer Dank gilt

- den vielen Frauen und Männern, die ich in meiner Praxis und in meinen Seminaren begleiten durfte und die mich vieles gelehrt haben.
- vielen lieben Freunden und Kolleginnen, die mich durch ihre Fragen und ihr Feedback ermutigt und angeregt haben.
- Alan Lowen, Stefan Eigenmann, Devaka Regine Hoffmann und vielen weiteren Menschen, von und mit denen ich die Kunst des Seins lernen durfte und mit denen ich mich darin verbunden fühle.
- Gabrielle Riek, nicht zuletzt für ihren Mut zum Nein.
- Annette Jahn, Tine Benoit, Urs Wiesendanger, Katja Wolterstorff, Silvia und Albrecht Schmidt für ihr hilfreiches und konstruktives Feedback und ihre Ermutigung und Begeisterung für dieses Projekt.
- Hans Nietsch und seinem Verlagsteam für die Unterstützung und das Ringen um die Leitmelodie dieses Buches.
- Autoren anderer Bücher, die mir geholfen haben, klarer zu werden und Worte zu finden für Phänomene an der Grenze jeder Beschreibbarkeit (siehe auch die Bibliografie).
- Susanne und ihrem Sohn Max Junginger, mit denen ich mein Leben teilen darf und die mich jeden Tag ein bisschen mehr lieben lehren.
- dem Leben in allen seinen Facetten und dem Feuer in meinem Herzen.

Der Autor

Saleem Matthias Riek lebt in Freiburg im Breisgau. Er ist Art-of-Being®- und Tantra-Lehrer sowie Heilpraktiker für Körperpsychotherapie. Seit den 1980er Jahren leitet er Seminare und Trainings zu den Themen Liebe, Intimität, Sexualität, Partnerschaft und Tantra.

Seine besondere Leidenschaft gilt der Heilung der Beziehung von Frauen und Männern, von Sex und Herz und dem Raum des Seins, in dem sich Wahrhaftiges spontan ereignen kann.

The Art of Being® ist ein Seminarinstitut, das vor mehr als 25 Jahren von Alan Lowen gegründet wurde. Saleem Matthias Riek leitet das deutschsprachige Institut und bildet auch selbst Gruppenleiter und Therapeuten in der The-Art-of-Being®-Haltung aus.

Er ist Autor der Bücher *Herzenslust − Lieben lernen und die tantrische Kunst des Seins* und *Leben, Lieben und Nicht Wissen − Einblicke in die tantrische Kunst des Seins.*

Kontakt und Informationen
zu Seminaren und Trainings sowie
Einzel- und Paartherapie

The Art of Being®
Vaubanallee 43
D-79100 Freiburg
Tel. 0761 453690
www.art-of-being.de

Anregungen und Feedbacks zu den Themen dieses Buches
www.herzensfeuer.info

Bibliografie

Literaturempfehlungen für weitere Inspirationen:

Ackermann, Daniel: *Alles eine Frage von Bewusstsein!*, Basel 2003
Almaas, A. H.: *Facetten der Einheit*, Bielefeld 2004
Ardagh, Arjuna: *Die lautlose Revolution*, Bielefeld 2006
Arntz, William u. a.: *Bleep*, Kirchzarten 2006
Bauer, Joachim: *Prinzip Menschlichkeit*, Hamburg 2006
Bauer, Joachim: *Warum ich fühle, was du fühlst*, Hamburg 2005
Brown, Byron: *Befreiung vom inneren Richter*, Bielefeld 2001
Bryson, Kelly: *Sei nicht nett, sei echt!*, Paderborn 2006
Clement, Ulrich: *Systemische Sexualtherapie*, Stuttgart 2004
Clement, Ulrich: *Guter Sex trotz Liebe*, Berlin 2006
Coelho, Paulo: *Der Alchimist*, Zürich 1996
Chopra, Deepak: *Das Buch der Geheimnisse*, München 2005
Deida, David: *Erleuchteter Sex*, München 2007
Delis, Dean C.: *Ich lieb' dich nicht, wenn du mich liebst*, Berlin 1991
Doorn, Manfred van: *Sexualität – Zwischen Geist und Sinnlichkeit*,
	Stuttgart 1999
Dürr, Hans-Peter: *Auch die Naturwissenschaft spricht nur in Gleichnis-
	sen*, Freiburg 2004
Eigenmann, Stefan: *Liebst du mich?*, Norderstedt 2006
Förster, Heinz von, und Pörksen, Bernhard: *Wahrheit ist die Erfin-
	dung eines Lügners*, Heidelberg 2004
Goswami, Amit: *Das bewusste Universum*, Stuttgart 1997/2007
Kast, Bas: *Die Liebe und wie sich Leidenschaft erklärt*, Frankfurt a. M.
	2004
Katie, Byron: *Ich brauche deine Liebe – stimmt das?*, München 2005
Kaufman, Barry Neil: *Lieben heißt einverstanden sein*, Bielefeld 2001
Kornfield, Jack: *Frag den Buddha und geh den Weg des Herzens*, Mün-
	chen 2003
Mohr, Cornelia: *Lieben kann man üben*, Kreuzlingen/München 2006

Nidiaye, Safi: *Herz öffnen statt Kopf zerbrechen*, Berlin 2005

Osho: *Tantra – Die höchste Einsicht*, Köln 2004

Perel, Esther: *Wild Life*, München und Zürich 2006

Platsch, Klaus-Dieter: *Was heilt*, Stuttgart 2007

Quarch, Christoph: *Eros und Harmonie*, Freiburg 2006

Riedl, Michaela: *Yoni Massage*, Freiburg 2006

Riek, Saleem Matthias: *Herzenslust*, Braunschweig 1999

Riek, Saleem Matthias: *Leben, Lieben und Nicht Wissen*, Norderstedt 2006

Rosenberg, Marshall B.: *Gewaltfreie Kommunikation*, Paderborn 2005

Salomé, Jacques: *Einfühlsame Kommunikation*, Paderborn 2006

Schnarch, David: *Die Psychologie sexueller Leidenschaft*, Stuttgart 2006

Schulz von Thun, Friedemann: *Miteinander reden 3*, Reinbek bei Hamburg 1998

Stone, Hal und Sidra: *Du bist viele*, München 1995

Stutz, Pierre: *Verwundet bin ich und aufgehoben,* München 2005

Sundahl, Deboarah: *Weibliche Ejakulation*, Freiburg 2006

Tart, Charles T.: *Hellwach und bewusst leben*, München 2000

Tipping, Colin C: *Ich vergebe*, Bielefeld 2004

Watzlawick, Paul: *Anleitung zum Unglücklichsein*, München 1988

Watzlawick, Paul: *Wenn du mich wirklich liebtest, würdest du gern Knoblauch essen*, München 2006

Wilber, Ken: *Eine kurze Geschichte des Kosmos*, Frankfurt a. M. 1997

Wilber, Ken: *Wege zum Selbst*, München 1991

Zurhorst, Eva-Maria: *Liebe dich selbst und es ist egal, wen du heiratest,* München 2004

Zurhorst, Eva-Maria und Wolfram: *Liebe dich selbst und freu dich auf die nächste Krise,* München 2007

Anmerkungen

1 Tart, Charles T.: *Hellwach und bewusst leben*, München 2000. S. 311

2 Umkehrung des Satzes aus der alttestamentarischen Apokryphe (Sirach 3,27) „Wer sich in Gefahr begibt, kommt darin um". Wolf Biermann zugeschrieben.

3 William Arntz u. a.: *Bleep*, VAK Verlag, Kirchzarten 2006, S. 5

4 Berühmtes Zitat von John Lennon: „Life is what happens while we are busy making other plans"

5 Maslow, Abraham H.: *Motivation und Persönlichkeit*, Reinbek 2002

6 Mary, Michael: *Fünf Lügen die Liebe betreffend*, Hamburg 2001

7 Zitiert nach Ulrich Clement im Seminar „Systemische Sexualtherapie" 5.–7.3.2007

8 Karl Geck u. a.: *Und es gibt sie doch. Glückliche Paare*, Zürich und Düsseldorf 2001

9 Riek Saleem Matthias: *Herzenslust*, Braunschweig 1999 S. 72 ff.

10 Zum Thema „Glück" vgl. Quarch, Christoph: *Eros und Harmonie*, Freiburg 2006

11 Tart, a. a. O., S. 4

12 vgl. http://www.witzcharts.de/Witze/Politik/20/Datum/

13 In der ARD Polit-Talkshow „Sabine Christiansen" im Juli 2006

14 „Tao: die Welt wird durch Nicht-Eingreifen regiert" in: Schoen, Stephen: *Wenn Sonne und Mond Zweifel hätten*, Wuppertal 1996, S. 52

15 Weishet der Cree

16 Berühmter Ausspruch von Altbundeskanzler Helmut Schmidt

17 Volksmund

18 Wilber, Ken: *Eine kurze Geschichte des Kosmos*, Frankfurt a. M. 1997 S. 362

19 Wilber 1997, a. a. O., S. 236

20 Ardagh, Arjuna: *Die lautlose Revolution*, Bielefeld 2006., S. 120

21 vgl. http://www.bpb.de/themen/QLTXZ3,0,0,Die_friedliche_Revolution.html

22 Haffner, Sebastian: *Geschichte eines Deutschen*, München 2002

23 Schulz von Thun, Friedemann, Miteinander reden 3, Reinbek bei Hamburg 1998, S. 195

24 vgl. Stone, Hal und Sidra: *Du bist viele*, München 1995

25 Schulz von Thun, a. a. O., S. 45

26 siehe Riek, Saleem Matthias: *Herzenslust*, Braunschweig 1999 S. 231

27 siehe Riek 1999, a. a. O., S. 72 ff.

28 In *Herzenslust* ist dem Thema „Selbstliebe" ein ganzes Kapitel gewidmet: Riek, 1999, S. 61 ff.

29 Niels Bohr zugeschrieben

30 Dürr, Hans-Peter: *Auch die Naturwissenschaft spricht nur in Gleichnissen*, Freiburg 2004

31 Ardagh, a. a. O, S. 132

32 Watzlawick, Paul: *Wenn du mich wirklich liebtest, würdest du gern Knoblauch essen*, München 2006, S. 73

33 Nitschke, Günter: *The Silent Orgasm*, Köln 1999

34 Lingam und Yoni sind die im Tantra gebräuchlichen Begriffe für die männlichen bzw. weiblichen Geschlechtsorgane

35 vgl. www.gofeminin.de

36 Riedl, Michaela: *Yoni Massage*, Freiburg 2006, S. 31

37 Deida, David: *Erleuchteter Sex*, München 2007, S. 137 ff.

38 Riedl, a. a. O., S. 56

39 Sundahl, Deboarah: *Weibliche Ejakulation*, Freiburg 2006

40 vgl. www.wikipedia.de

41 vgl. www.khupe.de

42 Im Quodoushka, einer indianischen Form des Tantra, gibt es ein Typologie der Sexualorgane, wonach bestimmte Penisformen und -größen zu bestimmte Vaginaformen und -größen passen und andere weniger oder gar nicht. Vgl. Zadra, Elmar: *Tantra*, München 2000

43 Perel, Esther: *Wild Life*, München und Zürich 2006, S. 25

44 Roth, Gabrielle: *Leben ist Bewegung*, München 1998

45 Dieser Ansatz wird ausführlich beschrieben bei Richardson, Diana: *Zeit für Liebe*, Köln 2002

46 Differenzierung ist ein zentraler Begriff bei Schnarch, a. a. O.

47 Clement, Ulrich: *Systemische Sexualtherapie*, Stuttgart 2004, S. 188

48 Rosenberg, Marshall B.: *Gewaltfreie Kommunikation*, Paderborn 2005

49 Clement, a. a. O.

50 Delis, Dean, C..: Ich lieb' dich nicht, wenn du mich liebst, Berlin 1991

51 Riek 1999, a. a. O., S. 102ff

52 *Connection-Spezial* Nr. I/07 Macht und Ohnmacht – Tantra 2007

53 BDSM = **B**ondage(Fesseln)/**D**ominance/**S**ubmission/**S**adism/**M**asochism

54 Gunter Schmidt: *Das neue Der Die Das. Über die Modernisierung des Sexuellen*, Gießen 2005, S. 30

55 Riek 2006, a. a. O., S. 118 ff

56 Ein Koan ist ein Rätsel oder eine Paradoxie, die im Zen-Buddhismus zur Meditation eingesetzt wird.

57 Erich Fried: *Liebesgedichte*, Berlin 1996
58 Almaas, A. H.: *Facetten der Einheit*, Bielefeld 2004 S. 98
59 Wilhelm Reich: *Charakteranalyse*, Köln 1989
60 Riek 1999, a. a. O., S. 114 ff.
61 Riek 2006, a. a. O. S. 128 ff.
62 Tina Turner: „What's Love", zitiert nach
www.seeklyrics.com/lyrics/Tina-Turner
63 Clement 2006, a. a. O.
64 „Widerstand" ist hier weniger im psychologischen als im energetischen Sinne gemeint. Wir können ihn uns vorstellen wie einen Strom-
kreis, der ebenfalls Pole braucht, um zu fließen.
65 zitiert nach:
www.brigitte.de/liebe/sex/schlechter_sex/index.html?p=3
66 Das „Ficken" wird im allgemeinen Sprachgebrauch sehr abwertend
benutzt. Hier ist es als Ausdruck sexueller Eindeutigkeit gemeint. Vgl.
dazu Schnarch, a. a. O., S. 323 ff.
67 Kast, Bas: *Die Liebe und wie sich Leidenschaft erklärt*, © S. Fischer Verlag
GmbH, Frankfurt a. M. 2004.
68 Tipping, Colin C: *Ich vergebe*, Bielefeld 2004
69 Arntz, William u. a.: *Bleep*, Kirchzarten 2006
70 Bärbel Mohr: *Bestellungen beim Universum*, Aachen 1998
71 John Gray: *Männer sind anders. Frauen auch*, München 1998
72 Schnarch, David: *Die Psychologie sexueller Leidenschaft*, Stuttgart 2006, S. 78 ff.
73 Bauer, Joachim *Prinzip Menschlichkeit*, Hamburg 2006
74 Watzlawick 1988, a. a. O.
75 Riek 1999, a. a. O., S. 102 ff.
76 Hermann Hesse: *Demian*, zitiert nach Daniel Herbst: *Hermann Hesses
Erleuchtung*, Norderstedt, S. 76
77 Bauer, Joachim: *Warum ich fühle, was du fühlst*, Hamburg 2005
78 Schnarch, a. a. O., S. 343 ff.
79 Perel, a. a. O., S. 244
80 Riek 1999, a. a. O., S. 205
81 Dom Hélder Câmara in: Marion und Werner Tiki Küstenmacher: *Sim-
plify your Love*, Frankfurt a. M. 2006, S. 335
82 Schnarch, a. a. O., S. 63 ff.
83 Perel, a. a. O., S. 294
84 Watzlawick, Paul: Wenn du mich wirklich liebtest, würdest du gern
Knoblauch essen. © 2006 Piper Verlag GmbH, München, S. 170
85 Watzlawick 2006, a. a. O., S. 133
86 Arntz, William u. a. 2006, a. a. O., S. 49

87 Martin Buber: *Ich und Du*, Bern und Olten 1966

88 Schulz von Thun, a. a. O., S. 115

89 Spezzano, Chuck: *Beziehungskunst, Führungskunst, Spiritualität*, München 2003, S. 276

90 Mit der weiblichen und männlichen Form habe ich auch hier gespielt. Sie ist theoretisch austauschbar, praktisch gibt es aber wohl Vorlieben von Frauen und Männern.

91 Schnarch, a. a. O., S. 343 ff.

92 Werner Bauer, zit. nach www.pohlvision.de/zitat_der_woche.htm

93 Rosenberg, *Gewaltfreie Kommunikation*, Videomitschnitt von einem Seminar in Frankfurt a. M.

94 Förster, Heinz von, und Pörksen, Bernhard: *Wahrheit ist die Erfindung eines Lügners*, Heidelberg 2004

95 Watzlawick 2006, a. a. O., S. 73

96 Lauxmann, Frieder: *Vom Nutzen des unnützen Denkens*, München 2007, S. 164

97 Shakespeare, William: *Hamlet*, Stuttgart 1986

98 Goswami, Amit: *Das bewusste Universum*, Stuttgart 1997/2007 S. 324 f.

99 Wilber, a. a. O., S. 42 ff.

100 Ardagh, a. a. O.

101 Wilber, Ken: *Mut und Gnade*, München 1992

102 Goswami, a. a. O., S. 244

103 Alan Lowen, Gründer von The Art of Being, vgl. Seite 272

104 Benedikt der XVI.: *Jesus von Nazareth*, Freiburg 2007

105 Ödön von Horvath, zit. www.pohlvision.de/zitat_der_woche.htm

106 *Being with People* heißt die Ausbildung, in der angehende Gruppenleiter, Therapeuten und andere Berufsgruppen lernen, auf der Grundlage der *Kunst des Seins* mit Menschen zu arbeiten.

Buchtipp

Herzenslust − Lieben lernen und die tantrische Kunst des Seins ist das erste Buch von Saleem Matthias Riek, das 1999 erschienen ist, jedoch nichts an Aktualität verloren hat. Mit zahlreichen lebensnahen Beispielen und auf Augenhöhe mit dem Leser skizziert der Autor einen Weg zu mehr Lust und Liebe und zum Tantra als einer *Kunst des Seins*.

Teil I Die Wende nach innen
Unsere alltäglichen Um- und Irrwege zu Lust und Liebe − Was ist Liebe? − Im Feuer der Sehnsucht

Teil II Im Dickicht der Gefühle − Grundlagen für die Kunst des Seins
Was mir widerfährt, das bin ich − Selbstliebe - eine Entdeckungsreise − Die Achterbahn der Gefühle − Wunschlos glücklich?

Teil III Hindernisse aus dem Weg räumen
Polarisierungen erkennen und lösen − Schnell einen Zaun drum herum? − Die ganze Wahrheit sagen?

Teil IV Tantra und die Kunst zu Sein
Die Lust als Wegweiser − Der Weg des Tantra − Die Kunst des Seins − Zusammen Sein

Teil V Übungsteil
Übungen allein − Partnerübungen − Ein ritueller Tag ...

Aurum im Kamphausen Verlag. ISBN 3-89901-451-0; Euro 18,80; 19,40 (A); um SFr. 35,-

Zu bestellen unter www.tantra-webshop.de oder über den Buchhandel.